JN439396

어느 택시기사의 넋두리

東方無禮之國

어느 택시기사의 넋두리

펴낸날 | 2015년 3월 15일

지은이 | 박 선 태
펴낸이 | 오 하 룡

펴낸곳 | 도서출판 경남
주 소 | 창원시 마산합포구 몽고정길 2-1
연락처 | (055)245-8818~9/223-4343(f)
홈페이지 | www.gnbook.com
전자메일 | gnbook@empas.com
출판등록 | 제567-1호(1985. 5. 6.)
편 집 팀 | 오태민 심경애 구도희

ISBN 978-89-7675-974-0-03810
〔값 15,000원〕

어느 택시기사의 넋두리

박선태 지음

도서출판 경남

Pen을 들면서

배움이 얕아 머리보다 몸으로 살아왔습니다. 그냥 평범하게 먹고살면 될텐데 많이 벌어 잘 살아보겠다고 엉뚱한 생각, 하지 않아도 될 고생을 참 많이도 했습니다.

행복하게 잘 살아 보겠다고, 행복이 어디 있는지도 모르면서, 못난 짓거리만 골라서 했던 지난날들, '후회'라는 말은 옛날에 버렸습니다. 갖고 있어봤자 스스로만 미워지고 한심해질테니까요. 저 자신의 잘못인 줄 너무나 잘 알기에 그냥 웃을 수 있는 여유가 생겼습니다.

맹목적인 허욕, 그에 따른 실패, 그로 인해 주변과 이웃에게 평범한 모습도 보여 드리지 못했습니다. 남은 세월 그분들에게 조금이라도 좋은 모습 보여드리기 위해 성실한 하루를 만들려고 노력하고 있습니다.

지난 삶이 밉고 스스로가 싫어 방황하고 있을 때 우연히 가슴 속의 갈등을 낙서하듯이 적어보다가 이상하게 마음이 안정되는 것을 경험한 후 '낙서' 인지 '일기' 인지를 쓰게 되었습니다. 친구도 되어주고, 애인도 되어주더군요. 웃고 싶을 때 같이 웃어주고, 울고 싶을 때도 같이 슬퍼해 주더군요.

삶의 출발은 예고도 계획도 없습니다. 하지만 삶의 마감은 딱 정해져 있습니다. 앞서거니 뒤서거니 해서 어떻게 됩니까? 조금은 삶에게 겸손해야 할 이유가 여기에 있습니다.

'택시 운전기사'

힘듭니다. 발전이 없습니다. 양심껏, 성심성의껏 해도 어제, 오늘, 내일, 발전은커녕 삶이 힘들어지는 게 택시 운전기사, 그리고 그 가족들의 생활이고 현실입니다.

택시 운전기사의 성공은 '개인택시 사업면허' 취득입니다. 정말 힘들고 어려운 과정을 거쳐 개인택시 운전자가 되면 즐거움도 잠깐, 개인택시에 대한 기대치가 높았던 기사 개개인의 잘못도 크지만 핸들 잡고 가장 노릇하는 건 어렵습니다.

어려운 점은 일일이 표현하기 힘듭니다. 어떤 개인택시 기사님이 음주운전을 했습니다. 혈중알콜농도 0.11%로 운전면허취소, 개인택시사업면허취소, 사형선고… 자신을 용서할 수가 없어 사형집행을 스스로 합니다. 말도 안 되는 소리라고요. 글쎄올습니다. 개인택시 사업면허가 취소되어 버리면 몇천만 원짜리 술, 한자리에서 홀짝한 꼬락서니가 되어버립니다. 스스로를 죽이고 싶도록 저주스러울 것이고, 가족들의 얼굴은 또 어떻게 보겠습니까? 재산목록 1호를 술 한잔 하고 바꿔먹고 태연히 가족들을 대할 수 있는 개인택시 사업자가 몇 분이나 되겠습니까?

탈출구가 전혀 없는 절망의 나락으로 빠져버리면 보통사람들 뭘 생각하겠습니까? 두 자리 숫자의 사람들을 잔인하게 죽여 사형 선고받은 사형수도 사형집행 않는 나라입니다. 음주운전으로 영업행위를 했다거나 사고를 야기했다면 얼마든지 가중처벌할 수도 있을텐데 음주운전만으로 숨도 제대로 쉴 수 없도록 만들어버리는 법, 운전면허만 취소되고 개인택시 사업면허만이라도 문제가 없다면 정리해서 "리어카"라도 마련해서 먹고살 수 있을텐데….

공기업 우두머리나 자치단체장의 잘못으로 몇십, 몇백 억 적자가 나도 책임지는 사람 못 봤습니다. 보궐선거한다고 천문학적인 국고 손실이 있어도 문제 제기하는 사람 없습니다. 공직에 계셨던 분들이 조금 잘못이 있었다고 퇴직금, 연금 문제된다는 소리 들어보지 못했습니다. 같이 어울려 살자고 '공평' 이라는 양념도 넣어 만든 법인데…. '개인택시 사업자' 에게 적용되는 법이 너무 잔인하다는 생각은 저 혼자만이 하는 잘못된 생각인지….

30여 년의 택시기사 생활!

30여 년을 같이한 친구, 애인, 종교 같은 일기장을 정리해서 택시 운전기사의 현실을 적어보고 싶었습니다.

오랫동안 망설였습니다. 참으로 많은 생각도 해봤습니다. 택시 운전기사들이 서 있는 자리가 정말 불편한 것 같아 '간이의자' 라도 하나 주셨으면 하는 마음에 용기를 냈습니다.

매연과 소음, 온갖 모습으로 달려드는 스트레스 속에서도 웃으면서 묵묵히 오늘에 충실하시는 택시 운전기사 여러분, 보람과 함께 행복하시고 건강하십시오.

차례

택시기사의 나라

우리나라 좋은 나라

일기인지 낙서인지

술이 뭐꼬? 여자는

기억 속에서 뒤져낸 얘기들

Chapter 1

택시기사의 나라

＼

택시 운전,
인력거 운전?

계급 없습니다. 딱 두 종류 '사장님' 그리고 '기사' 몇십 년을 해도 기사는 그냥 기사지, 과장기사, 부장기사 없습니다. 20~30년을 근무해도 퇴직금 없습니다. 참! 몇 푼 있습니다. 그런데 밝힐 수 있는 액수가 못 됩니다. 그 적은 액수마저 먹고살기 힘든 현실 앞에선 퇴직 시까지 놔둘 수가 없습니다. 거창하게 중간정산이라고 표현해도 되는지…? 그래서 퇴직금 없습니다.

직장이라고 다니며 연륜이 쌓이면 임금이 조금씩이라도 인상되어야 하는데 인상 없습니다. 거짓말 아닙니다. 퇴로가 콱 막힌 것도 아니고 택시 핸들 놓는다고 굶어 죽을 것 같지는 않은데 쉽게 포기를 못합니다.

어떤 광역시에 인구 200여 명에 식당이 하나씩이라고 하더군요. 머리로 먹고사는 것하고는 거리가 한참이나 멀고, 배운 도둑질 포기하는 것은 생각보다 어렵습니다.

꽤 오래전에 '나라님' 께서 큰 은전恩典을 베푸시어 '근기법勤基法' 그리고 '최임제最賃制' 라는 '생활보호복' 을 하사하셨습니다. 다들 머리 숙여 감격해하며 '택시 운전기사도 최저생활 보장은 되겠구나.' 라며 조심스럽게 기대를 걸었었는데, 사람을 갖고 노는 것도 아니고 몸에 맞아야 입어나 볼 텐데…. 정말 현실하고는 어떤 노래가사에 있는 '한양 천리' 만큼이나 거리가 먼 뚱딴지같은 '무말랭이' 하사하시고선 무슨 산삼이나 하사하신 것처럼 생색만 내시고, 택시기사들이 몸에 맞게 고쳐주십사, 라고 말씀을 드려도 '나라님' 께서 난청에 걸렸었는지 듣기 좋은 소리만 듣는 척하고 귀찮은 소리는 들리지 않는다고 하시는 건지…?

어떤 전직 높은 분이 현직에 있을 때는 기침 소리도 뉴스가 되더니만 내려오고 나니 독감이 걸려 며칠씩 고열에 헛소리를 해도 주변에 기자는커녕 '변견' 한 마리 없더라는 얘기가 있더군요. 전직 높은 분도 힘이 빠지면 있으나 마나한 존재가 된다고, '택시 운전기사' 들의 소리는 힘없는 자들의 넋두리라고 못 들은 척 무시하시는 건지? 한 사람 아니 열, 백, 일만, 십만이 모여 북악산 기슭 청기와집 주변에서 "야호"라고 고함을 치면 '나라님' 귓구멍이 뚫릴 것도 같은데….

글쎄요. 누가 누굴 탓하겠습니까? 어떤 때는 죄다 우리 자신들이 자초한 문제가 아닌가? 라는 자괴감이 들 때도 있습니다.

택시 운전기사의 나라 서두에 계급이 없는 나라라고 했는데 윗사람(사용자)한테 아무리 잘 보여봤자 진급 없는데 그 윗사람한테 잘 보이려고 알랑방귀를 뀌는 얼간이분들 의외로 많습니다.

사용자분들께서는 한 푼이라도 더 꼬셔 잡수실려고 온갖 술수를 다

동원하시는데 어중이 떠중이들께서는 그 와중에도 사납금을 올려줍니다. 올려준다는 표현은 좀 아닌 것 같습니다만 스스로가 택시 운전자로서 무슨 무한능력자처럼 돈 잘 번다고 자랑을 합니다. 어디에서 손님을 태워, 어디에서 어디로 갔다고 그래서 생각보다 훨씬 많은 돈을 벌었다고…. 기억력이 좋은 건지? 무슨 소설을 쓰는 건지?

손님들과의 대화 도중 택시기사의 수입 얘기를 하다가 굉장히 많이 버는 줄 아시는 손님을 만나면 어이가 없을 때가 있습니다. 많이 번다고 얼마나 헛소리를 했으면 그렇게 알고 계실까? 웃어야 할지? 울어야 할지?

법인택시, 개인택시 다 마찬가집니다. 돈 많이 번다고 자랑하는 분 단언컨대 돈 못 버는 사람, 많이 벌 자신이 없는 사람입니다. 돈 잘 번다고 자랑을 해서 사납금 인상되는데 도움을 주니 얼마나 기가 막히는 그림입니까?

먹고사는 기본조차 미뤄가며 힘들여 번 피 같은 돈 "사장님 잡쇼!" 눈물 납니다. 또 하품도 납니다. 정말 돈 잘 버는 사람, 돈 있는 부자님들 절대 있다고 자랑 않습니다.

겨우 먹고산다, 법망에 걸리지 않으면 무슨 짓을 해도 괜찮다, 그래야 탈세도 할 수 있고 '양심' 같은 말은 사전에나 있지 그들 마음에는 없습니다. 그래서 당당합니다. 떳떳합니다. 두 눈 정상인 사람이 '애꾸나라'에 가면 병신 취급받는다더군요. 눈 하나인 사람만 사는 나라에 두 눈 가진 사람이 괴물 취급받는 건 어찌 보면 당연한 것 아니겠습니까?

이웃과 지역사회를 위하고 나라를 걱정하는 척하면서 뒷구멍으로는 '완전범죄연구소' 를 차려놓고 너도나도 은근슬쩍 '냠냠' 하십니다.

당당하게 떳떳하게 배탈도 없이 잘도 소화를 시킵니다. 두 눈 정상인 사람이 애꾸나라 백성들한테는 고리타분한 얼간이, 융통성 없는 앞뒤 꽉 막힌 팔푼이, 또 뭐라고 얘기해야 하나요? 저 개인적으로 "대한민국 주식회사"라는 말과 대한민국 주식회사 사원 입사방법, 취직하는 모양새를 헛소리를 섞어가며 얘기할 때가 있습니다. 물론 꽤 오래전의 얘기입니다. 정상적인 입사보다 이상한 방법을 동원해서 입사하는 경우가 훨씬 더 많았습니다.

어떻게 입사(취직)을 했건 세월이 흘러 정년퇴직을 하게 되면 연금이라는 것을 받게 됩니다. 당연하고도 지당하신 사회의 약속입니다. 대한민국 주식회사 사원님들과 택시기사의 나라 기사님과 위치를 비교 운운하는 것은 "감히"라는 말이 먼저 튀어나옵니다. 어느 한쪽은 꼭 있어야 하고 어느 쪽은 있으나 마나한 존재는 아닐 것입니다. 하루 1,300여만 명이 이용한다는 택시, 택시운전기사 기氣 좀 살려주십시오. 택시 운전기사에 대한 간섭과 배려, 이해와 공감 함께할 수 있도록….

출산장려정책, 국민건강증진을 위한 대책, 각종 시설, 정말 좋은 일입니다. 그런데 여기에서 간과해서는 안 될 중요한 문제가 있습니다. "아기"를 낳아 사회 구성원으로서의 몫을 하려면 강산이 두세 번 바뀌어야 합니다. 교통사고와 자살로 인한 사망자가 하루 50~60명이나 된다고 하니 이런 비극이 어디에 있겠습니까? 통계가 들쑥날쑥할 수밖에 없으니 100% 정확할 수는 없으나 일 년에 2만여 분의 희생과 그 부상자들까지, 누구의 탓이 아닙니다.

우리 모두의 책임이고 잘못입니다. 교통사고는 운전자 모두의 잘못이고 자살로 인한 사망은 절대 다수의 평범한 삶을 철두철미하게 무시해

버리고 극소수의 영웅 아닌 영웅들을 향해 발광하는 편협한 가치관 때문이 아니겠습니까?

1960년대 초 체격도 자그마하신 어떤 분께서(그냥 평범하게 교단에서 어린 학생들을 가르치며 사셨을 분인데) 대한민국을 지고 나가시겠다고 할 때 누가 믿을 수 있었겠습니까? 신발이 25cm도 안되는 분이…. 그런데 그분은 대한민국을 지고 일어나셨습니다.

오늘의 대한민국을 만드는 초석이 되셨습니다. 기적이라는 단어 이런 경우에 쓰라고 만든 말이 아닙니까? 요즘도 반세기 가까운 지난 세월에 있었던 그분의 공과에 대한 말들이 참 많이도 날아다닙니다.

특히 독재자(?) 어쩌고 하는 얘기가 꽤 많더군요. 이 택시기사가 감히 한마디 여쭙겠습니다. 독재자 아닌 "잘난 님들께서는 대한민국이라는 나라를 위해 뭘 하셨습니까?" 자기가 직접 하면 흉내도 내지 못할 분들이 입만 가지고 그분에 대한 평가 쉽게 합니다. 글쎄요! 입하고 가슴하고 따로 놀면서 남의 말 쉽게 하는 분들, 사람들의 마음을 갖고 싶다면 가슴으로 말하십시오. 입은 나중에 와도 됩니다.

이 택시기사 어릴 적 기억입니다만 대한민국을 지고 일어나신 그분은 입보다 가슴으로 주변을 어루만지신 분으로 기억됩니다. 그분을 떠올리면 "새마을운동" 이라는 국민의식 개혁운동이 생각납니다. 모든 분들께 이런 말씀 드리고 싶습니다. 세계가 기적이라고 할 정도의 빠른 발전, 조금 천천히 발전하여도 좋다는 여유로움과 새로운 마음가짐으로 "새마을 운동"과 더불어 1970년대 말 모든 사람들이 아름다운 결실을 갈망했다가 정말 있어서는 안될 역사의 소용돌이 때문에 멈춰버린 "새마음 운동"을 다시 해야 자살자도 줄어들고 곁에 있는 행복하고 같이 노닥거릴 여유라도 생기지 않겠습니까? 이성理性은 놔두고 혼자 가는 경제발전, 안전은 뒤에 와도 된다면서 먼저 가는 교통정책 말이 됩니까?

가끔씩 "무사고 운전자" 선발이라는 것을 하더군요, 저의 주변에 10년 20년 무사고 운전자들 꽤 많습니다. 말이 쉽지 10년 20년 영업용 택시 무사고 운전 쉬운 것은 아닙니다.

무사고 운전자 선발, 선발해서 뭘 하시려는지? 사탕 한 알 음료수 한 잔 주시려고요? 차종에 관계없이 대중교통 운수업에 종사하면서 10년 20년 무사고 운전하신 분들께 나라님께서 뭘 좀 베푸십시오. 안전운전을 생활화해서 교통사고 사망자 획기적으로 줄이셔야 합니다. 오랜 기간 무사고로 운전하신 분들께 인센티브 있어야 한다고 생각합니다. 쓸데없는 투자 절대 아니라고 강조하고 싶습니다.

"새마음운동"과 교통사고 획기적으로 줄이는 방법, 하려고 들면 많은 날 필요치 않을 것입니다. 우리나라 국민 유능하니까요.

수도권 도심을 몇 개월씩이나 마비시켰던 촛불시위, 광우병이라든가 뭔가가 원인이었던 것으로 기억됩니다. 광우병, 구제역, 조류인플루엔자, 비브리오패혈증, 독감, 식중독, 해마다 매스컴에 왁자지껄하는 질병 때문에 연말이 되면 몇 분이나 돌아가십니까?

물론 관계당국의 헌신적인 노력의 결과인 줄 압니다만 아무리 계산하고 전후를 맞춰 봐도 하루 교통사고 사망자 수에 못 미칩니다. 교통사고 사망자 필요악이라는 사회분위기 "왜! 입니까?" 잘살게 되었다고 어깨 힘주자면서 교통사고 사망자, 자살자 숫자 "OECD" 국가 중 1위라는데 한번 짚고 넘어가자는 분도 안 계시는지? 아파트 조금 작아도 되고 경차 타고 다녀도 얼마든지 행복하고, 아니 더 많이 싣고 다닐 수 있다고 조금은 겸손하고 실속 있게 살아야 한다고 외치시는 분 왜 안 계시는지 잘 모르겠습니다.

저는 택시 운전기사이니 택시 운전자들의 얘기 더 해보렵니다. 하루 핸들 잡고 있는 시간만 15~20시간인데 "수입보장" 같은 말 없습니다. 연료비 부담 어떻게 설명을 드려야 할지? 손님 찾아 돌아다니려고 해도 연료비 부담 때문에 적당한 곳에서 죽치고 손님을 기다리고 있으려니 그것도 영 내키지 않고… 빈차로 손님 찾아다니는 택시가 적다보니 승객 입장으로는 택시가 없어 곤란한 점 이해는 됩니다. 그런데 어떤 술 취한 손님, 택시 기다리다 화가 나 있는데 저의 차를 타게 되었습니다. 차에 오르자마자 악담을 내뱉더군요.

"○할 놈들 배지(배) 처불러서 차 시아(세워) 놓고 자빠져 노는 꼴 보마 내참 더러바서(더러워서) 죽겠네."

"손님! 이 기사는 손님 태워서 운행 중인데 그런 말씀은 좀…."

"치아소! 마. 전부 똑같은 기라…."

말이 길어지면 더 험한 소리 들을 것 같아서 입을 닫았습니다. 택시기사가 차를 끌고 나올 때는 돈 벌려고 나왔지, 자빠져 놀려고 나온 건 아닌데….

스스로의 몰골을 나 자신이 이해 못 하겠는데 당신한테 뭘 바라겠소. 하나 부탁은 앞으로 택시 이용하시려면 술은 적당히 하셔야 합니다. 취해서 비틀거리면 못 본 척 가버리는 경우가 있습니다. 겨울철에는 문제가 될 수 있으니까요.

다리를 번쩍 들어 택시 잡는 분, 차내에서 담배 피우시겠다는 분, 안전운행에 지장 있습니다. 어느 쪽 어느 공간에서도 마음 편히 심신을 쉴 수 있는 곳이 없을 듯한 삭막한 기분 때문에 택시 운전기사 얼굴에 씁쓰름한 웃음 흩날릴 때가 많습니다. 위로가 되는 부분이 있다면 같은 웃음을 함께할 분들이 많이 계신다는 것입니다.

전국택시연합회, 개인택시연합회 회장님, 16개 시, 도 택시운송사업조합 관계자님, 전국 30여만 명 택시기사들을 위하는 단체가 있다는 사실을 평소 조금이라도 실감할 수 있도록 수고 조금 더 해주십시오. 우리는 같은 나라 서민입니다. 택시기사님들의 생활(현실)을 조금은 더 상세하게 적어보고 싶었지만 행여 다른 시각에서 보면 오해의 소지가 있지나 않을까?라는 소심함 때문에 그만 적고 싶은 마음이 조금은 얄밉고 한심스런 기분이 들기도 합니다.

어떤 때는 주변여건은 차치하고 저 자신만을 탓하며 가슴앓이를 할 때도 있습니다. 사람이 살면서 그냥 평범한 일상 속에서 자연을 보고 투덜거리는 사람들 많습니다. "왜! 이렇게 춥냐? 덥냐?" 혼자 춥고 혼자 덥습니까? 모든 문제 생각하기 나름이라고 하지만 마음 가운데 있다고 하지만 택시기사들이 당면한 현실 앞에선 "만사유심론萬事唯心論 말도 안 되는 그냥 헛소리입니다.

2012년 여름 LPG가격이 휘발유보다 비싸야 된다고 생각했습니다. 맞아 죽을 소리 한다고요. 그렇게 되어야 어떤 해결책이라도 나올 게 아니겠냐는 생각에서 한 소립니다. 차종에 관계없이 연비 꼼꼼이 따집니다. 부담이 되니까요.

연비가 높다고 조금은 부풀려 소비자를 바보로 아는 똑똑한 분들도 많습니다만 저는 이렇게 생각합니다. 휘발유 1L에 2,000원 LPG 1L에 1,050원이라고 가정하고 휘발유를 연료로 사용하는 차종은 1km 주행시 200원 LPG 차량은 150원, 휘발유 1L로 10km, LPG 1L로 7km 정도 주행할 수 있다는 저 혼자만의 주먹구구 계산입니다. 엉터리 계산이고 헛소리라고 해도 달게 받겠습니다.

휴발유값 대비 LPG값을 50% 정도로 책정한다는 얘기가 있더군요. 그런데 LPG값이 휘발유값의 50% 조금 넘는데 실제 운행비용은 왜 75%가 되는지? 택시기사의 나라 기사님들은 가슴이 시리도록 잘 아시리라 믿습니다. LPG차량 연비얘기는 왜? 아예 없는지도….

하루 24시간 중 8시간 근무, 8시간 여유, 8시간 수면시간. 쉽게 떠올리는 하루의 일상이라고 생각합니다.

택시기사님께 "하루 근무시간이 어떻게 되십니까?" 이 글을 쓰기 위해 꽤 많은 분들께 질문을 드렸습니다. 대부분 법인택시 기사님들께.

하루 24시간을 식사시간 외에 그냥 근무하시는 분들이 참 많았습니다. 물론 대도시에서는 1일 2교대 근무가 많은 것으로 알고 있습니다만 제가 사는 이곳에서는 24시간 근무 후 24시간 휴식입니다. 24시간 근무시 우선 연료비 7~8만 원 사납금 10여만 원, 남는 액수는?

개인적으로 천차만별이라 잘 알 수도 없지만 어떻게 말씀드릴 문제는 아닌것 같습니다. "하루 연료비 7~8만 원" "배보다 배꼽이 크다" "어불성설語不成說" 조금 비슷한 부분이 있는 말입니까? "연료비 7~8만 원 몇 시간을 벌어야 합니까? 기계가 아니고 사람인데, 그래서 휴식이야말로 건강한 내일의 밑거름이 되는데… 연료비, 사납금, 주머니 몇 푼, 24시간 근무…." 과로로 삶을 마감하는 분 봤습니다. 무리인 줄 알면서도 젊으니까 괜찮겠지, "현실"이라는 놈한테 쫓기다 보면 건강 챙길 만한 여유 없습니다.

수도권에 유명 정치인이 택시 운전해 봤다는 신문기사 봤습니다. 무슨 말씀이라도 계실 줄 알았는데, 택시운전 왜 하셨는지?

뭐가 뭔지 모르는 택시기사의 입장이 편하게 느껴지네요. 원래의 모습이라고 자위하니 웃음도 나오네요.

옛날엔 양반 상놈이 있었다고 하데요. 요즘은 없다고요 천만에요! 양반, 상놈, 그리고 "왕양반"도 있습니다. 고려장도 있습니다. 신사임당님 세종대왕님 곁에 많이 계시면 양반입니다. 서민들이 꿈속에서나 그려볼 수 있는 돈 짭짭하시고도 배탈 않는 분 양반입니다. 애들 과자값 비슷한 돈 슬쩍 하고선 배탈이 나 이상한 곳에 가셔서 생똥 싸는 분 상놈입니다. 노인요양병원 현대판 고려장입니다.

요양병원 노인분들 어떻게 지내시는지 잘 알고 있습니다. 친인척 두 분 요양병원에서 삶을 마감한 분 계셨습니다. 사람 대접이 아니고 상품 취급을 하는 것 같아서 마음 많이 아파했던 기억들이 잘 지워지지 않아서 사는 그날까지 건강하게 살다가야지 하는 마음 갖게 되었습니다.

이 택시기사 기억에는 1950~60년대 다들 가난했던 시절에는 돈이 좋지만 그래도 마음하고 돈하고 거의 같이 다녔습니다. 그런데 요즘은 마음은 없어져 버렸고 돈 혼자 큰소리 쾅쾅 치며 다닙니다. 마음이 다닐 길을 이상하게 생긴 괴물 같은 것들이 죄다 막아버렸습니다. 괴물이 뭐냐고요? 여러분들 다 갖고 계십니다.(쉽게 이해가 안 되는 문명의 이기인 핸드폰, 내비게이션 등으로 이 택시기사 혼자만의 지칭어입니다.) 차량을 운행 중 사소한 접촉사고라도 나면 무조건 누워야 돈이 나온다. 누워서 돈 번다. 라는 얘기들이 공공연히 돌아다닌다더군요. 무슨 짜고 치는 고스톱도 아니고 쉽게 입원이 되고, 누워서 돈 버는 것 좋아하다가 상대가 누워버릴 수 있는 상황이 되면 내 주머니 돈 나가는데….

돈이 좋은 것은 잘 알지만 TV, 라디오, 신문, 도선생盜先生 얘기는 왜 그렇게도 많은지? 각종 범죄수법 상세히 보도해서 모방범죄 얼마나 일어납니까? 각종 언론매체들의 경쟁적인 보도 조금은 되짚어 봐야지 않겠습니까? 각종 범죄수법 과외시키는건 아닌지? 마음의 통로 막는데 도움 주는 것은 아닌지? 편리함만 추구하며 편리한 괴물들 좋아하다가 인간 스스로가 괴물처럼 변할 수도 있다는 사실 아셔야 합니다.

저의 차에 탄 두 분 손님 대화를 우연히 듣게 된 내용입니다. 공직에 계시는 분들이 공금 몇천만 원을 자기 주머닛돈 몇십만 원 정도로 가볍게 생각한다는 것, 먹어도 배탈이 없겠다는 확신이 들 경우 그냥 먹어치운다는 것, 배탈이 없을 먹을거리를 그냥 두면 고지식한 얼간이 소리를 듣는다는 것 등이었습니다. 소수의 나쁜 사람보다 다수의 선량한 분들 때문에 오늘의 우리가 있지 않냐고 생각합니다.

하나 궁금한 게 있습니다. 가진 것 없는 서민들보다 많이 가지신 분들이 더 많은 문제를 일으키는 것은 어떻게 소화를 해야 합니까? 택시 운전기사 서민 중의 서민입니다. 착한 서민입니다. 위장전입, 부동산투기, 탈세, 택시 운전기사와 아무 관련이 없습니다.

매스컴에서 전국 택시기사가 30여만 명이 된다고 하더군요, 택시 운전기사 핸들 놓는 순간부터 최저생계비 걱정하게 됩니다. 저축 어렵습니다. 미래 보장 없습니다. 이것저것 어렵다고 그냥 무슨 혜택을 주십사라는 다른 생각 정말 없습니다. "택시 운전기사" 직업에 대한 긍지와 보람 조금 느낄 수 있도록 배려 조금 해주십시오. "택시 운전기사의 나라"

라는 표현 죄송스럽게 생각합니다. “택시 운전기사의 나라” 평범한 대한민국 국민이고 건실한 사회의 자산입니다.

택시 운전기사들이 서 있는 자리가 불편하다고 “현실적인 해결방안을 뚝딱 제시해 주십사”라는 얘기는 정말 아닙니다. 다만 택시기사들의 현실을 너무 모르시는 것 같아 안타까울 때가 있습니다. 조심스럽기도 하고 민망한 표현이라고 먼저 말씀 드리겠습니다. “택시 운전기사” 소외감을 느낄 때가 있습니다. 저만의 잘못된 생각이라고 다른 분들의 말씀이 계시면 저는 저 혼자만의 생각이라고 하겠습니다.

＼

블랙칼라

화이트칼라White-Collar

그레이칼라Gray-Collar

블루칼라Blue-Collar

택시 운전기사는 어디에 속할까요? 아무리 생각해도 어느 부류도 아닌 것 같더군요. 그래서 택시기사가 말 한마디 만들었습니다. 택시기사는 블랙칼라Black Collar라고요. 아니라고요, 억지라고요? 정말 모르는 게 많은 택시기사가 말 한마디 만들 생각만 했지 다음 답변자료는 생각지 못했습니다. 이 택시기사 고향이 시골입니다. 끼니 걱정 없을 정도의 살림살이로 어릴 때 저의 집에는 항시 소가 있었습니다. 학교 갔다가 집에 오면 학생 신분 어디 가 버리고 꼴머슴이 됩니다. 망태 메고 소풀 뜯어 집에 오면 이유 없습니다. 망태에 소풀 가득해야 합니다. 그렇지 않을 경우 부지런히 하지 않고 놀았다고 욕을 듣는 게 정해진 코스였습니다. 웬 뚱딴지같은 망태기 얘기냐구요? 택시기사님이 번 돈 날름 챙기는 분은 집에 계시는 사모님입니다. "하루 얼마(?) 가져와!"라는 식으로…. 물론 열심히 살기 위해 "사랑"이란 놈이 한 약속이겠지만…. 개인택시 운전자 여러분 보험료는 연 얼마를 내십니까? 차량유지비는 어느 정도 계산하십니까? 엉터리 계산이라고 욕먹을 각오하고 용기를 냈습니다. 복잡한 계산도 필요 없을 것 같아서 두 손 열 손가락으로 계산했습니다.

감가삼각비용 연 240만 원, 보험료, 차량유지비 연 360만 원, 연료비 년 840만 원(일일평균 300여km 주행 시 순수본인부담액수) 연 지출 1440만 원, 월 120만 원, 엉터리 계산이라고요? 계산이 엉터리여야 말들이 생길 것 같아 되는대로 했습니다.

운행 일수가 월 20일이니 일일지출이 6만 원입니다. 감가상각비, 보험료, 차량유지비 계산은 여러분 개개인이 다시 해보십시오. 저의 열 손가락 계산법, 저 자신도 어리벙벙합니다. 정말 죄송합니다. 택시 운전기사 개개인의 수입 얼마라고 말씀드리기 힘듭니다. 딱 한 가지 말씀드릴 수 있는 것은 책가방이 무거운 가정에서는 가장의 수명을 갉아먹는다고 표현하면 너무 심합니까? 공감하실 사업자님 많을 것으로 건방진 결론 내리겠습니다.

개인택시 운전자들이 서 있는 자리가 이 모양인데 법인택시 운전하시는 분들이 직면하신 현실 어떻게 말씀드려야 합니까? 마지막 조금 남은 기사님들의 자존심마저 아프게 할 것 같아 더 이상 말씀드리기가 망설여집니다.

혼자 끼니를 챙겨먹을 때가 있습니다. 심심하고 따분하고 시간이 미울 때 엉뚱한 짓을 합니다. 가끔씩….

밥은 거실, 국은 가스렌지, 기타 반찬은 식탁에 놓고 먹어보면 운동이 되는 건지, 기분전환이 되는 건지, 사실 아무것도 없는데 딱 하나 분명한 것은 식사시간이 늘어지고 많이 씹게 됩니다. 갑자기 음식이 귀하게 느껴질 때도 있습니다. 식사시간이 색다른 마음의 공간이 되는 것 같은 묘한 여유를 느낄 때도 있습니다. 사고思考하고 장난치는 저 자신의 정신력을 되씹다가 당분간 치매걱정은 멀리 보내도 되겠다며 피식 웃을 때도 있습니다. 2012년 6월 20일 전국 규모 택시파업은 처음이라더군요. 택시기사 엉뚱이가 방구석에서 황당하고도 이상한 계산 한번 해봤습니다. 30만 명 택시기사 개개인에게 월 연료비 부담 50만 원씩 줄여준다면 1년 총액이 얼마나 될까?

50만×12×30만=1조 8000억 원. TV, 신문 돈 얘기만 나오면 조 단위가 나오길래 조 단위 계산 한번 해봤습니다.

공기업 공적자금 문제가 생겼다 하면 국고손실, 그냥 조 단위입니다.

공기업 부채가 몇백 조, 어느 집은 100조 원, 지방공기업도 나는 왜 빼냐며 몇십 조, 부실저축은행의 방만한 배짱경영 때문에 외환위기 이후 17조 원의 공적자금 수혈, 몇 사람의 잘못입니까? 책임은 누가 집니까? 책임은커녕 그 와중에서도 자기들 챙길 것은 다 챙겨먹는 배짱, 기가 막힙니다. 이런 글을 쓰는 택시기사, 엉뚱하고 한심하고 놓아버려도 될 짜증들을 만들어서 맘고생하는 제 자신이 어이가 없습니다. 30만 명의 택시기사 하루 1300만 명이 이용한다는 택시, 택시기사 생활보장 문제 이

전에 모든 교통사고 예방으로 국가적인 인력손실방지 차원에서 다뤄져야 합니다. 교통사고로 인한 국가나 개인적인 손실 그냥 코앞에 훤히 보이는데 우리 문제가 아니고 남의 나라 문제인 양 방관하는 듯한 태도 정말 이해하기 힘듭니다. "교통사고 예방" 너와 나 따로 없습니다. 안전운전 꼭 하셔야 합니다. 남을 위해서가 아닙니다. 당신 자신을 위해서입니다. "교통사고, 나는 아니겠지, 모든 분들이 그렇게 생각하시겠지만 지금 이 순간도 교통사고 일어나고 있습니다. 아까운 생명들이 유명을 달리하고 있습니다. 저 개인적으로 죽기 전에 보고, 듣고 싶은 것이 있습니다. 남쪽과 북쪽이 웃으면서 만나 한민족으로 힘을 합해 지구상에서 남의 나라를 도울 수 있는 힘 있는 나라로 발전하는 것과 교통사고 제일 적은 나라라는 소리를 듣는 것입니다. 너무 욕심이 과합니까? 그래도 갖고 있겠습니다.

블랙칼라 내용 중 교통사고 얘기에 택시만 등장시킨 것 같아 저 자신의 표현력이 밉습니다. 사람이 태어나서 주어진 명대로 살지 못하는 모든 교통사고에 대한 얘기라고 덧붙이고 싶습니다.

＼

좋은 손님
그리고 나쁜 손님

차내가 어둡다고 불친절이라는 이상한 말을 갖다붙이는 사람 있습니다. 밝게 해 놓으면 눈부시다며 꺼버리는 사람 있습니다. '에어컨', '히터' 이래라 저래라 명령조로 얘기하는 사람 있습니다. 차내에 쓰레기 버리는 사람 있습니다. 반쯤 녹은 아이스크림 구석에 처박아놓고 그냥 가버리는 사람 있습니다

'시트 커버' 위에 붉은색 물감으로 이해 못할 그림 그려놓고 가는 여자분 있습니다. 뭣 때문에 기분이 뒤틀렸는지 '기사'는 정말 모르는데 문 '쾅' 닫으며 '불친절'이라는 말 내뱉는 새파란 여자어른 있습니다. 술 취한 남녀 뒷좌석에서 쪽쪽거리는 꼴 볼 때도 있습니다. '똥개'보다 못한 암컷, 수컷입니다.

외롭다고 술을 마시면 술이란 놈 위로는커녕 더 외로워지게 만듭니다. 집에는 가야겠고 택시를 타고서는 앞뒤 생각 없이 택시기사한테 넋두리를 늘어놓습니다. 물론 택시기사도 사람입니다. 기분이 내키면 대화도 이어지고 위로가 되는 얘기를 할 때도 있습니다. 그렇지만 하루 종일 좁은 공간에서 운전을 하다보면 피곤할 때가 많습니다.

아예 말이 하기 싫을 때도 있습니다. 손님 얘기에 말이 없으면 "꼽냐?(아니꼽냐?)"라고 묻습니다. 피곤해서 말하기조차 귀찮아서 제대로 대꾸 않는다고 시비를 걸면 택시기사 어떻게 해야 됩니까? 외로운 가슴하고 술하고 자존심 상한 듯한 기분하고 짬뽕되면 참말로 아무 죄 없는 택시기사한테 화풀이하기 위해 벼르던 사람 같습니다.

술이 취해 잠들어버린 손님 겨우 깨워 요금 얘길 하면 없다면서 "배째라"는 무법자도 있습니다. 우리나라에 차가 많은데 진짜 많은데 도심을 달려 목적지에 도착해 차를 세우면 차내에서 손거울 보면서 화장 고치던 몰상식녀, 그때서야 핸드백 뒤집니다. 차 뒤쪽에서는 차가 쭉 늘어서 있는데… 지폐 꺼내 동전 챙겨 뒷차 빵빵할 때도 있고 안 할 때도 있지만 속으로 얼마나 욕을 하겠습니까?

전후좌우를 생각하는 택시운전, 승객의 협조가 있어야 가능합니다. 목적지 정확히 말씀하시고 미리 준비하는 택시요금, 택시기사 그리고 여러 사람한테 도움 주는 아주 좋은 나라 사랑하는 일입니다.

"히힛! 돈 천원 주웠다"

처음에는 무슨 소리인지 의아해했는데 뒷좌석 구석진 곳에 돈 1,000원이 있었던 모양이더군요. 목적지에 도착 후 택시요금을 주길래 "돈 1,000원은요? 택시요금에 보탰답니다." 그냥 웃었습니다. 지금도 모릅니다. 아니, 알고 싶지도 않습니다. 택시 내에 다른 승객이 빠뜨린 현금 누구 돈인지? 다음 승객이 발견하고 좋아하면서 택시요금에 보탰다는 상황은 그냥 웃음이 나오더라는 얘깁니다.

손님이 승차 후 미터기 주행버튼 누르는 것을 깜빡 잊고 제법 먼 거리를 운행 후 주행버튼을 누르는 경우가 있습니다. 거리상으로는 몇백 원 정도 차이가 날 거리인데도 택시기사의 입장에서는 미터기 요금대로만 계산을 합니다. "여기에 오면 요금이 얼마 정도가 된다"면서 몇백 원을 꼭 더 챙겨주시는 분이 계시는가 하면 어떤 분은 택시기사 시선을 피하면서 몇백 원 덕 봤다고 속으로 좋으신지 그냥 가시는 분 계십니다.

택시요금 깎아달라는 분 없습니다. 거스름돈 몇백 원 커피 한잔 하시라는 분 쉽게 만납니다. 그냥 고맙다는 말씀밖에… 다 감사할 뿐인데 요금 미리 준비해주시면 더 고맙겠습니다. 다른 이유 전혀 없습니다. 뒤따라오는 차가 많을 경우 택시기사 뒤 차량한테 정말 미안할 때가 많습니다. 통행차량이 뜸한 곳이면 정말 아무것도 아닙니다만….

택시 예비강도님, 좌하에 올립니다.

택시기사 주머니에 10~20만 원 있습니다. 더 많이 갖고 있다면 그분 정상 아닙니다. "강도님! 강도짓을 할려면 최소한 백만, 천만 단위를 놓고 하셔야지 십만, 이십만 원 갖고 강도 소리 들으시렵니까?" 택시기사 돈 없습니다. 10~20만 원 때문에 체면 구기지 마십시오.

서로가 어려운 같은 입장일 때 흔히 쓰는 '동병상련' 이라는 말이 있더군요. 택시기사가 다른 택시를 탈 경우 요금 조금이라도 더 드리려고 노력합니다. 핸들 잡은 입장에선 요금받는 자체를 미안스러워 하기도 합니다. 서로의 입장을 너무 잘 알기 때문이 아닐까요. "과부 사정 과부가 안다" 쉽게 주고받는 애깁니다. 보통사람들 사람살이 속에 남을 이해하고 배려하는 마음 너무 없습니다. 주변을 이해하는 마음이 앞서면 여유가 생깁니다. 여유는 행복을 만드는 씨앗과 거름입니다. 참된 행복을 만드는 우량종자와 양질의 거름(비료), 사람들의 마음속에 있습니다. 자신의 맘속에 있는 행복을 모르고 다른 곳에서 찾으려고 하는 바보분들 참 많이 있습니다.

생활 전체의 주변여건들을 우리, 우리 것이라고… 이해하려고 노력해 보십시오. 처음에는 잘 안됩니다. 연습하면 됩니다. 자꾸하십시오. 잘 안 된다고 짜증이 나서 연습하려고 노력하는 자체가 스트레스라고 느껴질 때도 있습니다. 그 순간만 지나고 연습하는 효과가 나타나는 것 같다고만 느끼면 스스로가 대견스러워지고 얼굴에 미소 나타납니다. 그래서 웃으려고 노력하십시오.

얼굴에 미소가 떠나지 않으면 성공입니다. 행복 별게 있습니까? 가볍게라도 웃을 수 있으면 바로 행복이요 성공입니다. 저의 차를 타신 50대로 보이는 아줌마께서 하신 말씀입니다.

"평소 때 멀미로 고생을 하는 편인데 자기 남편차를 타면 멀미아예 모른다고…."

그래서 제가 그랬습니다. 남편을 진심으로 사랑하시는 모양이라고… 아니라고 하시더군요. 행복하려면 남에게 피해주지 않는 범위 내에서 알뜰하고 실속 있게 조그마한 행복부터 차곡차곡 쌓는 분 많은데 아줌마께서도 그런 분 같다고… 그것도 별로라더군요. 그래서 제가 큰 소리로 웃으면서 한마디했습니다.

"아줌마 자가용 샀다고 자랑하고 싶은 거군요?" "맞다"고 하면서 웃는 모습이 꼭 어린애마냥 천진난만해 보여 함께 웃었습니다. 제가 그랬습니다. "저의 말이 생각에 따라서는 자존심 구기는 소리로 들릴 수도 있는데 기분 나쁘지 않았느냐?"고… 왠지 기분 나쁘게 들리지 않더랍니다. 그래서 함께 웃고 싶어지더랍니다.

한마디 더 하시더군요. 자가용을 사긴 샀는데 경차라고 하시면서 경차도 사람을 이렇게 즐겁게 해주는 걸 보면 행복 별것 아니라고….

"아줌마! 아줌마는 행복하게 살 자격 있는 사람이오. 그런 마음 가지신분들한테는 행복이란 놈 한번 오면 떠나지 않습니다." 서민 아파트에 사신다면서 자가용 경차 샀다고 자랑하고 싶어하는 아줌마의 얼굴이 참 순수하고 행복해보이더군요. 아줌마! 영원히 행복하게 사이소.

포장마차!

술값 부담없고 쉽게 드나들 수 있고 고향 같은 푸근함이 있는곳, 그래서 처음 택시 핸들 잡은 몇 년 동안 혼자 고생하는 마음 위로하느라 가끔씩 이용했습니다. 제법 취한 남녀가 앉아 있더군요. 그쪽이나 이쪽이나 그냥 비슷한 몰골이라는 생각이 들었습니다.

"아줌마 소주 한병, 안주는 아줌마 생각에 빨리 처분해야 할 것 간단하게 하나 주소."

가끔씩 들르는 곳이라 아줌마가 환하게 웃으면서

"어서 오이소, 오랜만이네요."

먼저 와 앉아 있는 남녀 40대로 보였는데 두분 다 혀가 비틀비틀 얘기 내용은 구시렁 구시렁… 잠시 후 40대 남자 혀를 달래느라 입맛을 쭉 다시더니 한마디 한다는 소리가,

"내가 이래뵈도 마 이 재래시장에서는 무(알아준다) 주는기라, 내가 한마디 딱 하마 아줌마들이 오줌을 질질 싼다 아이가."

술을 마시려고 술잔을 들던 여자 술잔을 탁 놓더니,

"지랄하고 있네! 니가 뭔데 무 준다카노? 꼴에 잘난 척은…."

"여자 이거요, 니 아직 내가 누군지 잘 모르는 모양인데 알아서 기라이…" 두 사람 다 혀가 꼬부라져 더듬이 같아 겨우 알아듣겠더군요, 서로를 타박만 하던 두 사람 혀도 비틀, 히프도 비틀, 서로를 지팡이 삼아 뒤뚱거리며 가더군요.

"아줌마, 저분들 뭘하는 분들이오."

"남자는 재래시장 환경미화원이고 여자는 이곳저곳 포장마차에서 공짜술 홀짝거리며 사는 여자라고 하더군요. 재래시장 청소 담당이라고 시장 내 노점상 아줌마들한테 잔소리하는 재미로 사는 사람 같다고… 심한 잔소리 때문에 욕 많이 들어먹는다고…."

'환경미화원' 그래서 시장 아줌마들이 무-(알아준다) 주는구나.

서민아파트에 자가용(경차) 샀다고 행복해하는 아줌마, 다른 사람이 알아준다고 어깨 힘주며 큰소리치는 '환경미화원 아저씨' 평범함 속에서 큰 행복 만들어가며 사는 사람들입니다.

택시 손님이나 포장마차 손님이나 좋은 손님, 나쁜 손님 따로 없습니다. 그냥 좋은 손님이라고 생각하시면 나쁜 손님도 좋은 손님으로 변합니다.

손님은 왕이라구요?

택시손님이 단골이 될 수가 있습니까? 다른 기사님들의 생각은 잘 모르겠지만 이 글을 쓰는 기사의 생각은 '글쎄요!' 입니다. 택시가 필요할 때 곁에 즉시 없으면 모양이 아닌 거고 미리 약속을 해도 약속시간을 지키려면 만날 시점의 전후시간의 효율적인 이용이 어렵습니다. 좋은 단골 관계가 되려면 서로가 편리하고 금전적인 면도 기분이 좋아야 하는데 시간적인 구애 때문에 '택시단골승객' 이라는 관계 성립은 힘든 게 아닌가 생각됩니다. "손님은 왕이라고요?"

"손님은 왕"이라는 말은 일정한 장소에 점포를 차려 영업을 하면서 찾아오는 손님에게 가족같이 성심성의껏 친절하게 대함으로써 다시 찾아오게 하자는 말이지, 택시 손님한테 "손님은 왕"이라는 말은 조금은 적합치 않은 표현이라고 생각됩니다. 서로 편한 택시승객 단골관계 성립과 "손님은 왕"이라는 얘기는 조금은 아닌 것 같습니다. 택시기사들에게 쉽게들 손님한테 친절해야 한다고 얘길합니다.

"불친절하면 고발한다"는 이상한 말 있습디다. 우리나라 전체를 지구만 한 현미경으로 찾아봐도 현미경이 고장이 났는지, 저의 마음이 닫혀서인지, 다른 직종에서는 보이지 않고 택시기사한테만 있는 이상한 말이라는 생각이 들었습니다. 친절은 마음속에서 진심으로 우러나와야지 강요한다고 되는 것은 아니잖습니까? 불친절하다고 고발할 수 있다고요.

친절과 불친절 사이에 반짝반짝 빛나는 '경계석' 이라도 있습니까? 경계석이 있기는커녕 교만하고 덜떨어지고 한심한 인간들의 방자함이 깔려 있어 아무것도 보이지 않을 때가 많습니다. 친절을 강요하는 규제, 택시기사와 승객 사이의 갈등만 조장하는 게 아닌지? 라는 생각이 듭니다. 그렇다고 택시 운전기사가 승객한테 불친절해도 된다는 억지 궤변을 늘어놓을 생각은 전혀 없습니다. 저 개인적으로는 저의 차를 이용하는 승객을 위해서가 아니라 저 자신을 위해서 승객에게 웃습니다. 기사 말 한마디 톤ton이 높거나 퉁명스럽다거나 해서 자신의 기분이 쭈그러지면 그냥 넘어가는 경우 잘 없음을 알기 때문에 웃으려고 노력합니다. 바보같이 보여도 웃는 게 몸도 맘도 편해지고 택시 내의 공기정화에도 도움이 됩니다.

손님 여러분, 여러분들도 웬만하면 택시 운전기사하고 웃으려고 노력해주십시오. 안전운전에 정말 도움됩니다.

╲

대신아파트

연세가 지긋하신 할머님 한 분이 타시더군요.

"할머님, 어디로 가십니꺼?"

"대성아파트요? 예! 알았습니다."

한참 가고 있는데

"보소, 기사양반 지금 어디 가는교?"

"할머님, 대성아파트에 가자고 안했습니꺼?"

"이 기사할배가 귀가 먹었는가배, 내가 운제(언제) 대성아파트에 가자 카등교? 대신아파트에 가자 했지."

졸지에 귀머거리 할배기사가 되어버렸습니다.

"이럴땐 우째야 되는 깁니꺼?"

우짜기는 우째. 정확히 모셔다 드려야지, 상대는 여든이 한참 지난 분 같은데….

결국 한참이나 돌아서 대신아파트 앞에 내려드렸습니다.

"할배기사 차는 안 타는긴데…."

혼자서 계속 중얼, 중얼하시면서 가시더군요.

할매요! 할매는 저보다 더 노인인데요, 뒷좌석에서 쳐다보시며 대머리라고 할배기사, 귀머거리 기사로 생각하신 모양인데 저 아직 70세도 안됐습니더.

"할매요, 건강하이소, 오래 사이소."

"어서 오세요!"

젊은 분이더군요. 목적지를 묻기도 전에 심한 술냄새가 먼저 인사를 하더군요, 내 술먹었다라고

"어디로 가십니까?"

"쭉, 갑시다."

미리 정확히 얘기해 주면 주둥이가 편찮게 되는건지? 편도 3차선 도로에서 언제 좌회전, 우회전 얘기가 예고 없이 튀어나올지….

"손님, 약주 한잔 하신 모양인데 목적지를 좀…."

"쭉 가마 될낀데 뭐 그리 말이 많소?"

아무리 봐도 자식뻘 정도로 보이는데, 술이 나쁘지 사람이 나쁜 건 아니겠지. 배움이 시원찮아 택시운전하고 있지만 사람이 아닌 술하고 시비할 마음은 아예 없으니까. 주인 잘못 만나 혼자 고생하는 가슴 달래느라 심호흡을 하면서 가는데 갑자기 손님 어른께서

"아무데나 세워주소마, 기분 더러바서 내리뿌야 되겠네."

지폐를 던져주며 동전받을 생각은 아예 없는지 그냥 가버리더군요.

그냥 웃었습니다. 직업입니다. 웃어야 승리하는 겁니다. 마음에 담아 둘 필요는 더더욱 없습니다.

중년남자가 얌전하게 뒷좌석에 타시더군요, 그런데 타자마자 입도 자세도 이상하게 돌아가고 역겨운 냄새도 함께 타셨더군요. 술이 많이 취한 상태라는 것을 조금 후에 알았습니다. 얌전히 승차하셨는데… 문제는 그때부터였습니다.

지난 세월 공직에서 큰소리치며 근무한 얘기, 그래서 연금이 얼마인데 기사 아저씨 한달 내내 벌어봤자 자기 연금과는 비교가 안된다는 얘기며 슬하에 아들 딸 남매를 키웠는데 어디에 내놔도 꿀릴 것 없을 정도록 잘 키웠다는 등… 좁은 택시 안에서 이상한 냄새를 풍기면서 내뱉는 헛소리, 주둥이에서 나는 냄새보다 더 구린 얘기를 왜, 들어야 하는지? 차를 세워 끌어내려 그냥 한방 쥐어박아 버리고 싶은 생각마저 들더군요.

그냥 듣고 있으려니 정말 힘들었습니다. 예, 예 맞습니다. 옳은 말씀입니다. 속으로는 여태껏 살면서 배운 욕 왕창 퍼붓고 싶었지만 택시 운전기사인데, 그러니 인내해야 한다고… 그런데 잠깐 조용하더니 꾸벅꾸벅 졸더군요.

웩– 퉤! 이건 또 무슨 소리입니까? 가래침이 저의 뒤통수를 향해 날아오는 것 같더군요. 잘난 척은 혼자 다 하면서 변견보다 못한 짓거리하는 인간 확 쥐어박아도 되는 법 어디 없습니까? 심한 술냄새, 견하품하는 소리, 차내 가래침, 아예 잠들어버리는 꼬락서니를 보고선 예사로 생각해야 한다고…, 택시운전을 하면 있을 수 있는 일이니 그냥 웃으라고….

헛소리 전에 목적지는 들어 알고는 있었지만 정확한 지점도 모르겠고 자는 사람 깨워야 된다는 생각에 심하게 흔들며 깨워도 시체같이 축… 다시 흔들며 휴대폰 달라고 고함을 쳤더니 겨우 꺼내주더군요. 그냥 1번을 눌렀습니다. '사모님' 이라는 글이 뜨더군요. 사모님?

"여보세요!" 갑자기 귀가 멍할 정도록 큰 고함소리로

"이때꺼정 뭐하다가 인자 전화하고 지랄이고."

"여보세요! 나는 택시기사인데요. 이 휴대폰 주인 지금 제 차안에 잠들어 있어요."

"거기가 어딘데요?"

"○○슈퍼 앞이요."

"빙시 같은 기!"

잠시 후 어떤 여자가 나타나더군요. 생긴 건 그런대로 괜찮아 보였는데 입은 견구였습니다.

"야이, ○○ 인간아 빨리 일어나라 안 죽을라카마."

택시 운전기사가 조금은 아플 정도로 잡고 흔들어도 시체같이 늘어져 있던 놈이 사모님 고함소리엔 벌떡 일어나더군요.

제가 그랬습니다. 싸워도 집에 가서 싸우시고 택시요금 계산해 주십사고….

"얼만교?"

그냥 미터기 요금만 얘기하려다가 정말 미워서 여러 가지 얘길 했습니다. 갑자기 말소리가 작아지고 미안하다며 여유있게 계산 후 남편을 부축해 가더군요, 갑자기 고분고분해진 태도가 의아스러웠는데 조금 떨어진 골목에서 행인들이 다가오더군요.

이웃 사람들한테 추태 보이면 창피하다는 것은 아는지….

참 재미있고 잘난 손님, 그리고 어이없는 사모님. 좋은 직장, 많은 연금, 교육 잘 시킨 자식 자랑, 게거품을 물던 몰골이 한참이나 잊히지 않더군요.

잘나고 똑똑한 아저씨, 아무래도 오늘밤에는 변냄새 풍기던 그 입님이 고생좀 하겠네요. 앞으로는 쓸데없는 자랑 그만하시고 당신 사모님한테나 잘 하시오.

어디로 가십니꺼?

"어디로 가십니꺼?"

"어디로 가입시더."

뒷좌석에 탄 여자 손님에게 순수 경상도 촌놈 출신 택시 운전기사가 한 말, 뒷좌석 여자 손님의 대답.

룸미러를 쳐다본 택시기사의 눈에 그냥 쉽게 볼 수 있는, 아니 조금은 예쁘게 생긴 40대 후반쯤의 여자분 모습이 들어왔습니다.

"손님, 그라지 말고 목적지를 얘기하이소."

"그라마, 목적지로 가입시더."

택시기사, 순간적인 생각 '미친X'를 태웠구나, 전후좌우 차가 많아 제법 달린 후 조금 조용한 곳에 차를 세우고선 택시 기사아저씨 밥 먹다가 돌 씹은 말투로 "어디로, 하고 목적지까지 왔습니더, 요금 주고 내리소" 싸구려 같고 그리고 어쩐지 헤퍼보이는 미소를 띠던 여자 손님.

"기사아저씨! 정말 죄송합니다. 요금 걱정은 마시고 그냥 가주세요. 바다 쪽이면 좋겠네요."

기분이 영 아니었던 기사 아저씨 갑자기 변한 여자손님의 태도와 말투에 다시 출발했답니다. 거절하면 자신이 마음 못생긴 남자가 될 것 같은 기분에….

10~20분이면 그럴듯한 바다풍경을 구경할 수 있는 곳을 쉽게 찾을수 있는 조그마한 동네이기에 잠깐 후 여자 손님의 요구에 적당한 곳을 찾아 차를 세웠는데…. 차창 밖으로 한참이나 바다를 쳐다보다가 하는 얘기

"기사아저씨! 사람들 속에 제가 있는데 여기보다 더 큰 도시에 사는데… 주변에 사람이 없어요, 아무도 없어요. 그냥 무인도에 사는 기분이예요. 살아가는데 전부가 되어주었던 분이 갔어요. 차라리 영원히 돌아오지 못할 곳으로 갔다면 하는 생각도 했어요. 제가 못났죠. 나쁜 년이죠?"

쉽게들 하는 얘기로 배신을 당했다는 얘기더군요. 인생 오십이 코앞인데 사람의 착한 면을 보는 능력은 겨우 나잇값을 하는데, 변화무쌍한 인간들의 나쁜 속성을 보는 눈은 초등학생이라는 여자 손님의 알쏭달쏭한 넋두리, 엄마 뱃속에서부터 바보처럼 살아야 한다는 부모님의 태교속에서 바보로 태어나 여태껏 바보로 살아왔다면서 자신을 배신한 남자의 거짓말을 초등학생 정도의 세상을 보는 눈을 가진 바보가 어떻게 알았겠냐며 그렇게 남자는 갔답니다.

바보처럼 살아야 한다는 노래 그리고 말씀들… 먹고사는 기본조차 모

르는 어린애 같은 어른을 그냥 버리고 간 그 남자, 세상에 태어나 처음으로 사람이 죽어 없어졌으면 좋겠다는 저주를 뱉어 봤답니다. 바보처럼 살라는 지난날의 그 애기들 멀리 허공에 날려보내고 싶다는 그분의 울음 섞인 애기에 경상도 촌놈 출신 택시 운전기사 갑자기 울적해진 기분에 한다는 소리가

"사람 사는 기 다 그렇다 아입니꺼? 마! 마음 크게 가지소. 나도 마, 온갖 꼬라지 다보고 이래 늙었는데 시간 가마, 해결되는기라예. 요새는 바보같이 간단하게 사는 기 행복하게 사는 기라고 생각합니더."

한참이나 울먹거리던 여자 손님

"처음에 어디로 가입시더, 그라마, 목적지로 가입시더. 아저씨 말씀 흉내낸 것 죄송합니다. 순수한 경상도 사투리가 재미있고 한편으론 믿음이 가고 꾸밈이 없는 것 같아 무작정 떠난 여행, 경상도로 온 걸 잘했다는 생각이 듭니다. 금방 큰 울음을 토할 것 같은 표정으로 지난날들을 독백하듯 애기하는 여자 손님의 얼굴에서, 간단한 인생을 사람의 욕심이 어렵게도 만드는구나.

"아줌마!(처음으로 아줌마라고 하면서) 사람이 자신의 맘을 지 맘대로 할 수 있으마 사는 기 참 간단하고 행복하게 살 수 있다고 카던데… 지 맘도 지 의지대로 못하는 기 인간이라예. 지맘 지맘대로 몬한다카는 거 우째 생각하마 말도 안되는 소리라고 할런지 모르지만 지맘도 지맘대로 하는 사람 찾아보기 어렵습니더. 지멋대로 날뛰는 지맘을 잡을라고 종교 같은 거한테 매달리는 수도 있다카데예. 우째 보마 인간이 참 불쌍한 기라예. 잘났다고 떠들고 목에 힘주며 큰소리치는 인간들 지맘도 지맘대로 못하는 얼간이들이라예. 아줌마가 지금의 맘에서 빨리 깨어날라카

마 아줌마 자신을 얼간이라고 생각하마 답이 빨리 나올낍니더. 얼간이(바보)는 생각 깊게 할 줄 모르고 그냥 쉽게 웃습니더, 사람하고 사람사이를 깊게 생각한다고 얻는 거 아무것도 없심더, 깊게 생각하는 그 사람만 맘고생 곱빼기로 하는 기라예. 생각해보이소. 똑똑이가 바보노릇 하는 기 쉽겠습니꺼? 바보가 똑똑한 척하는 기 쉽겠습니꺼? 전자가 훨씬 쉽고 합리적인 모양새가 될 수도 있지만 후자는 사람대접 못 받을 수도 있습니더. 유식한 사람이 바보노릇하마 그 사이에 여유가 생기는 기라예, 그 여유만 쳐다보며 챙기다 보마 아줌마 힘들게 한 그 멍청이, 맘속에서 멀리 쫓아버릴 힘 생길낍니더. 나는 바보다 고로 웃는다. 바보는 맘 아파할 줄도 모른다. 그래서 더 "히히"하고 웃는다 스스로를 세뇌시키이소. 그라마 도움될 낍니더."

"아저씨! 아저씨 말씀 정말 감사합니다. 노력해 보겠어요. 정말 감사해요."

"아줌마! 이 택시기사 여태껏 살면서 맘고생 참 많이 했는기라요. 미운 마음 버리는 연습도 많이 했고요. 미운 마음 버리는 거는 큰 노력하는거보다 바보가 될려고 노력하는 기 제일 빠릅디더, 처음에는 바보 노릇하기가 어려웠는데 요새는 자연스럽게 됩니더."

기사 얼굴을 빤히 쳐다보던 아줌마, 시선을 바다 쪽으로 돌리더니

"기사 아저씨! 명함 하나 주세요. 아저씨 말씀이 마음에 와닿는 것 같습니다. 여태까지 바보같이 살아왔는데 바보처럼 사는 게 편하다니 사람마음 다스리는게 참 묘하다는 생각이 듭니다."

감사하다는 소리를 몇 번이나 하면서,

"꼭 다시 연락드릴게요."

그렇게 헤어졌는데….

세월이 꽤 흐른 후 우연히 TV에서 그 아줌마를 본 촌놈 출신 택시 운전기사

“저… 뭔일이고? 우째 된기고…?”

세끼 밥이 있어 행복하고 몸 가려줄 옷이 있어 감사하고 조금이라도 남을 도울 수 있어 더 감사하고, “하하하, 호호호” MC라는 친구가 기가 막히게 하하, 호호를 유도하더군요. 사랑이 부족해 방황하는 여린 영혼들에게 사랑을 배달한다는 그 아주머니, “하하하, 호호호”가 이웃을 위한 진심인지? 세파에 지친 자신의 추한 모습을 감추고 싶어 온몸으로 연기를 하는 것인지…?

아줌아! 우짜든지 잘 사이소.

＼

말조심해서 남 주나?

"에이, 천천히 가는 것도 정도가 있지, 가는 기가? 안 가는 기가? 참! 운전 엿같이 하고 있네…."

"아저씨도 음… 엿같이 하네요!"

"뭐! 뭐라캤능교?"

"아저씨가 저 앞 승용차보고 운전 엿같이 한다고 했잖아요, 저도 아저씨 운전 솜씨보고 한마디 했어요."

칠십이 내일모레인 택시기사가 ○○아파트 입구에서 앞서 가는 승용차보고 운전 엿같이 한다고 투덜거리는 소리에 삼십 대 중반의 여자 손님이 뒤에서 한 소립니다. 늙은 기사 아저씨 왈,

"내 손님한테 한 소리 아닌데 와 카능교?"

"기분 상했다면 이해하세요. 그냥 해본 소리예요. 아버지뻘인데 제가

잘못했어요."

앞서 가던 승용차가 서는 바람에 택시도 세웠는데

"아저씨! 저 여기서 내릴래요"

3~4세로 보이는 여자 어린이를 데리고 내리는 여자 손님. 예쁘다, 인상이 좋다. 얼떨떨한 기분으로 차를 돌리다가 백미러를 통해 이상한 광경을 목격했습니다. 방금 내린 여자 손님과 어린이가 앞에 서 있는 승용차에 오르는 것이었습니다. 짙은 썬팅, 백미러를 통한 좁은 시야 때문에 확실치는 않지만 어린이가 운전석에 있는 남자로 보이는 사람에게 덥석 안기는 것을 보게 된 택시기사 갑자기 뒤통수를 얻어맞는 기분이 되었습니다. 처음에 목적지를 ○○아파트 ○○동이라고 했는데 여자 손님이 내린 지점은 처음 목적지와는 꽤 거리가 먼 지점이었습니다. 그러면…!

늙은 택시기사 녹슨 머리로도 쉽게 그림이 그려졌습니다. 앞서 가던 승용차가 뒤를(백미러를 통해) 보게 되었는데 사랑하는 자기인 줄 알고 앞에 세웠다. 여자는 처음부터 자기 남편 차인 줄 알고 있었는데 한심한 늙은 택시기사한테 좋지 않은 얘길 듣고도 가볍게 흘려버리고 남편에게 갔다. 자기 남편 운전 엿같이 한다고 참으로 한심한 소릴 했는데 삼십대 중반의 젊은 아줌마 "아저씨도 엿같이 하네요" 해놓고 "그냥 해본 소리예요. 잘못했어요." 앞뒤 얘긴 아예 않고 사과를 하고 그냥 가는 젊은 여자 손님….

늙은 택시기사 스스로한테 한 소립니다. "인생, 헛살았다. 30여 년이나 젊은 여자한테 된통 당했으니 고소하다. 자고로 말이라는 건 뱉고 나면 주워담을 수가 없으니 조심해야 된다는 얘기 어디에서 잃어버렸나. 한심한 늙은 놈아.

“새댁이! 정말 미안하고 늙은 택시기사 정말 할 말이 없네요. 새댁이는 그 넓은 가슴으로 내조, 애들 교육, 행복을 다듬는 재능, 뭐 하나 나무랄 데 없이 잘할 것이라는 확신이 드오. 배운 것 없고 조금은 무지렁이 비슷하게 살아왔지만 쌓인 세월 덕에 사람 보는 눈은 조금 있소. 새댁인 잘 살거요. 행복하게…. 이 늙은 택시기사 말조심하며 살겠소. 요즘 사람 너무 똑똑해서 조금만 기분이 상해도 앞뒤 생각 없이 바로 받아치는 혼자똑똑이들이 많은데 화를 낼 수도 있는 상황에서 좋은 말로 마무리하는 새댁이의 모습 꽤 오래 기억 속에 있을 거요. 새댁이의 넓은 가슴처럼 새댁의 미래도 탄탄대로일 거요. 행복하시오.”

＼

스마트폰

젊음! 좋지요. 화려한 꿈과 무한한 가능성이 있습니다. 가지고 있을때는 모릅니다. 얼마나 소중한 것인지… 꽤 오래일 것이라고 착각하고 어영부영 세월한테 기대어 비틀거리다보면 오래가 아니고 잠깐 지나가 버립니다. 젊음 가고 나면 끝입니다. 가지 말라고 발악해봤자 서산에 지는 해가 방긋이 웃습니다.

"나 잡아 봐라!"

소중한 젊음을 제대로 씹어보지도 못한 아쉬움 때문에 이 늙은 택시기사 젊음을 보면 그냥 웃을 때가 많았습니다. 그런데 요즘은 아닙니다. 싱싱한 젊음이 아니고 병든 절름발이 젊음 같습니다.

젊음의 눈에는 주변, 타인 없습니다. 자기 편한 대로입니다. 택시 내에서도 제멋대로입니다. 제멋대로 인생, 제멋대로 하지 못할 막다른 골목에 처박히면 문제가 생깁니다. 문제들이 매스컴에서 울면 이 택시기사 괜히 짜증이 납니다. 기성세대가 제멋대로인 젊음을 만들었다고 단언하고 싶습니다.

예쁘고 고운 자식 제멋대로 살게 하는 교육, 자식 인생 망치는 줄 왜들 모르시는지! 제멋대로인 젊음들이 고분고분할 때가 있습니다. 사람이 만든 쇠뭉치들한테… 어디로 가십니까? "아저씨 여기로 가주세요." 손에 들고 있던 스마트폰을 제게 줍니다. 신문 볼 때 돋보기 신세 지는 늙은 택시기사 할말 없습니다.

기계하고 도박을 합니다. 사람이 지게 되어 있는데, 사람이 이길 확률이 높게 되어 있다면 기계하고 하는 도박장 생기지도 않습니다. 똑똑하고 활기차고 싱싱한 젊음들이 기성세대를 비웃으면서 기성세대가 만든 기계한테는 왜! 굽실거리는지?… 택시 내에서 안하무인격으로 하는 행동들 일일이 나열할 수가 없습니다. 젊은 남녀라는 표현보다 차라리 소년소녀라고 하는 말이 더 어울릴 것 같은 풋풋한 젊음을 태웠습니다.

아저씨! ○○에 가주세요. 예상대로 딱 붙어 앉아선 쉴새없이 쫑알쫑알… 계속 쫑알쫑알…. 쫑알이 둘을 내려주고 다른 쫑알이로 보이는 아가씨 둘을 태웠는데. "어머! 여기 휴대폰 있네."

잠시 후 휴대폰 벨소리….

"여보세요, 택시 안에서 휴대폰을 주웠는데요. 예… 그런데요… 예, 예 요즘 휴대폰을 택시 기사님들이 이상하게 처분을 한다고 하던데요. 그래서 직접 돌려드릴려고요."

순간 택시기사의 입에서 어린애가 곁에 있었다면 경기를 일으킬 정도로 큰 웃음이 나왔습니다. 택시 안에서 택시기사를 도둑놈으로 애길하고 있으니 이럴 땐 어떻게 해야 됩니까? 놀란 두 쫑알이 휴대폰을 제게

주더군요.(잠시 후에 안 사실이지만 휴대폰을 분실한 남녀 쫑알이가 기사아저씨 바꿔달라고 했다더군요)

"여보세요! 기사 아저씨! 어떻게 하면 되겠어요?"

"앞으로 십여 분 후에 아까 내린 지점에서 만납시다…."

"보소! 아가씨인지 학생인지 내 모르겠는데 100만 명의 0.1%는 몇 명이요?"

늙은 기사 웃음소리에 놀란 두 쫑알이 아가씨 갑작스런 질문에 아예 말을 못하더군요.

"우리가 사는 이 도시에 백만 명이 넘는 사람들이 살고 있는데 0.1%도 안되는 나쁜 놈들 때문에 경찰 아저씨들이 고생하는 거요. 전국에 택시기사가 30만 명이라고 하는데 택시 안에서 주운 휴대폰 팔아먹는 택시기사놈보다 끝까지 주인에게 돌려주는 택시기사가 99.9%일 거요."

"당신들 참 순진하고 철부지 같네요."

사과를 하더군요. 잘못했다고….

그냥 웃었습니다. 당신들의 때묻지 않은 순수함이 그냥 좋다고, 그리고선 같이 웃었습니다. 잠시 후 휴대폰 차내에 두고 내린 풋풋한 남녀 쫑알이 만나 휴대폰 돌려줬습니다. 택시요금보다 조금 많은 돈 요구가 아닌 주는 대로 받고.

젊음 좋은데, 스마트폰 좋은데… 좋은 젊음 편리한 기기 바르게 가꾸고 다뤄야 합니다. 젊음 바르게 다듬어야 합니다. 사람이 만든 기기한테 노예가 되어서는 정말 안됩니다. 싱싱한 젊음일 때 싱싱한 좋은 습관 몸에 붙여 놓으면 먹을 것도 행복도 항상 같이 있을 것입니다.

"젊음! 귀중한 자산입니다. 함부로 대하다간 당신 인생 망칩니다. 곁에 있을 때 뽀뽀해 주십시오."

장사가 된다? 안 된다?

택시운전(영업)을 하면서 흔히 쓰는 "장사가 된다, 안 된다." "수입금, 아다리" 등의 용어가 맞는 표현인지, 아닌지는 정말 잘 모릅니다. 제가 사는 이 지역(경남하고도 남쪽)에서 택시 운전하는 분들 사이에서는 그냥 쉽게 쓰는 말입니다.

"와! 장사 안 된다. 아다리가 와 이래 안 나노? 이래가지고 수입금 언제 하겠노?"

장사 안 된다고 짜증 내는 분, 습관처럼 투덜투덜하는 분 꽤 있습니다. 그분들한테 꼭 묻고 싶습니다. 손님 없다고 짜증내고 투덜거리면 손님이 뛰어 찾아옵니까? 수입금에 보태라고 누가 돈이라도 던져줍니까?"

비교가 너무 비약적인 면도 있지만 손님 없다고 짜증내면서 투덜거리는 택시기사나 날씨 탓하며 자연 보고 욕하는 '한심이' 나 뭐가 다른 점이 있습니까? 손님 없다고 아무리 큰소리로 헛소리 해봤자 헛소리하는 택시기사 입만 부르트실 것입니다. 자연보고 뭐라 한다고 자연 듣는 척이나 합니까? 한푼 더 벌어야겠다고 악을 쓰며 허우적거려봤자 몇푼 더 벌기는커녕 몸과 맘에 주름살만 더 늘게 됩니다.

정반대의 경우를 얘기해 보겠습니다. 다른 차들은 한가로이 적당한 곳에서 손님을 기다리고 있는데 혼자만 바빠 돈을 많이 버는 경험을 하신 적이 다들 있으실 것입니다. 어떤 땐 진짜 손님이 귀찮다는 생각에 외진곳에 차를 세워놓고 휴식을 취한 경험도 있으실 겁니다.

90년대 초 법인택시운전 11년 만에 개인택시를 하게 되었습니다. '기쁘다, 좋다' 는 표현 못 했습니다. 자꾸 억울한 것 같은 기분, 출발점서부터 뭐가 잘못되어 몇 년이면 도착할 길을 중간에 길을 잃어 십수 년을 헛고생한 것 같은 기분, 택시운전으로 삶을 마감할 것 같은 막연한 억울함 모든 게 스스로가 그린 엉뚱한 자화상이라는 생각이 들어 자책 정말 많이했습니다.

마음에 드는 동료랑 포장마차에서 소주 한잔 홀짝거리면서 이런저런 얘길했더니 "참! 한심한 인간"이라고 하더군요. 택시 운전기사로서 "과거에 급제"했으면 그냥 웃어야지, 뭔(?) 헛소리를 하느냐고. 다음 문제는 그 다음 날들이랑 의논하면 될 일을 미리 엉뚱한 화제를 데리고 와서 술맛 떨어지게 하느냐고….

그 동료분은 생각이 깊고 냉정하고 한마디로 똑똑한 분이었습니다. 우선 주어진 개인택시 사업면허에 그냥 웃으라는 얘기. 자가용 승용차가 많아질 것이라는 얘기는 하나마나한 것이니 수입면에서 기대는 금물이라며 먹고살면 된다는 생각으로 우선 현실에 충실하는게 최선이라는 얘기 등등 똑똑한 분의 좋은 말씀 덕에 조금은 한심한 이 택시기사의 사고방식이 많이 바뀐 계기가 되었습니다. 언젠가 택시 그만둘 때까지….

❶ 장사 된다 안 된다 소리 하지 말 것
❷ 동료(주변) 분들께 말 공손히
❸ 승객에게 친절(스스로를 위해서)

20여 년 동안 그런대로 지켜왔다고 생각하고 있습니다. 조금의 잘못은 엉터리 운전으로 주변의 동료들을 언짢게 한 적 몇 번 있습니다. 두 자리 숫자는 정말 아닙니다. 저 때문에 좋지 않은 기억이 계신 분들께는 정말 죄송스럽다는 말씀 드리고 싶습니다.

택시 운전기사의 수입, 많고 적고는 도토리 키재기라고 생각합니다. 다 앞으로 달리지 뒤로 달리는 바보는 없을테니까요. 비슷비슷한 수입인데 차이가 날 수 있다니 의아스럽다고요. 다른 사람의 삶의 모습 쳐다보지 마시고 자기의 삶을 사시면 조금은 알뜰한 삶이 될 것입니다. 남이 그렇게 하니 나도 그렇게 한다고 모여서 먹고 마시고 떠들때는 죄다 혼자 똑똑하고 잘났고 개성있게 산다고 게거품을 물면서 돌아서면 왜 남의 눈 외면하며 남의 삶 흉내내는 "따라쟁이"가 됩니까?

한푼 더 벌려고 신경 쓰고 잔머리 굴리듯이 생활비 아껴쓰는 방법에 더많은 성찰이 필요합니다. 생각 없이 쓰는 돈 그냥 낭비입니다. 용도와 이유 꼼꼼히 따져야 합니다. 몇천 원 더 벌기 위해서(손님 한분 더 태우기위해서) 애쓰는 순간들을 일상 속에서도 기억하셔야 합니다. 지출면에서 스스로를 통제할 수 있는 습관이 몸에 배게 노력하다 보면 자연스럽게 됩니다. 좋은 습관은 재산입니다. 남의 인생 쳐다보지 마시고 자신만의 인생을 가꾸십시오.

마음에 드는 똑똑한 동료, ○○ 중개사 시험에 합격, 택시 핸들 차버리고 잘먹고 잘산다는 얘길 빠뜨릴 뻔했습니다.

＼

제발 운전 똑바로 합시다

애 셋을 키웠습니다. 능력도 없는 놈이… 애들이 운전면허증 취득 후 초보운전 시절에 한 얘깁니다.

아무리 천천히 달려도 걸어가는 것보다는 빠를테니 천천히 다녀야 한다. 끼어드는 차를 보고 웃을 수 있는 여유만 있으면 정말 운전 잘하는 것이다. 저의 운전경력은 30년이 넘었습니다. 면허시험 치른 기억은 희미합니다. 요즘 면허시험은 어떻게 치르는지 궁금할 때가 있습니다. 젊은 분들 운전하는 것을 보면 운전을 잘해서인지 아니면 겁이 없어서인지 운전솜씨가 참 용감하다, 겁이 없다는 생각을 할 때가 한두 번이 아닙니다. 저의 운전솜씨도 남한테 좋은 소리만 들을 정도는 아닙니다.

변명이 아니고요, 택시운전을 하다보면 손님 입에서 "빨리"라는 말이 쉽게 나옵니다. 그래서 조금 빨리 다닙니다. 빨리 달리는 척할 때도 있습니다. 정말로 바쁜 사정이 있어서인지 아니면 천천히 가면 요금이 더 나올것이라는 잘못된 선입견 때문인지….

"기사 아저씨 ○○에 빨리 좀 갑시다."

5분, 10분 정도 걸리는 거리. "빨리"와 "안 빨리" 사이가 몇 초인지는 여러분들이 계산하십시오. 천천히 가는 바람에 요금이 더 나왔다고 생각하신 적이 있습니까?

택시가 마라톤 선수 달리는 속도와 비슷하게 달릴 경우 요금에 영향을 미치는 수가 있습니다. 몇km 이하면 요금에 차이가 있다더라고 복잡하게 생각지 마십시오. 무엇보다 상식 이하의 속도로 인한 금액보다 빨리 다니는 것이 택시기사한테 이익입니다.

손님 승차 후 목적지가 확인되면 '안전' 이라는 놈 계기판 위에 올려놓고 빨리 다닙니다. 빨리 다녀야 몇푼 더 벌 수 있다는 사실을 너무나도 잘 아는 택시 운전기사한테 빨리라는 말씀은 좀…. 물론 정말 바쁜 사정이 있는 분도 계시겠지만… '빨리' 라는 말보다 '여유' 라는 단어를 좋아하면 몸과 마음 건강해집니다.

한 시간이면 여유 있게 갈 수 있는 거리를 조금 빨리 달려 50분 만에 도착했습니다. 남은 10분 어디에 쓰십니까?

뭐에 활용하십니까? 여유와 함께 천천히 달리다보면 시외곽에서는 숲이나 꽃 등을 볼 수 있고 시가지에서는 미니스커트 입은 아가씨 허벅지라도 구경할 수 있지만 빨리와 함께하면 구경은커녕 매연하고 스트레스만 잔뜩 먹습니다.

사람들이 맹목적으로 갈구하는 행복도 '여유' 라는 놈이 데리고 오지

'조급' 은 항시 불행을 가지고 다닙니다. "흐르는 물은 앞을 다투지 않는다(流水不爭錄)"는 말이 있더군요.

자연스럽게 물이 흘러가듯 그렇게 운전하면 얼마나 좋겠습니까? 경제속도요? 계기판 확인 필요없습니다. 여유 가지고 느긋하게 운전하면 바로 경제속도입니다. 앞차와의 사이에 끼어드는 차라도 있으면 양보, 여유가 정말 좋은데 끼어들지 못하게 '안전거리 확보' 라는 말 던져버린 운전 정말 위험합니다. 아차하는 순간 '돈' 달아납니다.

제가 태어난 고향은 시골입니다. 한 시간 거리인데 출발 전에 10분 정도 따로 챙깁니다. 10분의 여유운전 그냥 기분 좋은 '드라이브' 입니다. 다시 한번 묻고 싶습니다. 빨리 달려 남은 시간 어디에 쓰시는지? 누구를 위한 과속인지? 운전시 가끔씩은 생각해 보셨으면 좋겠습니다.

사람이 걸어가면서 "나 왼쪽으로 갈거요"라면서 왼손 들고, 오른쪽으로 갈 것이라면서 오른손을 듭니까? 서로서로 조심하고 부딪혀 봤자가 아니겠습니까? 그런데 차는 움직이는 속도가 있으니 사소한 사고는 돈이 들고 큰 사고는 지구를 잃습니다.

서로가 불행스런 일을 미연에 방지코자 방향지시등, 비상경고등 등이 있는 게 아니겠습니까? 방향지시등은 70~80%가 켜지 않습니다. 왜입니까? 도심 번화가 교차로에서 좌회전 차선에 10여 대의 차가 좌회전 신호를 기다리고 있을 경우 전부가 다 왼손이 없는 장애인들인지 2~3대 정도가 깜빡 깜빡하다가 그마저도 꺼 버리는 경우를 많이 봅니다.

'나 좌회전, 우회전할 것이요' 는 서로의 약속입니다. 왜! 지키지 않습니까? 방향지시등 켠다고 배터리 수명이 짧아집니까? 방향지시등 전구값이 살림살이에 영향을 미칩니까?

배터리 수명 관계없습니다. 전구값이요? 아예 무시해도 된다고 얘기하고 싶네요. 차를 갖고 계시면서 일년 동안 네자리 숫자의 지출을 지출이라고 할 수 있습니까? 돈이 드는 것도 아닌데 왼손도 정상인 분들이 방향지시등 왜! 제대로 켜지 않습니까? 조그마한 약속 서로를 지켜줍니다. 지구를 잃어버리지 않기 위해서 방향지시등 켜기 운동합시다. 서로를 지켜줍시다. 우리 함께 살기 위해서요.

'법' 이라는 단어의 뜻을 사전에서 찾아봤더니 여러 가지 해석이 있더군요. 그런데 이 택시기사가 '법' 이라는 단어의 정의를 '서로를 지켜주면 같이 살자. 그렇게 하기 위해서 꼭 지키자' 라고 내리면 틀립니까? 틀려도 저는 그렇게 생각하겠습니다.

어쨌건 법은 지켜야 합니다. 어기면 최소한 부끄러운 줄은 알아야 합니다. "나 법, 지키지 않습니다"라고 자랑하는 이상한 사람. 사람 같지 않은 사람 참 많이 있습니다. 같이 지키자고 약속해 놓고, 어기면서 자랑하는 사람. 부끄러워할 줄도 모르는 사람. 어떻게 이해를 해야 할지…. 무슨 얘기냐고요?

불법 주정차하면서 비상경고등 깜빡깜빡 불법주정차 자랑합니다. 태연합니다. 당당합니다. 눈 하나 깜짝 않습니다.

법을 어기면서 왜 자랑합니까? 왜입니까? '범법행위를 자랑한다.' '관행' 이라는 낱말 꺼내시렵니까? 다른 차량통행에 방해가 되든 말든 남의 불편쯤이야 내 알 바 아니라고 비상경고등 깜빡깜빡 정말 혐오스럽습니다. 역겹습니다. 비상경고등이 옛날 조선시대 암행어사 마패라도 됩니까? 안타깝습니다. 왜들 그러시는지?

택시승강장에서 손님을 기다리고 있는데 제 앞에 경차가 비상경고등을 켠 상태로 엉거주춤하게 주차를 해놓고 운전자가 내리더군요. 아주 예쁜 아가씨였습니다. 저한테 오더니 아주 공손한 태도로

"어르신 저의 휴대폰 배터리가 다돼서 그러는데 휴대폰 잠깐 빌릴 수 있겠습니까?"

"내! 늙어서 휴대폰 없어요."

경상도 늙은 택시기사가 퉁명스레 얘길 했으니 그 아가씨 기분 시궁창에 다이빙했을 것입니다. 비상경고등 켜지 않고 얘길 했으면 빌려주고 말고요.

조그마한 약속도 약속이고 하찮게 여겨지는 법도 법입니다. 법 어기면서 자랑하지 맙시다. 양심 조금이라도 있는 사람처럼 행동합시다. 많은 사람들이 어울려 사는 사회 서로를 지켜주는 신뢰가 있어야 합니다. 불신들이 너무 많이 헝클어지면 모두가 다 불행해집니다.

우리나라 자동차 역사 1세기 조금 넘었나요? 이 택시기사 태어나기도 전의 얘기를 하려니 조금 죄송스런 마음이 듭니다만 자동차가 생기기 전 대중교통 수단은 사람의 두 다리였습니다. 우리나라 남부지방에서 지금의 서울까지의 거리를 한양 천리라고 했다는데 그 한양 천리 두 다리로 걸어다녔답니다. 한양 천리를 걸어다녔던 그 삶도 삶이요, 요즘처럼 날아다니다시피 하는 삶도 그냥 똑같은 삶입니다.

한양 천리를 걸어다니면 불행이 곱배기로 달려들고 비행기를 타고 날아다니면 행복이 무지하게 따라옵니까? 가끔씩은 스스로의 삶을 뒤돌아볼 필요가 있다고 생각합니다.

정작 살아가는데 필요한 짓과 필요없는 짓거리들을 얼마나 하고 있는지? 필요없는 '짓거리' 한테 좋은 돈 바치고 건강한 몸과 정신까지 훼손

당하는 것은 아닌지 다시 한번 생각해보십시오. 밖에 있는 행복 탐내다가 가지고 있는 행복 잃어버리는 수가 있으니까요.

과속과 함께오는 조급함보다 여유와 함께오는 안전운전 행복도 가져옵니다. 제발, 제발 좀 천천히 다닙시다. 사람 원래 걸어다니던 동물입니다.

또 한마디 하고 싶네요. 교통법규 위반 시 부과되는 범칙금 말입니다. 액수가 다섯 자리 숫자가 대부분이더군요. 몇 억짜리 차를 타고 뒤통수 머리카락이 서도록 어깨에 힘을 주고 다니시는 분도 과속단속 카메라 앞에서는 꼬리를 내리시더군요. 몇만 원 때문에….

범칙금 대폭 인상해야 합니다. 교통사고 예방을 위해서 말입니다. 이 글을 쓰는 택시 운전기사 교통사고 획기적으로 줄이는 방법 감히 한말씀 드리겠습니다.

교통법규 위반 범칙금 과태료 등의 금액 끝에 동그라미 하나만 딱 더 붙이십시오. 교통사고 확 줄어들 것입니다. 궤변이라고요? 다른 분이 뭐라고 해도 저는 확신하고 싶습니다. 동그라미 한 개가 "너무 과하다"고 헛소리들이 많으면 반 개를 더 붙이든지….

말도 안 되는 소리라고 구시렁거리는 헛똑똑이들은 정상이 아닙니다. 아차! 하는 순간 귀중한 생명이 잘못될 수도 있는데, 눈과 정신은 정상인데 삶을 다하는 날까지 한을 토하는 장애인으로 살 수도 있는데….

서로가 조심해서 같이 살아야 사는 재미 배가倍加됩니다. 다른 사람 쉽게 무시하고 주변과 같이할 자격 정말 없는 잘난 인간, 자기만이 제일이라고 큰소리 쾅쾅 치는 인간, 무시하고 싶은 주변인 때문에 자신의 존재가치가 확연해진다는 사실을 아셔야 합니다.

필요 이상으로 자신을 과대 포장하고 내세우기 좋아하는 사람, 주변이 있어야 잘난 척도 할 수 있습니다. 서로, 서로를 보호해 주는 일이 자신을 보호하는 일입니다.

운전 똑바로 합시다. 우리가 만든 괴물(차) 때문에 우리가 다치는 일 없도록 같이 노력합시다. 같이 노력해서 '교통사고 사망자 많은 나라'라는 오명, 저 먼 몇 광년 떨어진 우주 속으로 던져버립시다.

아! 택시가 대중교통?

먼저 조심스런 맘이 저의 어깨를 짓누릅니다. 택시 핸들 잡고 사는 분들의 마음을 너무 힘들게 한 민감한 사안이라는 생각이 들어서입니다.

택시 실제 운행시간 각양각색입니다. 영업시작, 종료시간, 노선, 정해진 것 없습니다. 딱 하나 비번 일시 정해져 있습니다. 출 · 퇴근시간이라는 표현 없습니다.

주차했던 차 움직이면 출근이고 하루를 마무리하겠다며 주차 후 하차하면 퇴근입니까? '택시가 대중교통?' 잘 모르겠습니다. 될 수가 있는 건지, 아닌지? 이 택시기사의 좁은 식견에는 아닌 것도 같은데, 전국의 많은 택시 운전자분들이 강력히 요구하는 것을 보면 저의 생각이 혼자 동떨어진 것인지…. 택시 운전기사 먹고살기 힘든 것 잘 아신다며 택시를 대중교통으로 인정해줘야 한다고 꽤 큰소리로 뚜렷히 말하시던 분들 그분들 어디 가셨습니까?

어디까지나 이 글을 쓰는 택시기사의 개인적인 생각입니다만 이런 식으로 황당하게 뒤통수가 아플 정도로 한방 얻어맞는 기분을 줄 바에야 차라리 처음부터 말이 없었더라면… 쓴웃음이 납니다. 대중교통에 포함하고 어쩌고 뭘합니까? 남의 돈 가지고 생색내시려다가 바람과 함께 사라져 버렸는데….

'택시법', '리어카법' 만들면 뭘 합니까? 실천 없으면 처음부터 없는 게 낫습니다. 여러 가지 얘기들 차치하고 택시 연료비가 휘발유값 대비 30% 정도만 되어도 끼니 잇는데 도움이 되겠습니다.

택시 연료비 얘기 다른 얘기 속에 비슷한 부분들이 있어 그만하렵니다. 세월이 흘러 경력이 쌓일수록 수입이 늘어나기는커녕 줄어든다는 사실 꼭 기억만이라도 해 주십시오.

수입이 줄어 생계 걱정에 시야가 흐릿한 듯한 정신상태로 행복한 삶을 가졌다고 어금니가 보일 정도로 활짝 웃는 분들의 인생을 싣고 다닌다는 사실도 아울러 기억을… 분통터지는 얘기 한마디 더 하자면 택시 운전기사들이 처한 실상을 정말 모르는 것인지? 알고도 모르는 척하는 것인지? 생각이 헷갈리는 바람에 왜소해 보이는 스스로가 더 밉고 짜증이 납니다.

Chapter 2

우리나라 좋은 나라

우리나라, 좋은 나라

"우리 집, 우리 마을, 우리나라" 책상 서랍 속에 처박혀 있던 하찮은 물건도 막상 남이 가져가려 하면 아깝다, 새삼스럽게 가치가 있어보인다 등의 생각을 해 보신 적이 있으십니까?

사람이 일생을 살면서 제일 중요한 부분을 그냥 간과해 버리는 경우가 많습니다. 곁에 있는 보물의 가치는 쉽게 잊어버리고, 새롭다는 이유 하나만으로 엉뚱한 것을 탐하다가 자신에게 꼭 필요한 삶의 자본을 몽땅 잃어버리는 어처구니없는 '우'를 범하고, 좌절하는 안타까운 모습들을 볼 때가 있습니다.

늙어죽을 때까지 서로를 보태며 살자고 굳게 약속한 남녀, 결혼해서 살다보면 상대의 좋은 점은 쉽게 날아가 버립니다. 사실은 날아간 게 아니고 완전 제 것이라고 신경 끄고 다른 것 찾다보면 완전 제 것은 아예 잊어버립니다. 결혼 전의 좋은 점들 그냥 갖고 있는데….

결혼 전과 결혼 후 바뀐 것은 '꼭 같이 살자' 는 약속 하나인데 똑같은 상대한테 약속 하나 해놓고 조금은 다른 욕심을 챙기다보면 욕구충족은 커녕 실망이란 놈이 덩그러니 '안방' 을 차지합니다. 피곤하고 힘들다고 짜증내면 짜증들이 두 사람 사이를 더 멀어지게 만듭니다. 잔소리 헛소리 티격태격 사소한 의견 충돌들이 잦아지다 보면 서로가 옛날에 가졌던 좋은 점들은 그대로인데 아예 보이질 않습니다. 없어졌다고 단정하고 새로 생긴 미운 감정만 쳐다보게 되면 차라리 혼자가 더 편할 것 같다는 생각을 하게 됩니다.

같이 히죽거리며 웃든, 심심해서 싸우든, 서로가 같이 있을 때는 상대의 존재가 얼마나 중요하고 삶이 힘들 때 얼마나 든든한 버팀목이 되어주는지 모릅니다. 실감 못 합니다.

부부 사이의 갈등은 서로가 합심해서 만들었다고 표현하면 정확합니다. 경상도 사투리로 "이래 살빠께사 째지자." "그래 째지자카마 누가 떨줄 알고?"

그래서 이혼했습니다. 원만한 가정이 튼튼한 나라의 기초가 되는데…

간단히 말해서 둘이 힘을 합해 들고 가던 삶의 무게를 혼자 들고 가보십시오. 무슨 설명이 필요하겠습니까? 헤어지고 나서는 조금 참을 걸 했던가요.

그런데 더 웃기는 얘기가 있습니다. 두 사람 사이에 '애' 가 있을 경우입니다. 아이구야! 니는 마 꿈에 볼까 겁난다. 다른 것은 다 양보해도 아! 새끼는 불쌍해서 내가 키울란다.

꿈에 볼까 겁나서 이혼을 하는데 둘 사이에서 태어난 아이, 꿈에서조차 보기 싫은 상대의 피도 섞여 있습니다. '애'를 혼자 만들 수는 없으니까요. 함께한 세월이 길수록 상대를 깨끗이 지운다는 건 불가능하니 껄, 껄, 껄 하지 마시고 가슴 깊은 곳에 이해, 용서, 포용 구비하셔서 스스로의 삶 아름답게 가꾸셔야 합니다.

같이 있어야 할 상대와 함께하는 것은 상대를 위하는 게 아니고 자신을 위하는 것임을 아셔야 합니다.

쉽게 만들어지는 인연들, 남에게 향하는 간단한 미움이 자신을 향하는 비수가 될 수 있다는 것도 아셔야 합니다. 남녀가 만나 사랑을 나누다 보면 한 가정이 되고 가정이 마을과 나라의 기초가 되는 게 아니겠습니까?

1960년대 전후 학교를 다녔습니다. 학교 다닐 때 공부 열심히 하지 않았습니다. 책가방 들고 학교에 가면 공부를 하는 건지 않는 건지 선생님 눈치나 보고 학교 갔다와서는 책가방 아무 곳에나 내팽개치고선 다음날 등교 준비 시까지 책가방 어디 있는지도 모릅니다. 시골에서 자랐습니다. 산과 들이 놀이터고 일터였습니다. 어려도 할 일이 참 많았습니다.

"집안일 돕지 않아도 되니 공부만 열심히 해라, 그래서 훌륭한 사람이 되어야 한다."

그 시절 시골에서는 정말 듣기 힘든 말이었습니다. 10~20년 장기적인 계획하에 어쩌고 하기엔 현실은 너무 가파르고 절박했습니다. 목구멍이 포도청이라는 말이 있더군요. 공부 적당히 해도 먹고사는 데는 지장 없다는 생각, 주변에 문맹자가 쉽게 있었으니 어찌 보면 당연한 사고방식이었는지도 모르겠습니다. '공부' 살아가는데 조금 필요한 것 정도

로 인식했던 그 시절,

1960~70년대 젊은 사람들이 취직을 했다고 하면 누가 무슨 시험에 합격해서 정문으로 당당히 들어갔다는 얘기는 별로 없었던 것으로 기억됩니다.

누구 빽(back)으로 취직됐단다. 그 시절 "빽"이란 말 보통사람들 속에 쉽게, 흔하게 돌아다니는 말이였습니다. 여기서도 "빽" 저기서도 "빽" 무슨 거위 사촌들의 나라도 아닌데 여기서도 빼액(꽤액) 저기서도 빼액(꽤액)….

정정당당히 합격해서 정문으로 들어가는 사람 극소수였습니다.

빽+적당히는 뒷문으로, 빽+적당히+? 아예 개구멍으로….

정정당당히 취직한 분은 그래도 말이 없습니다. 뒷문이나 개구멍으로 취직한 분들 정년퇴직 후 1년에 연금이 얼마라고 자랑들하십디다. 큰소리치며 자랑하시는 분 전부 개구멍 출신입니다. 많은 세월이 흘렀는데 새삼스럽게 왜 옛날 얘기하느냐고요. 차라리 옛날 얘기고 요즘은 아예 해당사항 아니라면 그냥 춤을 추겠습니다. 옛날 얘기 아닙니다.

적당주의와 관행이라는 넉살을 쓰고 모양과 색깔, 스케일만 달라졌지 현재 진행형입니다. 택시 핸들을 잡고 종일 다니다 보면 그냥 심심할 때가 많습니다. 사람 사는 얘기, 관심보다 심심함이 미워서 라디오, 신문을 듣고 볼 때가 많습니다. 도둑놈들이 파티하는 비리백화점 얘기들 왜! 그렇게도 많습니까? 수십, 수백만 원은 애들 과자값, 껌값입니다. 터졌다 하면 수십 수백 억, 요즘은 '조' 라는 단위가 이웃집 '똥개' 이름인지 쉽게 등장하더군요. 솔직히 '조' 라는 화폐단위 잘 모릅니다. "억億도 생소한 택시기사이기에 정말 잘 모릅니다.

다수의 선량한 시민들 가운데 극소수의 나쁜 놈들 때문에 치안 관계자님들 수고하심을 잘 압니다. 그런데 나쁜 놈들 나쁜 짓하는 방법 왜 상세하게 까발립니까? 알 권리(?) 흥미 위주(?) 메말라가는 사람들의 마음을 누가 치유해 주나요? 특종요? 언론사 아저씨들! 특종보다 보통사람들의 평범한 삶 보호가 우선입니다.

범법자를 처벌하는데 있어서 이상한 표현들이 등장하더군요.

'법이 물러터졌다'

'솜방망이 처벌'

법이 물러터졌고 솜밤망이 처벌로 효과가 시원찮으면 야구방망이 처벌로 확실하게 바꿔야 합니다. 시원하게 달리던 차들이 갑자기 속력이 줄어듭니다. 자세히 보니 과속단속하는 괴물이 있다고 또 다른 괴물(네비게이션)이 알려주니 속도 줄어듭니다. 가진 돈이 너무 많아 자기만이 최고라고 큰소리 탕탕 뻗으며 과속하시던 분들도 돈 몇 푼 아까워 속도 줄입니다.

모든 범죄의 형량을 200% 정도만 높여보십시오. 범죄 확실하게 줄어들 것입니다. '공소시효' 라는 희한하게 웃기는 말이 있더군요. 공소시효가 끝나면 살인, 강도, 강간, 방화 등으로 빚어진 피해가 없어집니까? 공소시효가 끝나면 죽었던 사람이 살아나고 강도, 강간 등으로 입은 피해가 원위치되고 방화로 불탄 문화재가 본래의 모습으로 되돌아옵니까? 같이 지켜서 같이 잘살아 보자고 만든 법이라면 서로가 편하게 살 수 있도록. 100% 효과가 나타나도록 활용해야 합니다. 빼액(꽤액) 시절의 부조리는 차라리 애교 정도로 봐주고 싶은 심정입니다. 배고팠던 시절의 나라 살림살이 상세히 살펴보면 눈물이 날 정도였다고 애길하면

이 택시기사의 한심한 식견과 '사시' 때문에 잘못본 것이라고 하실런지요?

요즘은 지구촌에서 목에 제법 힘줄 수 있는 나라가 됐습니다. 나라 살림살이에 관계되는 위치에 계시는 분들 국민소득 몇백 달러 시절에도 우리 가슴의 흐름은 있었다고 단언하고 싶습니다. 요즘은 마음과 마음의 흐름이 없어져버렸습니다. 너무 살벌한 인연들이 손익분기점만 따집니다. 사람하고 사람 사이엔 '손익분기점' 이 없는데….

우리 집, 우리 마을, 우리나라 일입니다. 나라 일을 자신의 일처럼 해주십시오. 큰부자는 하늘이 알고 작은 부자는 보통사람들의 마음속에 있다고 합디다. 중요한 것은 주머니(집금고)에 몇 푼 더 있고 덜 있는 게 아니라 마음의 부자가 되셔야 합니다. '마음의 부자' 라는 말이 무슨 뚱딴지같은 얘기로 들릴런지 모르지만 차분히 생각하시면 그림이 그려질 것입니다. 희미하게 보이던 마음의 부자 모양 자꾸 그리다보면 확실하게 나타납니다. 마음의 부자 그림 확실하게 나타나면 다른 부자 아주 가볍게 여겨집니다.

인간에게 욕심이 없었다면 오늘과 같은 발전도 범죄도 없었을 것입니다. 지구만 한 욕심을 가진 인간에게 지구를 몽땅 준다고 해서 항시 웃을것 같습니까? 춥다가 따뜻해지면, 배가 고프다고 부르면, 웃는 게 인간입니다. 모자람을 모르면 만족의 희열도 모릅니다.

인간이 모여 사는 공간에 제일 흔한 말이 '행복' 이란 말이 아닌지…. 행복? 어디 있습니까? 어떻게 생겼습니까? 행복은 실체가 없습니다. 다른 행복 생각지 마시고 자신의 맘속에 있는 행복만 챙기시면 됩니다. 행불행은 스스로가 만들기 때문입니다.

이 글을 쓰는 택시기사 육십하고도 후반이라 영정사진을 마련했습니다. 가까운 주변들한테 조금은 깨끗한 모습으로 기억되었으면 하는 하찮은 바람에서…. 좌우명도 바꿨습니다. '매일 죽어라' 다음 그림은 여러분들이 그려보십시오. 나 혼자 잘 살면 된다면서 남의 눈에 피눈물나게 하는 짓 제발 좀 하지 마십시오. 당신도 피해자가 될 수 있으니까요.

남을 웃게 하는 삶, 바로 성공이라고 확신하십시오. 1980년대 초 민주하고 정의하고 시원번들이 큰소리 쾅쾅 칠 때의 얘깁니다. 외국의 어떤 똑똑한 분이 "우리나라를 보고 세 번 놀랐다"는 얘기가 있더군요.

1. 국민 개개인의 능력이 뛰어나다(유대인보다 뛰어나다는 것이 이 택시기사의 생각)
2. 섞었다. 그것도 너무
3. 이렇게 섞었는데도 어떻게 유지가 되는지?

해서 세 번 놀랐다고 하는 얘기가 기억에 남아서 건방지게 적어봤습니다.

지구상에 70억 인구 중 똑같은 사람 없다는 사실, 지구가 공짜로 빙글빙글 돌아간다는 사실, 잊지 않고 사시면 조금은 겸손한 마음이 생기지 않을까?라는 생각, 이 택시기사의 착각입니까?

조금은 이웃, 지역, 나라를 위해서 평범한 일상들을 주변환경, 다수의 생각에 맞추시는 게 개개인의 행복감에 플러스가 될 것이라고 하면 궤변입니까?

서로를 이해해서 생기는 여유, 그 여유의 열매는 누가 가져갑니까?

다른 사람이 아닌 자신들의 몫이라는 사실을 실감하는 삶이 되셨으면 합니다.

이웃과 주변을 이해하려고 하는 마음, 조그만한 애국입니다. 작은 애국 많이 모이면 큰 애국 됩니다. 자랑스런 '대한민국주식회사'를 사랑하는 것은 바로 당신을 사랑하는 것입니다.

＼

무슨 애기들인지?

자하자, 스그라, 쌔지그라, 으르그라, 오르맥스, 불티스, 해라캐라

알통들통, 머리린만로, 찰떡보리떡
부르스지루박, 존와인, 눈부라려.
안쏘냐쾅, 지랄하고 자빠졌네. 깡통피스톤
오마이슈프, 죤트랙타

고구마감자당, 감자고구마당, 물밑접촉당, 좌시불가당, 나혼자정의당, 너희들불한당, 오다당, 가다당, 이러당, 저러당, 고구마감자튀긴당, 감자고구마구운당, 감자고구마굽고 튀겨 버무린당, 오다가다먹다말다 자다깨다 하품나는당

낙서장 귀퉁이에 적혀 있는 글인데 무슨 말인지 모르겠습니다. 분명히 제가 적은 글이 맞는데… 그래서 저는 스스로를 한심하다고 내팽개치고 싶은 기분일 때가 있습니다.

2012년 4월 19대 총선이 있는 달입니다. 투표일이 며칠 남지 않았는데 국회의원 선거에 출마한 한 분이 출근시간에 유동인구가 많은 번화가에서 유세를 하고 있었습니다.

“사랑하고 존경하는 군항시민 여러분, 이번 국회의원 선거에 입후보한 고구마 감자당의 기호 0번 도루묵입니다. 쉽게들 얘기합니다. 국회의원선거에 출마한 모든 분들이 지역사회를 위해 국민과 나라를 위해 지역사회의 발전과 국민의 행복과 나라의 융성을 위해 분골쇄신 하겠다고.

그런데 이 도루묵, 유권자 여러분들께 솔직히 말씀드리겠습니다. 전부 거짓말입니다. 입만 동동 떠다니며 혼자 연기를 하며 발광합니다.

이 도루묵 체험에 의하면 ‘입’은 이웃과 사회를 위해서 있는 힘을 다하여 노력하겠다고 하면서도 자기 주머니돈 1원 한푼 주변을 위해서 쓰는 꼴 못 봤습니다. 천원 정도 생기면 1원쯤 쓰는 척할 것입니다.

입은 번지르르… 뒷구멍으로는 호박씨 깔 궁리만 합니다. 물론 다 그렇다는 애기는 절대 아닙니다. 정말 이웃과 사회, 나라를 위해서 사심없이 노력하시는 분들도 많이 있습니다.

여러분을 사랑하는 이 도루묵, 이 자리에서 이 도루묵만이 할 수 있는 약속 한 가지 말씀드리겠습니다.

여러분들도 아시다시피 이곳 군항시는 북쪽에는 만복산이 병풍처럼 둘러싸여 있고 남쪽에는 바다와 접해 있어 뭍으로는 우리나라에서 겨울철에 제일 따뜻해 살기 좋은 곳으로 저는 생각합니다.

그런데 바닷가에 버려진 쓰레기는 정말 문제입니다. 남의 시선만 없으면 아무렇게나 버리는 쓰레기, 물밑에 가라앉으면 보이지 않는다고 양심마저 물밑에 던져 버렸습니까? 우리 모두 반성해야 합니다. 정말 이래서는 안됩니다. 달님 아줌마께서 심심풀이로 바닷물을 밀었다 당겼다 청소를 해주시지만 아줌마 힘으로 청소가 제대로 되겠습니까? 3면이 바다인 우리나라에서 지역구가 바다에 접해 있는 국회의원 입후보자 가운데 태풍 어른과 친분이 있어 해안청소 부탁할 수 있는 입후보자 여기 있는 이 도루묵 외에는 없습니다. '도루묵' 이름만 봐도 쉽게 짐작이 되지 않습니까? 저 원래 바다 출신입니다. 태풍 어른께서 제가 이번에 19대 국회의원에 출마하겠다는 것을 아시고는 다른 입후보자들처럼 입에 발린 가벼운 공약 '딱' 배제하고 해안청소 확실히 해 줄테니 큰 공약으로 '딱' 내걸라고 하셨습니다. 조금의 피해도 없이 바닷가 청소 깨끗하게 해 주시겠다고 확실히 약속하셨습니다."

어떤 유권자 한 분이 '똥개' 모녀를 데리고 와 있었습니다. '도루묵' 연설을 가만히 듣고있던 '똥개' 딸이 갑자기 깨갱하며 웃더니 엄마한테 한마디 했습니다.

"엄마! 엄마 봐라, 저 도루묵. 국회의원하고 시퍼가꼬 돌아뿐 거 아이가?"

"좀, 조용히 해라 가시나야! 천지도 모르는 기 말이 많노."

"내가 천지를 모른다고? 내 전생에 무슨 죄가 많아 엄마 니 때문에 '똥개' 딸로 태어났는지는 몰라도 저런 택도 없는 거짓말은 안 한데이. 저런 거짓말을 하는 거 보마 사람 사는 것도 참! 우리보다 못한 거 아이가?"

'국회의원' 참 좋은 모양입니다. 금배지를 다는 순간 20가지도 아니고 200여 가지 특권을 갖는다니… 장관에 준하는 예우, 국유철도, 선박, 항공기 공짜 항공기는 비즈니스석, 1억3,000여만 원의 세비, 사무실운영비, 차량유지비, 입법활동비, 연간 9,800여만 원 연봉 2,800~6,900여만 원인 보좌진 7명, 인턴직원도 2명까지, 회기 중 불체포특권, 면책특권 부여, 18대 국회 때 국회의원으로서 당연히 해야 할 일은 유, 불리만 따지며 꼼지락, 꼼지락하면서 자신들의 특권은 빠짐없이 '냠냠'. 가족수당, 학자금신설, 세비인상, 보좌진증원, 65세 이상 전직 국회의원 종신연금 월 120만 원씩 등 그만 적겠습니다. 택시 운전기사 갑자기 배가 아픈 것 같아서요.

다 좋습니다. 왜냐구요? 좋지 않다고 해봤자 무식이 심술하고 친하다는 얘길 들을 것 같으니까요.

국회의원이 300여 분이라는데 진심으로 우리나라를 위하시는 분 몇 분이나 계시는지? 여태껏 살면서 지방선거, 총선, 대선 기권해 본 기억 없습니다. 나 하나쯤 기권해도…, 국민 전부가 다 나 하나쯤…, 이렇게 되면 우리나라 구석기, 신석기 시대도 아닌 이상한 혼돈시대로 돌아갈 수 있습니다. '투표 기권' 해서는 안됩니다. 정상적인 대한민국 국민이라면….

그래서 투표했습니다. 그런데 어떤 일간지에서 2000~2010년까지 11

년간 보궐선거비용이 1,700억이라는 기사를 봤습니다. 왜입니까? 왜! 그렇습니까? 책임 지는 사람 있었습니까? 어디 갔습니까? 무전유죄無錢有罪 유전무죄有錢無罪 그래서 그렇습니까?

누릴 수 있는데도 누리지 않는 것, 즐길 수 있는데도 즐기지 않는 것, 가질 수 있는데 소유치 않는 것, 맘속의 행복감을 키우는 거름이 된다던가요. 정권이 바뀔 때마다 새 정권 고생 많이 합니다. 설거지하느라고….

'1,700억' 다른 큰 규모에 비하면 껌값입니까? 애들 과자값입니까? 법을 만들고 지키고 모범을 보여야 할 위치에 계신 분들이 보궐선거 때문에 야기되는 국고손실, 여타 비리가 터질 때마다 정치하시는 분 도매급으로 욕 왕창 먹습니다. 정치하시는 분들 정권 바뀔 때 어디 가 계십니까?

똑같은 비극이 왜 되풀이되는지? 망각은 신이 인간에게 준 최고의 선물이라고 했던가요. 그래서 그렇게도 잘 잊어 버리십니까?

권력은 마약이라고 어떤 분이 말했던가요. 현행법대로 앞으로 100년, 대통령 몇 분이나 하실 수 있습니까?

대선 때만 되면 대권, 대권 하면서 폼 잡는 분은 왜 그렇게도 많은지?

'대권' 떠올리는 분의 생각과 이 택시기사의 생각은 너무나 멀어 아예 가늠치 못할 거리가 있겠지만 감히 또 곱배기로 택시기사의 생각을 말씀 드리자면 '대권' 어떤 자리입니까? 더 위로 올라갈 자리 있습니까? 대권 아무나 차지합니까?

귀하고 존엄하신 자리에 오르셨으면 내려오실 때까지 나라와 백성을 위하여 마음을 열어놓고 '임' 하셔야지 뭘, 더 바라십니까? 왜! 물러나시고 나면 문제가 생기는지?

요즘 사람 보고 듣는 것이 많아 똑똑합니다. 물러나시고 나면 잘한 것은 이른 아침 햇살에 사라지는 안개처럼 흔적도 없어지고 잘못한 것은 재탕 삼탕 씹고 또 씹습니다. 지겹도록….

신분을 보호한다는 경호원, 경호원인지 '찍' 소리 하지 말고 가만히 있으라는 감시원인지? 높은 자리에서 내려오시면 맘 가벼운 자유라는 게 주어져야 될텐데 높은 자리 계실 때 어질러놓은 자리 청소하느라 힘 빼고 나면 여생 조금 남았다는 경고음 때문에 밥맛 잃어버립니다. ○○○ 대통령, 좋은 대통령은커녕 서민들의 술안주가 되어버립니다. 비극입니다. 특히나 요즘은 현직 높은 분께도 입에 올려서는 안될 말들도 거침없이 튀어 나오더군요.

존경하고 싶은 분이 쉽게 눈에 띄지 않는것은 우리 모두의 잘못이고 불행입니다. 지난 세월 어느 대통령님께서 낮에는 대통령인 것 같은데 밤이 되면 종신형을 선고받고 유배된 죄수 같은 기분이 들 때가 있었다는 글을 어디에선가 본 기억이 납니다. 이 택시기사가 존경하는 분입니다.

정말 모범적인 국회의원이 되셔서 나라를 위해서 모든 것을 바쳐 애국하시겠다는 분들이 앞으로의 청사진을 구체적으로 제시하지는 않고 남의 구린 부분 찾아 다니시는 분 계십니다.

"이렇고 저렇고 카더라" 아니면 말고, 국회의원의 불체포특권 면책특권은 옛날에 자유가 좀 없었을때 국민을 위해 할 말 하시라고 만든 법이지 요즘같이 좋은 세상에 와서 "카더라" 아니면 말에 이용하시는 것은 뭐가 잘못되어도 한참이나 잘못된 것 아닙니까?

"카더라, 아니면 말고"를 뇌리에 떠올리시는 분 감투 쓸 자격 없습니다. 자신이나 지역사회나 나라를 위해서 집에 가서 애나 보이소, 자격 정말 아닌 사람 '감투' 좋아하다가 '감방' 갈 수도 있습니다.

역사는 잘 모릅니다. 겨우 알 수 있었던 방법 TV 찔끔, 신문 조금, 얻어들은 풍월, 잘 모르는 역사 중 잘 기억하는 부분들이 있습니다.

무슨 일이든 시작과 끝이 있다. 영원한 권력 없다. 왜? 인간의 삶 유한하기 때문에 권력이 무한하다면 권력의 달콤함이 없어지기 때문에 그것은 권력의 맛이 아니다.

지난날 어떤 유명한 분이 떡장사를 하다보면 떡고물이 떨어지게 마련이라고 하셨다더군요. 그래서 떨어지는 떡고물 버릴 수는 없고 먹는다고 하셨던가요. 당연하다는 듯이…. 그런데 요즘은 떡고물이 아니고 아예 처음서부터 떡가래를 오물오물, 냠냠 하시는 분들 많습니다. 태연히….

사람이 살다보면 흥할 수도 있고 망할 수도 있습니다. 흥하든 망하든 그냥 조용히 개인적인 문제로 끝나는 경우가 있는가 하면 망했다 하면 고소하다, 당연하다, 그렇게 지랄들 하더니 정해진 코스 아니냐. 그래서 10년 먹은 체증이 쑥 내려갔다는 소리를 들을 경우가 있습니다. 최소한 살면서 그런 소리는 듣지 않고 삶을 마감하면 얼마나 좋겠습니까?

제가 30~40대에 경험한 일입니다. 개인기업체에 다니는 친구와 공직에 근무하는 친구가 있었는데 두 사람의 월급을 비교하면 개인기업체에 다니는 친구가 두 배로 많은데 사는 모양은 공직에 근무하는 친구가 더 여유있게 보였다면 잘못 본 것입니까? 아니면 그 시절의 사회상을 정확히 본 것입니까?

저는 주변의 보통사람들의 수입은 거의 비슷하다고 생각하고 싶습니다. '차이'는 얼마나 실속 있게 사느냐에 따라 달라진다고 보면 너무 허황된 계산입니까?

신기루 같은 허욕 때문에 남의 밥상 쳐다보며 탐내다가 자기 밥상 음식 파리가 다 냠냠하시는 줄 모릅니다. 서 있는 자리 주변 잘 살펴보시고 조금은 낮은 자세로 겸손하게 사시면 그냥 편합니다. 얘기가 너무 한쪽으로 갔나요?

총선에 뜻을 두고 국회의원을 하시려고 하는 분들의 얘기를 빠뜨린 것 같아 한마디 더 하겠습니다. 다른 나라는 잘 모릅니다. 알 필요도 없고요. 국민과 나라를 위해 일하시겠다는 분들 존경스러운 점 정말 많습니다. 국회의원 선거에 출마, 당선, 현직의원으로서의 활약, 그냥 '경이롭다'는 생각 많이 했습니다.

얼마나 말(言)들이 많은 곳입니까? 나쁜 말(言)이 좋은 말을 잡아 먹습니다. 말(言)들끼리 치고 박고 하다보니 머리가 나쁜 사람들은 나중에 아무것도 모르는 바보가 되어 버립니다. 이 말도 맞는 것 같고 저 말도 맞는 것 같고 둘다 아예 아닌 것 같고.

그런데 정치하시는 분들 정말 머리가 명석하다는 걸 많이 느꼈습니다. 그 많은 말들 중 자신한테 유리한 말들을 정확히 골라내어 차곡차곡 쌓아두셨다가 정치 일선에서 매일매일의 양식으로 활용합니다. 그때그때 필요한 말씀과 상황에 맞는 변신에는 기가 막힙니다. 자신의 생각이 옳더라도 다수의 국민 생각하고 다르면 바로 바뀝니다. 지난날 스스로가 내뱉었던 말, 강조했던 말도 불리하다고 판단되면 나 그런말 한 적 없다고 닭 냠냠하시고 오리발 쏙 내미십니다.

어떤 분이 정치인의 약속은 밤새 끙끙거리며 썼다가 아침에 찢어버리는 '연애편지' 같은 것이라고 했던가요. 하기야 요즘 청소년들 '연애편지' 라는 말의 뜻 알기나 할런지?

국회의원 선거에 출마한 분이 오직 당선만을 위해 주변과 여론에 모든 것을 내던지다 보면 정말 자신은 어디 있는지도 모르고 방황하는 몽유병 환자처럼 될 수 있다고도 하셨습니다.

또 어떤 분은 정치판에서 살아남으려면 '카멜레온' 의 생존법을 배워야 한다고도 했습니다. 원숭이는 나무에서 떨어져도 원숭이지만 정치인은 선거에서 낙선하면 사람도 아니라는 말도 있던가요.(당선자와 비교시)

'국회의원' 그 자리에 영원히 있을 것처럼 많은 것에 집착하시다가 그 자리를 떠나야 할 경우가 생기면 힘이 듭니다. 그 괴리의 공허함을 무엇으로 메꾸시렵니까? 영원히 있을 수 없는 있어서도 안되는 그 위치 언제든지 떠날 수 있는 준비를 해두셔야 떠나셔야 할 경우의 상처도, 미련도 준비된 마음과 상쇄될 수 있을 것입니다.

일년 열두 달 중 제일 싫은 달은? 스스로한테 질문을 던져놓고 참 할 일 없는 한심한 놈이라는 생각을 했습니다. 싫은 달, 좋은 달이 어디 있습니까? 내 것으로 만들면 전부 좋은 달입니다.

사계절로 따지면 봄이라는 계절이 조금 밉습니다. 많이 모자라는 삶을 가진 이 택시기사한테 어버이날, 어린이날이 어깨 힘빠지게 할 때가 있습니다. 어린이날에는 부모 노릇 잘못했다는 생각, 어버이날에는 부모님께 불효했던 죄책감, 저 자신에게 아무리 점수를 후하게 주려고 해도 해마다 5월이 되면 그냥 가슴만 답답할 뿐 한번도 냉정하게 채점해 보지 못했습니다. 누가 강요라도 한다면 '0점' 이라고 고개를 숙이겠습니다.

개인적으로 미운 봄이라는 계절에 가슴 아픈 사건들이 왜, 많이도 일어났는지…? 3 · 15, 4 · 19, 5 · 16, 5 · 18, 6 · 25 무슨 일이 일어났는지는 적고 싶지 않습니다. 저의 좁은 식견으로 어떻게 표현할 능력도 없고 자신이 없어서입니다.

죄없는 계절을 미워할 필요는 정말 없는데…. 신문을 보다가 스크랩북도 없으면서 자신도 모르게 어떤 부분을 오려내 두었다가 다시 볼 때가 있습니다. 봐봤자 대부분 혈압 오를 내용뿐입니다. 어느 봄철에 읽은 신문기사내용, 도대체 어떻게 이런 일들이, 차라리 오보였으면….

'사채업자 횡포에 싱싱한 젊음이 자살하다'

강도, 사채업자 누가 더 나쁩니까? 논할 필요 없이 강도가 더 나쁘다고요. 그런데 강도보다 사채업자가 더 나쁘다고 하는 사람 있습니다. 이글을 쓰는 택시기사입니다. 강도보다 불법사채업자가 훨씬 더 나쁩니다.

강도는 짧은 시간에 끝납니다. 그런데 사채업자는 어떻게 합니까?

돈 빌려주고서는 도저히 상식선에서는 이해가 되지 않는 이자+원금 요구합니다. 법이 있는 나라인지? 아예 모르는건지? 알고도 모른 척하는건지…? 100원 빌려주고 200원 300원 뺏어먹어도 별탈이 없는 것 같더군요.

아니라고요. 불법사채업자 90%가 벌금 아니면 집행유예 처분을 받는다는 얘기는 마른하늘에 우박 떨어지는 소리입니까?

돈 좀 있으면 무식한 표현으로 없는 놈한테 빌려주고 이자 마음대로 받아 챙겨도 괜찮다는 얘기입니까? 돈 없고 힘 없는 서민 누가 보호해 줍니까? 동방예의지국이 갑자기 똥방무례지국이 됐습니까? 사채 이용, 거의 서민들이 합니다. 채무자를 자살에 이르도록 한 경우는 살인강도입니다. 앞서 강도보다 사채업자가 나쁘다고 했습니다. 어떻게 표현하기 힘들 정도로 악랄하게 채무자를 괴롭혀 돈이 없다는 이유 하나만으로 스스로의 삶을 던져버릴 만큼의 고통 속에 몰아넣는 '샤일록' 같은 악덕 고리대금업자 처벌이 왜 이렇습니까? 정상적인 나라입니까? 돈이 없어 사채 쓰고 상식선에는 없는 비싼 이자 때문에 자살하는 사람 어느 나라 사람입니까?

요즘 '인권' 이라는 말 참 많이도 합디다. 범법행위를 한 것도 아닌데, 흉기도 없는 강도한테 시달려 자살하는 사람이 있는 나라, 남의 나라 얘깁니까? '인권' 이라는 놈 신혼여행 갔습니까?

'법' 을 만드는 위치에 계시는 분들께 묻고 싶습니다. 무슨 사채업자 협회가 있습니까? 그래서 사채업자가 법을 어겨도 물러터진 법 적용해서 벌금, 집행유예 등으로 해 달라며 '로비' 라도 하는 사람 있습니까? 만사 얼렁뚱땅 해도 됩니까? 법 만들어 놓고 범법자에게 처벌 제대로 하지 않는다면 그 법 처음부터 없는 게 낫습니다. 가진 사람 조금 덜 가진 사람 어느 한쪽 부당한 경우를 당하지 않도록 같이 살자며 만든 법 공평하게 집행되어야 합니다.

돈이 없어 사채 빌려 쓰고 빚 독촉에 시달려 신체포기 각서 쓰고 얼마 후 자살하면 자살한 분의 여생餘生 사채업자 당신이 이용할 수 있습니까? 당신도 땅밑으로 갑니다. 타인의 목숨도 당신 목숨만큼 귀하게 생각하셔야 합니다. 사람 목숨을 돈하고 바꿔요? 돈! 누가 만들었습니까.

“돈이 없어 공부 못 하는 학생들을 위하여, 불우이웃을 위해 평생 모은 재산 쾌척하다.”

가슴이 따뜻해지는 뉴스 접할 때 많습니다. 돈은 따뜻하게 써야 빛이 납니다. 다시는 이 땅에 사채업자들의 횡포에 시달려 자살하는 사람 없도록 하기 위해 사채업자 형량을 200% 높입시다. 돈 갖고 장난치는 졸부를 벌금형에 처하면 벌금 납부하고선 주변 채무자에게 더 높은 이자 강요할 수 있으므로 벌금형, 집행유예 완전배제, 이런 법 좀 만들면 안 됩니까? 쉽게 될 수 있을 것 같은데요. 공개적으로 반대할 수 있는 강심장 없을 것으로 생각됩니다.

돈이 없어 고리사채 때문에 자살한 분 저승길 잘 못 찾습니다. 가슴에 맺힌 한 때문에 눈이나 제대로 감겠습니까? 눈을 감아야 저승길이 잘 보인다는데…. 돈 없다는 이유 딱 하나만으로 흉기도 없는 강도 때문에 자살한 그분의 심정을 우리 같이 헤아려봐야 합니다.

‘왜?’

법을 만드는 자리에 계신 분이나 돈이 사람 목숨보다 귀하다고 발광하는 ‘샤일록’ 후손들이나 불행한 이웃에게 손 내밀지 않는 방관자, 이 글을 쓰는 택시기사, 모두 다 갑니다. 땅밑으로….

억울하게 삶을 버리는 이웃이 없도록 살펴야 합니다. 복잡한 삶 가운데 우리 자신들도 쉽게 억울한 일 당할 수 있으니 바로 스스로를 지키는 일입니다. 모두가 공감하는 법, 있어야 하는 법, 만들지 않으면 직무유기입니다. 세비 왕창 깎아야 합니다.

╲

도깨비들이 개다리춤을?

차명으로 자기대출, 가짜 통장 발급해주고 예금 빼돌리기, SPC를 통한 불법대출, 금융감독원의 검사무마 청탁용으로 1kg짜리 금괴 6개, 현금 · 그림 등 20억, 본점사옥 인테리어 비용 높게 잡아 회삿돈으로 지불후 인테리어 업체로부터 돌려받는 수법으로 136억 9,000만 원 꿀꺽. 대출모집 수수료 지출했다며 58억 8,000만 원 냠냠. 황당저축은행회장 중, 도피 위해 469억 뒷구멍으로 짭짭, 자신이 대주주로 있는 회사자금으로 아내의 벤츠승용차 리스비용 법인카드로, 금융위원회의 저축은행 자산평가 실사에 대비해 운무저축은행 주식 고가매수 주문 등 시세 조종해 353억 부당이익 취하다, 아내를 회사고문으로 고문료 10억, 자신이 대주주로 있는 유령회사 그리고 계열사에 자기대출 등으로 3700억 불법대출. 부동산 가치 부풀린 위조, 허위 감정평가서 담보로 226억 부실대출후 그중 80억은 자기 주머니에 쏙, 은행전산 프로그램을 조작해

가짜 통장을 발급해 주는 방식으로 고객예금 180억 원은 안주머니에 포르노그래피 지원저축은행 '룸싸롱' 대출 1,500억 원….

별나라 얘깁니까? 달나라 얘깁니까? 우주의 얘기도 아니고 우리나라 얘기라고요. 대명천지에 어찌 이런 일이 있습니까? 유식한 TV, 똑똑한 라디오, 꼼꼼한 신문, 여우 같은 인터넷도 있는데….

2012년 봄 어떤 일간지에 게재된 내용의 일부입니다.

우리나라에 사기은행이 있습니까?

사기은행요. 에이! 말이 되는 소리를 하시오. 말이 되는 소리요. 허가난 사기은행이 아니면 어떻게 이런 일이 있을 수 있소? 사기은행이 아니고 저축은행이라고요. 법이 있는 나라입니까? 한푼 두푼 절약해서 이자 몇푼 더 받기 위해 평생을 투자해 모은 돈 맡겼는데….

황당저축은행 회장아저씨, 많은 사람들의 인생을 그렇게 난도질해도 되는겁니까? 돈 몇푼 슬쩍해도 이상한 곳에 잡혀가서 생똥을 싸는 얼간이들도 많은데 황당저축은행 회장님, 신기루저축은행 회장님. 여러분께서는 몇십, 몇백 억을 꿀꺽, 냠냠, 쩝쩝하시고들 어디로 가십니까? 어디 갈 일 없다고요. 가봤자 휠체어 타고 왔다갔다하다가 나오신다고요. 대단들 하십니다. 그렇게 과식하고서도 배탈이 없고 어디 가실 일도 없어지시다니 무슨 복을 그렇게도 많이 갖고 태어나셨는지요. 누이 좋고 매부 좋고 형님 먼저 아우 먼저…. 우리나라 좋은 나라라고 생각했는데 대한민국이 자꾸 미워집니다.

죽을 때까지 먹고살아야겠다고 이자 몇푼 더 받겠다고 피같은 돈 맡겼는데… 황당 저축은행 아저씨, 은행금고를 사금고처럼 엿장수 마음대로 할 수 있다니 무슨 얘기요?

람보르기니 다섯 대 13억. 남의 돈 이용해 억, 억, 번쩍 번쩍하는 고급 외제차 타고 다녀도 괜찮은 건지? 보통사람들의 머리로는 도대체가 상상조차 할 수 없는 희한한 얘기들을 쉽게 들을 수 있는 현실들, 차라리 영화나 소설 속의 얘기였다면….

믿기지 않는 얘기들이 언론매체에 왔다갔다 하는 것을 보면 거짓은 아닌것 같은데, '석두' 택시기사 뭘 어떻게 소화해야 하는지? 뭐가 뭔지?

돈 때문에 사람을 죽여요!

다른 사람을 이용해서 돈 버는 것은 사람 사는 사회에서 평범한 삶의 모습입니다. 그런데 쉽게 이해가 되는 정당한 수단으로 벌어야지. 남의 생존 자체를 위협하는 비열하고 잔인한 인간 이하의 행위로 돈 버는 짓거리들 정말 없어져야 합니다.

벼슬하겠다고 상대를 중상모략하고 뒷주머니에는 계산기 따로 넣어 놓고, 다수를 위해서 사심 없이 헌신하겠다고…, 이자 조금 더 주겠다고 감언이설로 꼬셔서 예금 유치시켜 놓고서는 자기 돈인 양 제멋대로 유용하다가 문제가 될 것 같으면 저 높은 분들한테 가서

"어르신 같이 사입시더."

"그래 뒤탈 없도록 해라이."

평범한 서민들 정말 피눈물 납니다.

옛날에는 무식해서 모르고 살았지만 요즘은 많이 배운 사람, 똑똑한 사람 많아서 다 아는데… 조용히 산다고 바보 취급하지 말라고 얘기하고 싶은데…. 평범한 서민들 정말 바보, 아닙니다.

반세기 전쯤서부터 우리나라에서 '정치' 라는 단어하고 민주주의라는 '말' 하고 같이 다니면서 많은 사람들의 사는 모습들을 연출했습니다.

코앞에 먹을 것이 없는데 '민주주의' 하면 먹을 것이 생긴다. 민주주

의보다 배고파서 먹을 것이 당장 급하니까 먹을 것 먼저 생각하고 민주주의는 차선이다.

누구 말이 옳고 그른지는 잘 모르겠습니다. 다행히 먹을 것도 해결됐고 조금은 어정쩡한 민주주의도 정착됐습니다.

좋은 민주주의는 많은 사람들의 삶을 조금은 편하게 하는 것으로 받아들여졌는데 가진 자, 힘있는 자만 있고 서민들은 안중에도 없었는지? 서민들에겐 상대적인 박탈감만 심어줬고 부드러워야 할 말(言)들이 날카로운 흉기가 되어 사람들 사이를 휘젓고 다니니… 여러 사람이 사는 데 다른 사람의 존재는 아예 무시해버리고 거침없이 쏟아내는 험악한 말, 말들, 함부로 내뱉는 독설이 부메랑이 되어 자신의 가슴팍에 꽂힐 수도 있다는 사실 꿈에도 생각 못 합니다.

자식을 효자로 키우고 싶으면 자식 앞에서 자식의 조부모님께 효를 실천하면 됩니다. 이웃의 어르신들께 예를 갖추면 이웃의 아랫사람한테 윗사람 대접받습니다. 요즘 길거리에서 담배 피우는 사람 저의 눈에는 전부 미성년자로 보입디다. 저도 20여 세 때 담배를 피웠습니다. 주변사람들의 시선이 무서워 숨어서 피웠습니다. 그런데 요즘은 아예 자랑을 하더군요. 무섭게 변합니다. 삶의 모습들이….

할 말, 못 할 말, 타인의 존재조차 내 알 바 아니라는 식의 돌출언행들, 말(言)의 자유가 좋기도 하고 너무 지나치다는 생각이 드는 것도 사실이라고 말하고 싶습니다.

요즘같이 밝고 똑똑한 사람 넘쳐나는 사회에서 사단법인 황당 사기주식회사, 공갈강도 주식회사가 아닐텐데. 귀신저축(사기)은행, 그리고 사채업자님 제발 두손 모아 부탁드립니다. 선량한 다수의 사람들 바보, 바보 아닙니다.

＼

애국자 P기사님

그분은 30여 년 무사고 택시 운전기사입니다. 대화를 나누다보면 쉽게 표현이 안 되는 대범함이 풍기는 분입니다. 항시 웃습니다. 짜증 내는 일 본 기억이 없습니다. 짜증난다고 투덜거리는 것보다 그냥 웃는 게 훨씬 빨리 마음이 안정이 된답니다. 택시운전 쉽게 짜증내고 투덜거리다보면 종일 짜증 낼 일 투덜거릴 일뿐이랍니다. 그래서 웃는답니다.

웃다보면 피로도 달아나고 행복해지고 짜증 낼 일 등은 저 멀리서 다가오다가도 지레 겁을 먹고 돌아서 버린답니다.

바보처럼 웃으면서 운전을 하다보면 우거지상으로 탄 손님도 기사의 미소 앞에 얼굴이 펴진답니다. 택시 승강장에서 라디오 신문 등을 듣고 볼 때도 있지만 손님에게 받은 구겨진 지폐가 있으면 전부 정성 들여 편답니다. "심심해서"라는 말도 할 수가 있지만 돈을 소중히 여겨 펴다보면 왠지 눈에 보이지 않는 복이 올 것도 같고 눈에 보이는 것은 작은 애국이랍니다.

겨울철에 예상외로 날씨가 추워져 사람들이 춥다고 하면 P기사님 왈, 이곳 (경남 군항시) 날씨는 저 북쪽나라에 비하면 안방이랍니다. 그러니 춥다는 얘기하는 게 아니랍니다. 저 북쪽나라엔 먹을 것도 모자란다는데.

사람이 속이 든든해야 내한력도 강하다는데 혹한에 얼마나 고생하는지를 생각하면 어떻게 추위 얘기를 할 수 있느냐고 합니다. 우연한 기회에 동료 몇 분과 술 한잔하면서 나눈 대화 내용입니다. 화제는 현역들의 자가용 출퇴근, 여러 가지 얘기들이 많았습니다만 P기사님 주장이 제일 예리하고 정확하다고 다들 공감했습니다. 자가용을 어디에 어떻게 사용하는지에 대해서는 자기 알 바 아니지만 현역들의 자가용 출퇴근은 조금 생각해볼 문제라고 하시더군요.

군인은 전쟁이 일어나면 나라를 지키는 일에 전부를 바쳐야 하는 위치인데 몸 움직이는 일 게을리해서 허리통이 굵어지면 전력 손실이 심각해진다며 잘못되어도 한참 잘못됐다는 얘기였습니다.

도대체가 P기사님의 넓은 가슴속을 이 '좀생이' 기사가 이해하는데는 한참이나 걸렸습니다. P기사님과 교분을 나누다보니 이 좀생이 기사의 생각도 넓어지고 가슴도 훈훈해지는 것 같고 인생도 아름답게 보이는 것 같아 짙고 깊은 우정을 쌓아가고 있습니다.

홍길동

저는 그분을 '홍길동 기사님' 이라고 부릅니다. 그분은 남이 싫어할 것 같은 짓은 아예 않는 분입니다. 모든 사람들에게 호감을 갖게 할 수 있는 언행이 얼마나 어려운지는 이 택시기사도 잘 알기에 그냥 평범한 처세로 살아가면 된다고 충고 아닌 충고도 몇 번 했습니다만 그분의 얘기는 "노력하면서 살겠다!" 입니다. 커피자판기 커피 한잔 값도 먼저 돈을 냅니다. 동료 기사들에게 하는 말 한마디에도 조심성이 배어 있습니다. 어느 한 부분도 나무랄 데 없는 그분을 홍길동 같다고 생각하게 된 계기를 얘기하라면 보통사람하고는 조금 다른 엉뚱한 면이 있다는 것입니다. 그분의 엉뚱한 언행이 보통사람들이 예사롭게 생각하는 잘못에 대한 무언의 충고같이 생각되기 때문입니다.

그분은 애연가입니다. 너무 심하다 싶은 면이 있어 금연하라고 싶은 소리 좀 했더니 자신이 금연하면 국가재정에 문제가 생긴다며 그래서 자신은 "애국자"라며 웃는데는 같이 웃을 수밖에 없었습니다.

많이 피우는 담배, 그런데 한번도 꽁초를 함부로 버리는 것을 본 일이 없습니다. 택시 승강장 같은 곳에서 담배를 피우다가 다 피우면 담배꽁초는 그냥 주머니 속에 넣습니다. 제발 그렇게 하지 말라고 하면, 담배꽁초 아무 곳이나 버리면 개새끼 소리 듣는답니다. 담배꽁초 한번도 아무 곳에나 던져버린 적 없답니다. 그래서 다른 사람들이 아무 곳에나 담배꽁초 버리면 개새끼라고 자신있게 욕을 한답니다.

운전 중에 담배꽁초 창밖으로 던지는 놈은 개새끼의 새끼랍니다. 그러니 개손자랍니다. 불이 꺼지지 않은 담배꽁초 창밖으로 휙 던지는 놈은 소리 없는 총이 있으면 그냥 뒤통수를 갈겨버리고 싶답니다. 담배꽁초 문제뿐 아니라 평범한 일상 속에서도 개 손자하고 항렬이 같은 인간들 지구에 같이 살면 안된답니다. 지구를 떠나야 된답니다.

그래서 홍길동 그분은 담배꽁초 죄다 집에 가져간답니다. 식구들이 뭐(?)라고 해도 금연 못 하는 스스로를 미워하고 탓할지언정 식구들한테 아무 소리도 않는답니다.

"홍길동 사장님! 금연이 더없이 좋은 방법이지만 그렇게 안되시면 휴대용 재떨이라도 갖고 다니십시오."

'금연' 하면 만사형통인데.

금연에 실패한 분들 얘길 들어보면 정말 여러 가지 이유를 그럴듯하게 나열하시더군요. 실패한 이유들 전부 거짓말입니다. 핑계입니다. 단언할 수 있습니다.

"왜냐구요?" 이런 이유 저런 핑계 왔다갔다하다가 "금연치 않으면 조금 후에 간다. 땅밑으로" 정확한 진단, 결론이 코앞에 나타나면 100% 금연하더군요. 죽음 앞에서는 이유, 핑계 그냥 달아나버립니다.

저 개인적으로 홍길동 사장님을 좋아합니다. 정말, 남을 배려할 줄 아는 순수한 분입니다. 홍길동 사장님, 제발 금연하십시오.

작심삼일 계속하십시오. 121.66번만 하시면 일년 지나갑니다. 그러면 금연되겠지요. 작심삼일이라는 말 땜에 돌아버리겠다고요. 그래서 미쳐버릴 만큼 스트레스가 더 쌓인다고요. "무슨 결말이 나건 담배 네놈하고는 이혼이다"라는 의지만 있으면 금연됩니다.

홍사장님, 개새끼 개손자 저 자신도 홍사장님 만큼이나 미워합니다. 개새끼 개손자가 없어졌으면 하는 바람에서 홍사장님 얘기를 하게 되었네요.

이해해주시고 웃어주십시오.

＼

이웃끼리 싸우지 맙시다

차가 참 많습니다. 너무 많습니다. 다들 차를 갖고 있으니 같이 차를 삽니다. 옆집에 식구 셋에 차가 세 놈이라고 덩달아 세 식구에 차를 세 놈으로 늘였습니다. 한 놈도 관리하기 힘들다는데 세 놈씩이나… 편리하고 빨리 다닐 수 있고 코앞에 항시 대기하고 있으니 얼마나 좋습니까? 자전거 한 대 있어도 부자 소릴 듣던 시절이 아직도 기억 한 모퉁이에 앉아있는데 자전거보다 자가용이 훨씬 더 많습니다. 자전거 따윈 길거리에 버려져 있습니다.

차가 너무 많아지다보니 편하게 빨리 다닐려고 차를 이용하는데 길거리에서 만나기만 하면 서로를 불편하게 빨리 못 가게 하니 이 무슨 아이러니입니까? 서로 빨리 가려고 빵, 빵… 그리고 씩씩거립니다.

앞차와의 사이에 다른 차가 끼어들면 무슨 큰 손해를 보는 것처럼 빵,

빵, 씩, 씩 그리다가 쾅, 일진, 재수가 화내는 날엔 쾅, 쾅 "빨리 빨리"라는 단어 따지고 보면 사람살이 속에서 제일 나쁜 놈입니다. 삶 속에는 결과보다 과정이 재미있는 삶의 진미를 만들어 주는데 우리나라 사람 너무 똑똑해서 과정이 가져다주는 알뜰한 삶의 가치 그냥 휙 던져버립니다.

서울도 빨리, 관광도 빨리, 부귀성취도 빨리, 남녀가 잠자리에서 거시기 하는 것도 빨리, 인생 던져버리고 저승 가는 것도 빨리. 서울에 사는 홍길동 사촌형님 직장은 뉴욕에 있습니다. 출근 한 시간, 퇴근 한 시간, 실제 업무시간 세 시간, 하루 24시간 중 먹고살기 위한 노력 5시간입니다. 나머지 19시간에는 뭘하시는 줄 아십니까? 원래 인간이란 게 시간이 남고 무료하게 되면 뭘 빨리 할거리를 만들어서 빨리, 빨리라고 허둥대다가 재수없이 돌부리에 걸려 넘어져 남만 탓하는 병신 팔불출 꼬락서니를 연출합니다. 옆 차선에 가던 차가 차선을 바꾸려고 깜빡이를 켜고 끼어들려고 히프를 들이밀면(깜빡이 켜지도 않고 푹, 들이미는 차도 많습니다만) 양보는커녕 "빠아앙" 발악하듯 고함을 치면서 앞차와의 거리를 더 좁힙니다.

출퇴근 시간이 한 시간 정도라면 하루 10분 정도만 양보운전 해보십시오. 손익계산을 해보십시오. 말도 안되는 소리라고 하실지 모르지만 꼼꼼히 따져보시면 가치가 있는 부분일 겁니다. 직업이 운전인 분은 하루 20~30분 정도만이라도 양보운전 연습해 보십시오. 누굴 위해서가 아닙니다. 스스로를 위하는 길입니다. 빨리라는 단어 조금 멀리해 보시면 여유가 끼어듭니다. 일상에 어떤 변화가 일어나는지 한번 더 생각해 볼 가치 있습니다.

이 글을 쓰는 택시기사 양보운전 별로입니다. 대신 진로 방해 않으려고 노력합니다. '여유' 챙기려고 노력합니다. 운전뿐 아니라 일상 속에서도 꼭 있어야 될 놈으로 생각하기 때문입니다.

여유를 챙겨야 하는 이유 한마디 더 하겠습니다. OECD 국가 중에 경제발전속도, 교통사고사망자, 산재사망자, 이혼율, 자살률, 전부 일등하는 나라가 있답니다. 어느 나라 얘기인지 모르겠습니다만 그 나라 국민들 참 불행할 것 같습니다. 모조건 일등만 하려면 얼마나 피곤하겠습니까? 2~3등 하면 삶이 끝나버리는 듯 죽기 아니면 까무러치기 하자는 표정들, 사람살이가 무슨 전쟁인지? 2~3등 하면서도 사람답게 살 수 있는 길이 얼마든지 있을텐데….

'여유' 라는 예쁜 친구 미워하고 '빨리' 라는 괴물 좋아하다가 하루에도 수십 명의 싱싱한 삶을 던져버리는 현실 어떻게 생각하십니까? 정말 안타깝습니다. 거리에서 전후좌우로 달리는 차끼리, 주거지에서의 이웃끼리, 같은 사람들끼리인데 사람다운 행동들이 너무 아쉽습니다. 쉽게 짜증 내고 화내며 남을 미워하는 마음, 전부 다 스스로를 힘들게 하는 바보짓이라는 것을 왜! 모르시는지? 예쁘고 좋은 향이 있는 꽃도, 보는 사람 마음이 맑지 못하면 예쁜 꽃 좋은 향 있으나 마나입니다.

다른 얘기 하나 더 해볼까요? 여러 사람들이 모여 같이 살자고 만든 법 효력이 영 아니라고 말들이 많습니다. 특히 말없는 애국자님들께서…. 나쁜 짓을 해서 1,000원을 슬쩍했다면 벌을 줄 때 일벌백계는 아니더래도 일벌십계는 되어야 하는데 일벌일계도 안 됩니다. 말이 됩니까? 안 됩니까?

1,000원 슬쩍한 놈 버르장머리를 확실히 고치려면 1,000원+0=10,000

원을 손해 보게 해야 일벌백계 흉내 내기는 될텐데 1,000원어치 나쁜 짓 한 놈을 몇백 원 손해보게 하니 누굴 위한 법입니까? 나쁜 짓 하고도 남는 장사가 되니 희안한 법 아닙니까? 벌금 ○○원 이하, 징역 ○년 이하, 이하以下라는 말 멀리 귀양 보내고 이상以上이라는 말 맞이해야 합니다. 벌금 ○○원 이상, 징역 ○○년 이상.

순 엉터리입니까? 특히 사람 입에 들어가는 음식으로 나쁜 짓 하는 인간들 자기가 만든 음식 자기 입에 다 처넣어야 합니다.

어떤 인쇄물에 이런 글이 있더군요. "적당히, 누이 좋고 매부 좋고 도랑 치고 가재 잡고, 마당 쓸고 동전 줍고, 꿩 먹고 알 먹고" 사람들의 마음속에 관행이라는 미명하에 법을 우습게 아는, 예사롭게 법을 어기면 똑똑한 어르신이고 하나에서 열까지 확실하게 지키면 바보, 멍청이, 고지식한 얼간이 취급을 받습니다.

그 인쇄물께서 법을 우습게 아는 잘못된 생각들이 조선시대부터 사람들의 마음속에 어정쩡하게 끼어들기 시작했는데 섬나라 이웃 땜에 36년의 기막힌 세월 그리고 남북한 맞짱 후 나라 전체가 어수선한 시국 속에서 그러려니 하는 사고방식이 사람들의 마음속에 자리잡았다고….

법을 우습게 아는 사고방식들이 춤추면 누가 낙동강 오리알 신세가 되는지 아십니까? 유전무죄라는 놈이 힘없는 서민들 앞에서 개다리춤을 춥니다.

추징금(저는 말뜻도 잘 모릅니다.) 십몇조 원, 또는 몇천 억, 공기업 부채 몇백조 원, 관련된 당사자들, 웃음도 무게 있게 흩날리면서 태연히 건강하게 살고 계십니다. 보통사람들은 조금만 잘못이 있어도 국가가 의식주 해결해주는 곳으로 데리고 가서 푹 쉬게 하다가 내보내주는데…

바꿔서 생각하면 얼마나 고맙습니까? 힘없고 가진 것 없다고 공짜로 먹여, 재워, 푹 쉬게 해주시니….

교통사고 피해 줄여야 한다고 꺼낸 얘기가 엉뚱한 방향으로 흘러갔네요. 사람이 살아가는 과정에서 일어나는 제반문제, 범법행위 등을 예사롭게 생각하는 마음, 그래서 코앞에서 일어나는 교통사고로 일어나는 피해. 다른 사람들은 몰라도 나에게는 그런 사고 일어나지 않을 것이라는 착각, 본의와는 관계없이 그냥 밀려나온 인생이라는 우스갯소리도 있지만 태어났으면 살 만큼 살고 가야지, 하루아침에 싱싱한 여생을 남겨놓고 갑자기 삶을 놓는 억울한 분들 줄어들게 해야 됩니다.

우리 모두의 일이라는 사실 가슴 시리게 새겨 같이 노력해야 합니다. 스스로의 존재이유와 가치를 빛나게 해주는 이웃들을 왜 가볍게 생각하시는지? 같이 있어야 진한 웃음도 있고 같이 호흡해야 살맛이 나게 되는데 "원래 사람은 여럿이 어울려 살아야지 혼자 살면 삶이 아니다"라는 말 쉬운 얘기 아닙니까? 서로를 지켜주셔야 합니다. 스스로를 지키는 일임을 실감을 하셔야 합니다.

교통사고로 인한 인명손실 줄일 방법 확실하게 만들어야 합니다. 서로를 보호하자고 만든 법이 너무 엄격하면 사람 마음의 통로가 없어진다고요. "마음의 통로" 사람들이 만든 이상한 종이쪽지들이 옛날에 막아버렸습니다. "엄격한 법 적용" 처음엔 조금 불편할 것 같지만 조금 지나면 쉽게 적응됩니다. 서로를 지켜주는 보호막임을 금방 실감하게 될 것입니다.

어떤 일간지에 "시동 꺼 ○○운전" 정말 맞는 말씀을 꽤 오랫동안 하시더군요. 조금은 단순하고 바보스런 분들에게 이렇게, 저렇게 하라고 하면 금방 효과도 나타나고 제법 오래 지속되는데 똑똑한 우리나라 국민들 쉽게 공감하고 실천하다가도 남아도는 잔머리는 엉뚱한 곳에 이정표를 세웁니다.

방법은 딱 하나 법을 어기면 확실한 대가를 치르게 하고 법을 어겨 취한 이익 몇 배 몇십 배 뺏어버려야 합니다. 법칙금, 과태료 벌금 등을 왕창 인상해서 걸리면 다시는 범법치 않겠다는 생각이 들 정도로 처벌이 확실해야 합니다. 부자들이 좋은 차를 끌고 다니시는데 "경차보다 유지비가 많이 든다" "비가 오면 땅이 젖는다" 참! 쉬운 얘기죠. 그 부자들도 돈 몇만 원에 교통법규 지키려고 문제가 될 것 같은 상황에서 놀란 토끼 눈이 됩니다.

돈이 너무 많아 갖고 있기가 힘든 분들이 지키자고 한 약속을 어겨서 남아도는 돈 국고에 헌납하는 걸 누가 말립니까? 그 외에 많은 다수가 돈이 달아나는 허튼짓 않으려고 악을 쓰며 노력합니다. 그래서 않습니다. 교통사고 줄어들면 국가적으로 유형무형의 이익이 얼마나 되는지? 쉽게 계산할 수 있는 문제 아닙니다.

"물러터진 법, 새로이 정비해서 엄격하게 하자"는데 반대하는 사람 무인도에 혼자 살아야 할 사람입니다. 지금 현재 핸들 잡고 계신 분들, 우리 같이 노력합시다. 서로의 안전을 위해.

생활 중에 '스트레스'라는 말 많이도 하는데 운전 중 사소한 일탈로 서로에게 주는 스트레스 얼마나 많은지 생각해보신 적 있으십니까?

"거침없이 직진 중, 세 시간째"

"저도 제 자신을 모르겠어요."

"까칠한 어른이 타고 있어요!"

"그래 나, 초보예요. 처음 봐요?"

"당신이나 잘하세요."

어디에 활용하는 말씀들입니까?

타인에게 하는 경고성 짜증이라고요. 당신에게 되돌아오는 "부메랑악담"쯤으로 생각해 보신 적은 없으십니까? 차들이 달리는 거리 순간적인 방심이 귀중한 인명을 어떻게 할 수도 있는데 너무 살벌하십니다. 다른 운전자에게 무례를 범하면 잠시 후 당신에게 되돌아옵니다. 너무 살벌한 교통문화 어떻게 해야겠습니까?

조금 높이 조금 멀리 볼 수 있는 혜안을 가지셔야 합니다. 다른 사람에게 조금의 양보와 배려는 스스로를 위하는 길이라고 확신하십시오. 교통사고 줄이는 방법같이 연구하고 협조해서 사회적인 손실 조금이라도 줄어들게 같이 노력해야 합니다.

택시운전 30여 년, 지구를 몇 바퀴나 돌았을까? 생각조차 못 해봤던 택시운전을 30여 년이나 계속했던 이유는 먹고살기 위해서입니다.

처음부터 별것 아닌 놈이 별놈인 것처럼 촐랑거리다가 제풀에 꺼꾸러진 자신을 보고 참 많이도 웃었습니다. 직업을 바꾸려고 몇 푼이라도 아껴가며 제법 노력도 했는데, 조금이라도 여유가 생기면 돈이 달아날 구멍이 생겨 돈이란 놈 혀를 날름거리며 그냥 가시더군요. 저 자신을 합리화시키려는 의도적인 헛소리라고 해도 할 말 없습니다.

돈 좋습니다. "빠이 빠이"라며 달아나는 돈 잡으려다가 돈 잡기는커녕 돈이란 놈한테 걷어차여서 가슴에 멍만 들더군요. 아무리 절망적인 상황이라도 정신만 차리면 주워먹을 것이 있다는 얘기가 있습디다. 중년에 든 지 제법 지나 우연히 아무도 거들떠보지도 않을 유기된 행복한 놈이 곁에 오더군요. 갈 곳이 없으니 필요하면 가지라고….

귀찮고 쫓을 힘도 없어 그냥 뒀더니 자신도 모르게 마음이 밝아지고 매사에 의욕도 생기고 뭣보다 쉽게 웃는 버릇이 생기는 바람에 행복이란 놈한테 고맙다며 친하게 지냅니다.

처음엔 참 볼품없었던 행복이란 놈, 친구를 자꾸 데리고 오는 바람에 요즘 저의 곁에 행복 참 많습니다. 그래서 더 웃습니다. 늦게나마 주변에 널려 있는 행복과 함께 웃는 방법 알게 해 준 여러분들께 감사드리며 삽니다. 평범한 일상 속에서도 마음 편히 가지려고 노력합니다.

하루 일과 중 조금 더 벌고 덜 벌고의 차이 옛날에 버렸습니다.

어떤 일을 할 때 그 일 자체를 즐기면서 할 수 있다면 결과에 이르기 전에 마음 앞에 행복하고 성곡이 함께 올 수도 있다고 하더군요. 썰매를 지치거나 스키를 타는 기분으로 운전해 봐야겠다고 생각해 보신 적이 있으십니까? 여유 갖고 적당한 속도로 스피드를 즐겨보시면 스키나 썰매보다 훨씬 안전하고 재미있습니다. 운전 자체를 즐기려고 생각하시면 쉽게 됩니다. 간단합니다. "빨리"라는 단어만 버리시고 과정을 즐기시면 됩니다.

사람살이 만사 사람 마음속에서 좋게도 나쁘게도 그려진다는 쉬운 얘기 실감하십시오. 곁에서 웃고 있는 임자 없는 행복 하나 가져보십시오. 바로 행복해집니다. 행복 별것 아닙니다. 사람 마음속에 있습니다.

차끼리 양보하고 이웃끼리 배려하면 다른 사람 아닌 스스로가 행복해집니다. 주변을 이해하는 마음 갖고 계시면 주변이 당신을 따뜻하게 이해해줍니다. 이웃끼리 잘 지내셔야 합니다.

Chapter
3

일기인지 낙서인지

1982. 4. 28.

'경찰!' 사회 공공질서의 유지와 국민의 안전과 재산을 보호해야 된다고 하는데, 그 경찰관이 아무 죄 없는 백성을 56명이나 사살했다는 뉴스를 봤습니다. 경남하고도 의령군 궁유에서….

총이 장난감만큼이나 많은 코 큰 사람들이 사는 나라 얘기도 아니고 호미나 낫 정도만 있는 코가 조금 낮은 동양하고도 동방예의지국. 그것도 '민주' 하고도 '정의당' 이 딱 버티고 있는 나라에서 일어난 일이라고…. 마른하늘에 날벼락이 오신 것도 아니고. 동방예의지국 서쪽지방에 1,000여 명의 사상자가 생긴 정말 있어서도 있을 수도 없는 이상한 일을 있게 한 능글능글 뻔뻔한 분들에게 각성하라는 하느님, 부처님의 경고입니까?

왜 이런 일이 생기는지? 왜 책임지는 놈 한 놈도 없는지? 민주하고도 정의당은 국민은 안중에도 없는지? 국민이 있어야 민주하고 정의당도 호흡할 수 있는데….

이 글을 쓰는 택시기사 아무리 떠들어봤자 태평양에 "쉬"하는 것하고 비슷한데… 가슴에 치미는 울분 만들어봤자 택시기사 수명만 짧아질 것이고 하찮은 삶이지만 명대로는 살고파서 소주 두 병만 딱 먹고 잤습니다. 잠에서 깨어나면 죄다 잊게 해 주십사고, 다시는 이런 일이 없게 해 주십시고 빌면서….

1982. 6. 10.

'회전위반' 잘못했으면 당연히 인정하고 대가를 치러야죠. 그런데 범칙금이 만 원인데… 하루종일 노력의 대가가 만 원일 때도 참 많은데….

한심한 택시기사 돈 만 원 때문에 죽을 때까지 잊지 못할 치사하고 더럽고 비겁한 짓을 했습니다. 한번 봐 주십사고 사정했습니다. 비굴한 웃음까지 흩날리면서… 봐 주더군요. 고맙다고 했습니다. 그리고선 돌아서서 후회했습니다. 만 원에 자존심 홀랑 팔아먹은 택시기사놈이 미워서….

스스로의 몰골을 이렇게 망가뜨려도 되는건지. '만 원!' 만 원 벌려면 한나절이 그냥 날아가 버릴 수도 있는데… 그래서 그렇게 했다고 궤변이라도 늘어놓고 싶냐? 한심한 얼간이 같은 놈….

하기야 택시 핸들을 잡고 나면 지폐가 아닌 동전 계산에 뇌가 많이 닳는다고 동료들끼리 헛웃음을 날릴 때가 있습니다. 바꿔 얘기하면 돈을 계산할 때에 동전 계산이 잦아지다 보니 택시 운전기사 좀스런 졸장부로 변하는 건 시간문제라며 조금은 민망한 표현으로 돈 앞에선 초등학생으로 쉽게 변할 수도 있으니 가끔씩은 스스로를 추슬러 다듬을 필요가 있다는 얘기를 웃으며 공감할 때도 많습니다.

그런데… 부탁하고 싶구나. 돈 만 원에 자존심 패대기치는 그딴 짓 다시는 하지 마라. 차라리 굶을지언정….

비겁한 짓거리를 하면 당신 혼자만의 문제가 아니고 택시 운전기사 다수를 욕보이게 할 수도 있다는 사실도 꼭 기억해야 낯 간지러운 짓 않는데 도움이 되잖겠나?

1982. 8. 5.

아담한 체구에 예쁘다기보다는 귀엽다는 표현이 어울릴 것 같은 30대 초반으로 보이는 여자 손님, 눈이 미안할 정도의 옷을 입고 앞좌석에 타더군요.

이른 아침인데 제법 취했더군요. 미혼이건, 기혼이건 내 알 바 아니고

"아가씨, 어디로 가십니까?"

"뭐! 뭐요? 아저씨 눈이 잘못된 거 아잉교, 내가 결혼한 지 언젠데 아가씨라고요, 그 그렇제 내가 아가씨 나이지. 이 ○○ 새끼 안 만났으마 이 꼬라지는 안됐을낀데…."

횡설수설하는 얘기. 앞뒤를 맞춰보니 남편이 바람이 났는지 걸핏하면 외박을 한답니다. 그래서 지난밤에도 현장 잡아서 '거시기'를 확 뽑아뿔끼라고 밤새 친구하고 찾아다녔는데 못 잡고 새벽에 포장마차에서 한잔했답니다. 그런데 친구는 어디 갔냐고 물었더니 집에 갔답니다.

"아는 없능교?"

"아요? 세 살 묵는데 저거 엄마(시어머니)가 데리고 있어예"

시댁이 가까운 곳에 있는 모양이더군요. 택시기사 할 말이 없더군요. 남녀가 좋아서 만나 사랑하며 같이 살자 했는데 서로간에 문제가 생기면 그냥 상대만 탓합니다. 자신을 뒤돌아볼 생각은 아예 없습니다. 서로 상대를 탓하면서 큰소리치지만 어느 한쪽만 잘못했다는건 얘기가 안 됩니다. 문제가 생겼다는건 두 사람의 합작품이 아닌지? 상대를 탓하기 전에 자신의 잘못부터 따져보고 반성하는 게 문제를 해결하는 지름길이 아닌지.

"택시기사가 뭘 아는 게 있어야 새댁이 맘을 위로할 수 있을낀데 미안

하네요. 아까 어디로 가신다고 했능교?"

"집구석에 들어갈 맘… 참! 나… 아저씨 우리 도라바이(드라이브)나 합시다"

"도라바이라? 내하고 잘못하다가 당신 남편한테 들키마 당신 몸에는 확 뽑을 거시기도 없는데 그라마 불공평한 거 아잉교?"

"이 아저씨! 이상한 사람 아이가, 내가 '도라바이' 하자 캤지. 뭐(?)하자 카등교?"

원래 자신이 하면 로맨스고 남이 하면 불륜이라던가요. 자고로 인간이란 게 자신한테만 관대한 사고방식 때문에 삶이 맛있다고 했던가요.

"아가씨, 참! 새댁, 택시기사 꼭 하고 싶은 말이 있네요."

"치아소, 마!"

마음이 불편하다고 쉽게 술을 마시는데 술이 마음 편하게 해주기는커녕 더 불편하게 만드는 수가 있으니 조금은 멀리하는 게 좋을 것이라고 얘길했더니

"내! 우리 아부지 말도 안 듣는데 기사아저씨가 뭔소리 하능교?"

당신 그 똥고집 때문에 당신 남편 문제가 생긴 것 같은데 남편 탓하지 말고 당신부터 다시 만들어야 당신과 당신 남편 인생에 새싹이 돋을 것 같네요.

1982. 9. 1.

"달이 너무 밝아! 좀 어두워져라. 임마야. 옛날 분들은 널 신비하다고 했는지 모르겠지만 아폴로가 네 몸에 똥싼 후에는 아무도 널 우러러보

지 않으니 너무 광내지 말라고 임마. 그리고 넌 바보 아냐? 어느 한 사람 수고한다고 안 했을테고 에너지 소비한다고 돈 한푼 주지 않을텐데 왜 밤마다 혼자 떠서 지구를 밝게 해주냐. 이거야. 집에 가거라 가! 속좁은 인간들 밤길 밝게 비춰줘봤자 고맙단 소리 할 놈 하나도 없어…."

여기에서 달님 보고, 버릇없이 구는 놈은 택시기사 혼자가 아니고 소주 한병이 꼬시는 바람에 그렇게 됐다고 변명하고 싶어집니다. 차라리 콧노래나 부르지 골통 힘빠지게 엉뚱한 생각이나 하냐고….

길가에 어떤 여자분이 앉아 있더군요. 어디에서 본 것 같은 옷차림새 같아서 자세히 보니 멍돌이 엄마였습니다.

"어! 누님 아인교?"

"길동 아빠, 어쩐 일이오?"

여자가 나이가 조금 많은데 동생뻘 되는 택시기사한테 반말 않습니다. 편하게 하시라고 해도 좀 배웠다는 대접받고 싶어서인지 말 한마디 행동거지 하나 빈틈없는 분입니다. 많이 배운 분, 그리고 눈, 코, 입 제자리에 예쁘게 붙어 있는 분, 그리고 슬하게 잘생긴 아들만 둘 있는 분입니다. 그런데 별볼일 없는 조금은 아닌 남자 만나 없는 사랑 만들어가며 열심히 살았는데 외모, 능력, 따뜻한 가슴 전부 아닌 남자, 식성마저 고약해 이 여자 저 여자 쩝쩝거리다가 제눈에 안경인 몽순이 만나 날아가 버렸다면서 배신감과 울분을 가슴속으로만 소화시키려니 더 힘들어 이목구비가 제자리에 붙어 있는 것만 해도 다행이라며 얼굴에다 항시 온화한 미소 붙여 다니는 아주머니. 그 아주머니께서 택시기사가 한마디했습니다. "여자는 잠깐 밀쳐두고라도 자기 새끼 귀한 줄 모르는 놈은 사람이 아니라고, 금수보다 못한 놈이니 마음속에서 지워버리라고… 부부지간에 돌아 누우면 남이라지만 힘들여 정성 들여 만든 예쁜 새끼를 쉽게 버리고 달아나는 놈은 꿈에라도 생각지 말라고….”

“길동 아빠! 어디 가는데요?”

친구(주酒가 놈) 만나러 갑니다. 하기야 요즘 제일 친한 친구는 ‘주’가 놈뿐이지! ‘주’가 놈은 잠깐이라도 화끈하게 위로라도 해주지만 당신이 갖고 있다 놓쳐버린 그 수컷은 당신한테 뭘 해줬냐고…?

“누님! 앞으로 누님의 불행한 얘긴 가슴에 꼬옥 담아두고 뱉지 마시오. 나쁜 놈이 잘살면 화가 나고 행복해야 될 사람 불행해지면 짜증나는 놈이니까요. 택시기사의 좁은 소견엔 누님 주변에 곪아 썩어가는 부분은 후벼 파내 버리고 다른 양념으로 새로운 삶을 버무리는 게 훨씬 나을 듯싶소. 어떻게 하든지 행복하셔야 될텐데….

“아줌마! 소주 한병 주소, 안주 간단한 걸로 하나 하고요.”

“예! 어서 오이소.”

쭈욱 취하면 좋은데 마실 땐 왜 이렇게 쓰냐? 밤공기가 제법 찬데 어린 애기를 업고 서 있는 여자가 그냥 안쓰럽게 느껴져 소주 맛마저도….

당신도 어떤 여자처럼 남자 잘못 만나 고생하는 것 같네요. 내 주머니가 따뜻하면 당신 한 뭉탱이 푹 집어주고 싶소이다.

“길동이 아빠, 술 먹지 말기요.”

미안합니다. 항상 ‘주’님과 함께하는 누님께서도 어떤 순간에 길바닥에 앉아 있었지요? 사람이 웃고 울고 즐거운 것 아파하는 것 전부 다 사람이 만들었다죠. 잠이 오지 않는 밤에 택시기사가 헛소리를….

1984. 2. 13.

"있는 주인은 없는 종업원 피를 빨아 먹어야 산다."

노사간 마주앉은 자리에서 어떤 정신 나간 택시기사가 한 말입니다. 정신 나간 택시기사의 '변'을 듣자면 그냥 사납금 인상해야겠다고 한마디면 될 애기들을 보험료가 어쩌고 회사경영에 뭐(?)가 어쩌고 라는 등의 얘길 하는데 택시기사들의 입장에서 보면 '보험료' 회사경영은 종업원들과 주고받을 얘기가 아니잖습니까? 핵심이 코앞에 있는데 이웃집 얘기를 데리고 와 엉뚱한 소릴 늘어놓는다고 한 소리랍니다. 꼴에 성깔은 있어가지고…. 이 택시기사 용서해줄 택시업체 어르신 계시겠습니까? 아닙니까? 여기에서 정신나간 택시기사는 이 글을 쓰고 있는 기사입니다.

참으로 한심하고 대책 없는 바보도 그냥 바보는 아니고 진짜 '바보온달 축구 빙시'(경상도 사투리) 기사입니다. 바보온달 기사 어떤 처벌을 받았는지는 조금 후에 얘기하기로 하고 제가 근무했던 법인택시회사 얘기 먼저 하겠습니다.

입사 시 느낀 점은 사용자 입장에 계신 다섯 분이 모두 온화하고 미남이라는 점. 몇 개월 뒤 모두 유능하시다는 점, 그런데 유능한 분들이 결정적인 시점에 유능이 빛을 발하려면 조금은 독해야 하는데 그렇지 못하다는 점이 결점이라면 결점이었습니다. 다른 택시회사보다 근무조건이 좋은데도 효과는 별로였습니다.

무능하고 독했더라면 이 택시기사 개인택시사업 면허취득 2~3년 늦어졌을 수도 있습니다. 좋은 해결이 되지 못하고 끝까지 싸우게 되면 제가 먼저 그만두려고 생각했기 때문입니다. 유능만 하고 독하지 못한 좋은 마음씨 때문에 이 택시기사 진심 어린 사죄 하나로 별 다른 처벌받지 않았습니다.

지금 생각해도 도대체가 이해가 안 되는 이 택시기사를 용서해주신 그분들께 감사한 마음 버리지 않고 있습니다. 개인택시 사업면허 취득 후 저의 잘못을 다시 한번 사죄드리고자 했는데 그중 한 분은 만남조차 거절하는 바람에 그냥 물러나와야 했습니다.

20여 년의 세월이 흐른 지금 돌아가신 분도 계시는데 다시 한번 그분들에게 진심으로 용서를 구하고 싶습니다. 감사합니다. 용서해 주십시오.

1984. 7. 23.

"기사 아재! ○○동에 좀 갑시다."

조금은 돈냄새가 나는 마흔 정도의 아줌마 '기사 아재'가 무슨 말인지? 좋은 말인지 나쁜 말인지?

옛날 양반 상놈이 있었던 시절에 양반 나으리께서 남의 집 대문 앞에서 "이리 오너라"라고 했다던가요. 물론 남의 집 하인한테 예사롭게 하는 소리라더군요. 그런데 요즘 까놓은 양반, 상놈 없는데 '기사 아재'란 말이 옛날 양반이 상놈한테 사람 취급 않는 말처럼 들렸다면 다른 사람 아닌 택시기사의 옹졸한 자격지심 때문이겠지요. "기사 아재"란 말후에 아무런 일이 없었다면 돈냄새 나는 아줌마께서 목적지에 내려 그냥 가셨다면 "기사 아재"란 말 그냥 허공으로 가셨을 것입니다. 목적지 정확히 얘기 않는 바람에 운전 조금 비틀거렸고 세워달라는 곳에서 10여 미터 미리 세웠다고 운전을 뭐(?)같이 한다는 얘기에 택시기사가 한마디 했습니다. "사소한 일 같은데 너무하시지 않느냐고" 했더니 "야! 이 새끼, 너 몇 살 처먹었노?" 몇 살 처먹지 않은 택시기사의 나이나 돈냄새 나는 잘난 여자 나이나 비슷할 것 같다는 생각은 "기사 아재"라는 말이 처음 튀어나올 때 했었는데….

순간적으로 그냥 들어서 아스팔트 위에 패대기 쳐버리고 싶다는 생각이 들었지만 먹고살려고 택시운전하는데 사람 같잖은 여자 하나 어떻게 해버리면 이 택시기사는…. "욱"하는 성깔이 택시기사의 시야를 흐리게 했지만 택시기사 많이 인내하면서 한다는 소리가 "택시기사 하고 그쪽하고 비슷하게 처먹은 것 같은데…."

"이 X할 새끼, 너 오늘 택시운전 마지막인 줄 알아라, 개새끼 X할 놈의 새끼 ○○새끼…" 입에 담지 못할 욕이 튀어나오는데….

사람과의 문제를 또 다른 사람들에게 얘기할 때 자신의 언행은 좋게 표현하고 상대가 나쁘다고 쉽게 얘길 합니다. 그런데 이 글을 쓰는 택시기사 누구의 잘잘못 생각하고 싶지도 않았습니다. 그냥 순간적으로 바보가 되어야 이 자리에서 벗어날 수 있다, 상대는 여자니까 남자인 내가 참아야 한다, 서서 쉬하는 내가 앉아서 쉬하는 여자쯤은 무시해야 된다. 호흡이 가쁠 정도로 힘든 순간을 인내한 건 많은 세월이 흐른 요즘에도 다행이라고 생각할 때가 있습니다. 다행히 지나가는 행인과 동료 기사들의 만류로 끝났는데…. 며칠 후 ○○회관 사장님께서 ○○교통 40○○호 기사를 찾는다는 얘기가 저의 귀에 들어왔습니다.

무슨 얘긴지? ○○회관 사장은 누군지? 예감이 이상해서 염탐을 해봤더니. "○○회관 사장" 한주먹 하는 분, 뒷골목에서 꽤나 알려진 분, 70년대 중반에 이 택시기사가 유흥업을 할 때 조금의 친분이 있었던 분, 며칠 전 "야! 이 새끼 너 몇 살 처먹었노?"라고 했던 돈냄새 나는 그 여자와도 사업상 잘 아는 사이라는 내용을 알고 난 후 ○○회관 사장님을 찾아갔습니다. "박사장님! 이거 얼마만이요? 어쩐일이요?" 반갑게 맞아주는 ○○회관 사장님께 간단하게 한마디 했습니다. 사장님이 찾는 ○○교통 40○○호 기사가 바로 이 쪼다라고.

어이가 없다는 믿기지 않는다는 표정으로 정말 몰랐다며 택시운전 언제부터 하시게 됐냐며 어쩌다 이렇게까지….

돈냄새 나는 그 아줌마 바닷속에서 이상한 조개를 키워 돈 왕창 벌어서 눈에 뵈는 게 없는 사람이라고 얘길 하면서 싸가지 없는 택시기사 한 놈 손봐주라고 하길래 알아볼 필요도 없이 그 아줌마의 건방이 만들어 낸 얘길 거라고 생각은 했었는데, 예측은 맞았고 택시기사가 하필 사장님이었네요. 라면서 한참이나 웃더니 오랜만에 만났으니 술이나 실컷 하자는 ○○회관 사장님 얘기에 택시기사가 한마디했습니다.

"바닷속에서 조개를 키워 돈을 벌다니 참 보통 넘는 아줌마네요. 용궁에 가정부라도 됩니까?"

"예나 지금이나 사장님의 유머감각은 여전하네요…"

돈냄새 나는 아줌마 덕분에 공짜술 실컷 먹고 예쁜 아가씨 눈요기 실컷 하고 또 거시기도 할 뻔했습니다. ○○회관 사장님 신세만 몽땅….

돈냄새 나는 아줌마, 돈도 젊음도 가만히 앉아 있는 게 아니고 세월하고 비틀거리며 흘러가는 거요. 또 돈은 욕심을 너무 내면 달아나 버리는 수가 있어요.

충고 하나 더, 택시 운전기사를 너무 무시하시면 삶에 지쳐 정신을 집에 두고 다니는 기사를 만나면 그 많은 돈 어떻게 해보지도 못하고 비명횡사할 수도 있다는 걸 꼭 기억하시길….

1984. 8. 20.

인척간인 어떤 한 분이 ○○병원에 입원해 계신다길래 잠깐 차를 세워놓고 병문안을 하고 나오는데 온몸이 피투성이가 된 학생으로 보이는 환자가 응급실로 들어간 후 뒤따르던 아주머님 한 분이 병원 앞에 쓰러지면서 온몸으로 땅을 두드리며 통곡을 하고 있었습니다.

호흡이 멈출 것 같은 모습으로 몸부림을 치는 바람에 보는 이들을 안타깝게 했습니다. 고등학생이 교통사고를 당했는데 두 다리를 절단해야 할 정도의 중상이라는 얘기들이 왔다갔다 하더군요. 자식이 두 다리를 절단해야 될 정도의 중상을 입었다는데 제 정신 챙길 엄마 얼마나 있겠습니까?

어떤 분의 행동 하나 얘기하자는 건 정말 아닙니다. 인간의 마음을 그려보자는 얘깁니다. 온몸으로 땅을 두드리며 울던 엄마, 치마가 올라가니 치마를 끌어내리며 우시는 모습을 보고 사람의 마음이 날아다니는 반경이 어디서 어디까지일까? 사랑하는 자식, 가족을 위해서, 사랑하는 자기를 위해서.

내 죽어도 괜찮다는 얘기를 쉽게 하는 사람의 마음, 소설이나 영화는 사람의 생각이 만들어낸 거짓일 경우가 훨씬 많은데… 사랑을 위하여, 자기를 위하여, 말을 너무 쉽게 하는 가벼운 것들, 전부 싹 거짓이라는 생각을 해봤습니다.

하나마나한 얘기라고요. 그래서 이 택시기사 좀 모자랍니다.

아줌마! 정말 죄송합니다. 아드님의 쾌유를 진심으로 빌겠습니다.

1984. 10. 12.

왕복4차선도로. 밤 10시경 술에 취한 분이 중앙선에 서 있다가 저의 차에 뛰어들었던 모양이더군요. 택시를 잡는다고….

저는 마주오는 차량 전조등 불빛 때문에 전연 보질 못했습니다. 시속 46km. 많이 다쳤다고 하더군요. 그냥 어리벙벙하더군요. 왜인지? 뭘 잘못했는지? 갑자기 바보가 되어버리더군요. '경찰서 보호실' 에 들어가라고 하더군요. '나는 바보니까 시키는 대로 한다' 라는 생각만 뇌리에 들더군요.

보호실에서의 하룻밤, 내가 왜 보호실에 갇혀야 하는지? 그렇게 중죄인인지? 다음 날 오후 경찰서 문을 나설 때까지 교통반, 조사계, 교통반, 조사계를 5~6회 갔다왔다 왔다갔다 꼭 탁구공같이…. 왜 그런 모양이었는지 그때도 지금도 그냥 모르겠습니다.

70년대 중반 갓 서른에 일반유흥음식점을 몇 년 한 적이 있었습니다. 지금 생각해보면 천지 구분도 제대로 못하는 놈이 뭘 하겠다고 날뛰었습니다.

관할 파출소, 경찰서, 소방서, 보건소, 지방 세무서, 저의 업소와 조금씩 관련이 있는 분들이 이상하게 인사를 하러 오더군요.

"○○○에 근무하게 된 ○○○입니다. ○○에 근무하다가 ○○○로 가게 되어 그동안의 후의에 감사하다는 말씀 드리러 왔습니다."

설날 추석에도 어김없이 오더군요.

업소, 전 경영자가 그러시더군요. 서로 같이 사는 방법이라고요. 그러니까 올 때마다 속으로 욕을 실컷 하면서도 그냥 웃으면서 얼마간의 액수를 봉투에 넣어 주라더군요.

서른 살 촌놈이(고향이 시골임) 뭘 알겠습니까? 그러니 결과적으로 별 재미를 못 봤겠죠. 여러 가지 단속정보, 세무서 아저씨는 장부 정리, 탈세방법까지 친절히 알려주더군요. 그냥 웃었습니다. 지금 생각해도 그냥 웃음이 나옵니다.

1984. 10. 2 종일 교통반, 조사계에서 탁구공 신세를 경험한 후로 정말 교통사고를 무서워하게 되었습니다.

"돈 없는 탁구공 절대 되지 말자."

금전적인 문제, 의법 처벌보다 더 무서운 것을 실감했기 때문입니다.

탁구공 신세 경험 중 제일 저의 머리를 아프게 한 낱말, "고마(그만) 살까?" 조금 좋았던 시절과 실패 후 가족과 주변사람들을 힘들게 했던 날들이, 가슴에 시퍼렇게 남아 있던 회한들이 정말 서 있기조차 힘들게 몰아쳤습니다.

뭐(?)가 조금 있으면 탁구공 신세는 면할 것 같은데, 탁구공 신세는커녕 배고픔도 모른 채 그냥 나왔을 텐데… 주린 배와 함께 사무실 의자에 바람 빠진 풍선처럼 널브러져 있는 스스로의 몰골을 용서하기가 너무 힘들었습니다. 정말 죽여버리고 싶도록 미웠습니다. 용서도 이해도 안 되는 자신을 어쩌지 못하고 인내할 수 있었던 힘은 참으로 하잘것없는 저같은 존재를 그래도 없는 것보다는 있는 게 낫다고 얘기할 것 같은 가족들의 눈망울이 곁에서 함께했기 때문이었습니다.

교통사고, 조심 조심 한 번 더 조심. 현재까지 그런대로 이어져 오고 있는 것에 감사드립니다.

주어진 현실에서 열심히 살면서 행복 먼저, 다음 돈이 오면 웃으면서 가져도 되지만 돈 먼저, 다음에 오는 행복은 조심해야 된다는 사실을 조금이라도 일찍 알았더라면 하는 아쉬움이 가끔씩 가슴 한구석에서 떠오릅니다.

또 하나, 살면서 문제가 생겼을 때 남을 탓하기 전에 스스로의 잘못을 찾는 게 문제 해결의 지름길이라는 사실도….

1984. 10. 21.

추적추적 가을비가 내리는 오후, 손님 없다고 투덜거리다가 "아서라, 투덜거린다고 손님 오냐? 않던 짓 하면 문제가 생긴다는 얘기 잊었냐?"

앞서 가던 빈 택시가 손님을 태우지 않고 그냥 가버리는 바람에 제가 정차를 했습니다.

"기사 아저씨! ○○마을에 좀 갈 수 있겠어요?"

○○마을. 2~3km 거리인데 산비탈 시골냄새 확 풍기는 동네입니다. 도로는 농로 비슷하고 다른 손님 태울 확률 아예 없는 곳입니다.

30대 중반으로 보이는 젊은 내외, 어린이 둘, 트렁크에 가득할 정도의 짐, 가을비 탓에 4~6세로 보이는 어린이 둘. 추워서 덜덜 떨고 있는 것을 보고 순간적으로 젊은 내외가 밉다는 생각이 들었지만 타라고 하면서 트렁크에 짐을 같이 실었습니다. 남편은 벙어리같이 아예 말을 않고 여자가 하는 얘기가

"○○동네 가자는데 그냥 가겠다고 하는 기사 아저씨가 처음이예요."

정말 고맙다고 얘기하는 젊은 새댁에게 택시기사 한다는 소리,

"새댁요! 이 기사도 좋은 사람 정말 아니요. ○○동네 가면은 고향 냄

새가 확 풍기는 바람에 웃으면서 갈 수 있는 마음이요. 이 택시기사 순수한 촌놈 출신이거든요."

"어쨌건 감사해요. 정말 고마워요."

기본요금 600원, 주행요금 200원. 목적지 도착 후 말없이 가만히 있던 남편이 돈을 내더군요. 택시요금 800원. 천 원짜리 지폐를 낸 후 거스름돈 200원 받아쥔 남편, 정말 고맙다며 커피 한잔 하고 가시라며 정색을 하며 잡는 것을 보고 택시 운전기사 정말 '욱' 하는 걸 겨우 참고 한마디 했습니다.

"내가 댁의 애들 입술 새파란 걸 보고 택시 탈 때 화가 좀 났소. 시간이 돈인 택시기사 보고 커피 먹고 가라고요. '댁' 이나 이 택시기사나 참 미련하고 융통성 없기는 꼭 같네요. 다음부터는 오늘 같은 경우에 택시기사한테 커피 같은 얘기는 아예 하지 말고 돈 조금 더 주겠다고 하면 쉽게 태워줄 거요. 추운데 '애' 들 고생시키지 말고…."

남의 남편 표정이 갑자기 우거지상이 되더니만 어색한 미소로

"고맙습니다. 미안합니다."

택시기사 똑같이 어색한 미소를 주고받으며 속으로 중얼거렸습니다.

'당신이나 이 택시기사나 골통이 둔하면 손발이 고생하는 거요.'

1985. 1. 3.

그분은 알토란 같은 기업을 두 개씩이나 갖고 계시는 지역 유지십니다. 알 만한 사람들은 그분을 지역사회에서 최고 알부자로 알고 계십니다. 남에게 좋은 소리 기대 않고 나쁜 소리 들을 짓은 절대 않는다면서

부를 축적한 것을 보면 남다른 수완이나 처세술이 있는 분이 틀림없는 것 같습니다. 젊을 때는 그냥 사업에만 열중하셔서 성공적인 위치에 올랐고 외형보다 실속을 중요시했는데….

50대 후반부터는 갑자기 감투를 좋아하시더군요. 그냥 먼거리에서 보게 되면 아! 저분이 그분이구나, 안면 정도 있는 분이었는데 우연히 저의 차를 타게 되었습니다. 외모나 폼도 그럴듯해 보이고 말이 없으실 분 같이 보였는데 의외로 알맹이 있는 말씀들이 많더군요.

택시 운전기사 공짜로 그분의 지식을 차곡차곡 도둑질하고 있는데 갑자기 감투 입후보자들에게 욕을 양껏 하면서도 꼭 투표를 하는 사람들은 어떤 기준에 의해 지지 후보를 가려낸다고 생각하십니까? 라는 얘기에 택시기사 평소의 생각과 동료들의 얘기들을 버무려서 한마디.

"처음부터 마음에 드는 좋은 사람 찾으려고 하면 기권할 맘이 생길 수가 있으니 제일 미운 놈부터 제외, 덜 미운 놈 찾고…."

안 도둑놈이 없으면 덜 도둑놈 챙겨서 마지막 남은 제일 덜 미운, 놈 덜도둑놈한테라도 투표해야 된다고 하는 개떡 같은 기준이 사람들의 마음속에 자리잡고 있다고 했더니 고맙고 참고가 되겠다는 말씀 후 헤어졌습니다. 나중에 알고 봤더니 그분이 ○○ 선거에 뜻이 있어 여론을 살펴보신 모양인데 출마는커녕 쓰고 있던 감투 전부 던져버리고 평범하게 사시더군요.

'생각, 참 잘하셨습니다.'

택시기사의 생각입니다.

1985. 3. 14.

눈썹이 눈 위에 있고 속눈썹이 있으니 얼마나 고맙습니까? 눈 위에 있어야 제구실을 할 수 있는 눈썹이 눈 아래 있다면 눈썹 필요하겠습니까? 다행히 눈 위에 있으면서 땀이나 빗물, 온갖 먼지 등으로부터 눈을 보호해줍니다. 그런데 꽤 오랜 세월 아무 조건 없이 보호해주었는데도 눈이란 놈 고맙다 소리 한마디 없다고 눈썹 벼르고 있습니다. 한번 걸리면 그때 보자고… 어느날 미모眉毛가 시장통에서 액모腋毛 형님을 만났습니다.

"아이구! 형님, 얼마만이교, 참말로 오래간만입니더, 족발집에서 소주 한잔 걸치면서 여러 가지 얘기가 오가던 중 미모가 한마디했습니다. 태어나서부터 여태까지 눈깔을 위해서 밤낮으로 지켜줬는데 고맙다 소리는커녕 눈길 한번 주지 않습니다."

서글픈 미소를 짓던 액모 형님 한마디,

"니는 그래도 맑은 공기 푸른 창공이나 볼 수 있제? 나는 뭐꼬? 그 좁은 겨드랑이 속에서 숨도 제대로 못 쉬면서 피부를 보호해주는데 고맙다 소리 없어도 좋은데 진짜 싫은 액체들이 나와 고약한 냄새를 풍기는데는 말로 표현 못할 고통 때문에 정말 견디기 힘든기라. 그래도 어디 하소연할 곳도 없고 진짜 답답할 때는 저 아랫동네 사는 거웃 형님 생각하며 참는단다."

"거웃 행님이라뇨?"

"그래 니한테는 큰형님뻘인데 저 아래 계시는기라. 거기에는 주거조건이 내보다 더 형편없다 카던데 만나뵌 지가 너무 오래돼서 살아계시는지 모르겠다. 미모 니는 내보다 거웃 형님보다 훨씬 주거조건이 좋은 기라. 헛소리하지 말거라. 거웃 형님한테 얻어터지기 전에….”

“날씨가 덥거나 운동을 해갖고 사람 몸에 땀이라도 많이 나면 그때는 정말 환장한다카잉께. 눈깔 보고 서운하다 소리하지 말고 그냥 살거라. 눈깔이 미모 니 쳐다볼 수 있나? 그러려니 하고 살거라. 눈깔이 미모 니한테 인사 안 한다고 투덜거리지 말고 눈깔 보호해 주는 일 자체가 미모 니를 행복하게 해준다고 생각하면 되는기라….”

서 있는 자리가 불편하다고 불평불만 속에서 주변을 미워하다보면 주변은 그대로인데 스스로의 가치와 존재이유가 옅어집니다. 현재의 주변을 너무 미워만 마시고 때로는 웃을 줄도 아셔야 합니다. 삶이 뭐(?)라고 지구상 모든 사람이 공감하는 결론이 났다면 종교도 딱 하나면 충분하겠지요.

1985. 4. 26.

“아저씨요! 술집 좋은데 좀 없능교? 오늘마! 기분이 영 아잉기라요. 그냥 콱 뒤지펴뿌마 싶은기라요.”

‘해가 중천에 있는데 좋은 술집이라니…. 하는 꼬락서니 보니 네놈도 정상은 아니구나….’

“와, 그라십니꺼? 멀건 대낮인데 낮은 밤보다 술맛이 영 없는데….”

“기분 나빠 술 물라카는데 낮이 밤이 뭐라고요? 가시나 이쁜데 데려다 주마 차비 많이 줄낀께.”

“보소, 손님요! 우리 거의 또래 같은데 한마디하고 싶네요. 원래 술은 마주앉은 친구나 애인이 마음에 들면 싸구려술에 소금을 놓고 먹어도 맛이 있고 마주앉은 화상이 댁의 기분에 아니면 술이고 안주고 맛도 기분도 아닌기라요. 애들 엄마하고 싸웠능교?"

"우예 아는교?"

"똥인지 된장인지 무 봐야 아는교, 지금 그쪽 기분에 맞는 술집 여자, 대한민국에는 없을테니 맘 돌리고 마누라 불러서 술 한잔 하소"

"보소! 기사아저씨요. 당신도 참! 답답하요. 적당한데 내려주고 차비 한푼 더 받아 묵을 생각하마 될낀데 내나 당신이나 참말로 빙시 아인교? 그래 융통성이 없어가꼬 우야겠능교?"

"융통성이 없으니께 택시운전하는 거 아니겠소"

"내라주소 마, 깝깝한 양반한테 헛소리 듣고 난께 술이고 뭐고, 내참 더러바서…."

"잘 가소, 그리고 마누라한테 사과하소…."

화가 나서 길바닥에 떨어져 있는 깡통을 차면 깡통은 통통통 웃는데 깡통찬 발은 아프다고 하던가요. 100원어치 화가 나면 혼자 투덜거리고 짜증내다가 그 화가 1,000원어치 되는 건 순간이라던가요.

1985. 6. 16.

사람들의 기억 속에 옛날 한 세대는 20년 정도였나요? 요즘은 30년? 좀 더 세월이 흐르면 30년하고도 더 길어지겠군요. 20세 초중반에 사회 구성원의 주류였던 그 시절 사람들은 부부라고 만나면 그냥 생기는 대로 낳았다고 하더군요. 20세 전후에 만나 생산공장의 성능이 다할 때까지 가동하다 보면 보통 10여 명씩 낳았다는데 살아남은 자와 성인이 되기 전에 삶을 던져버리는 어린이. 어느 쪽이 더 많은지 헷갈릴 정도의 세월이 있었다고 합디다.

그런 세월 속의 어린이들 자라는 환경을 듣고, 직접 봤던 기억에 의하면 요즘 애완용강아지 주거조건이 호텔이라고 하면 그 시절 어린이들이 자라는 환경은 수수깡 움막집이었습니다. 흙, 동물들의 배설물 그냥 옆에 있었습니다. "위생관념! 뭔 소린데?" 배부르게 먹을 것이 부족해 본능적인 삶 이외에는 사치였습니다.

생기는 대로 낳다보니 명이 길면 성인이 되는거고 아니면 어릴 때 그냥 저세상으로 갔습니다. 평균수명이 마흔, 오십 정도이고 보니 회갑까지 살면 장수했다고, 경사하고 잔치를 했다고 하면 요즘 젊은 세대들 필요없는 옛날 얘기 듣기 싫다고 할 것 같네요. 아주 오래된 옛날 얘기가 아니고 현재 살아있는 노년층의 기억 속에 남아 있는 얘깁니다.

재미없는 얘기 꺼낸 동기를 얘기할까요. 이 택시기사 어릴 때 쉽게 듣던 얘기 중 대代를 이어야 된다, 아들이 있어야 대가 이어진다는 얘기가 있습니다. 대는 원래 없었는데 왜 이어야 되는건지? ㅇ씨 성을 가진 집안 많은 세월 내려오면서 다른 성씨는 섞이지 않았는지? 씨받이, 씨내리는 무슨 말인지? 여러 나라 사람이 지구상에 살면서 서로를 죽이는 전쟁은 얼마나 했는지? 그 난장판에 "혈통보존" 얘기가 되는지?

"대를 이어야 된다. 안 이어도 된다." 순수혈통은 없으니 안 혈통이다.

그런데, 요즘 사람들 참 똑똑합니다. 대를 이어야 한다는 성을 확 바꿔버립니다. 대를 잇는 것도 끊어진 것도 아닌 것 같으니 얼마나 편리합니까? 무섭게 변합니다. 살아있는 사람들의 마음대로입니다.

옆집에 사셨던 할아버지 한 분이 대를 이어야 된다고 노래를 하시다가 대를 이을 손자 못 보시고 별세하셨습니다. 할아버지! 할아버지만큼이나 구닥다리 사고방식 가진 이 택시기사, 할아버지 명복 빌겠습니다. 할아버지 돌아가신 지 20년하고도 한참 더 지난 요즘에 와서 이 글을 쓰면서 생각해봐도 대 원래 없다는 게 맞는 얘기였습니다.

삶도 우연히 왔다가 가는데 대代 생각할 필요 없다는 게 정답인 것 같습니다.

1985. 9. 21.

'애'를 키우는 젊은 가정주부들. '애들' 하나 아니면 둘입니다. 택시를 탄 후 애들이 떠들어도 그냥 가만둡니다. 엄마가 다독이며 조용히 해주길 바라는 건 기대 않는 게 좋습니다.

조용히 있는 '애'를 "우루루까꿍. 우리 멍돌이 참 예쁘네" 애가 까르르 웃습니다.

배 아파 낳은 아이 얼마나 예쁘겠습니까? 저도 지난 세월 그런 때가 있었기에 충분히 이해는 됩니다. 그런데 좁은 공간에서 운전하는 기사의 입장도 조금은 배려해야 되는 것 아닙니까? 안전운전에 문제가 될 수도 있다는 건 생각 밖입니다.

아이 예쁜 것도 좋고 우루루 까꿍도 좋지만 위험하니 차 속에선 조금 참았다가 집에 가서 하면 될텐데….

'애'들이 떠들 것 같은 예감이 들면 제가 먼저 얘기를 꺼냅니다. 조금 그럴듯하게 생겼으면 "참! 예쁘네요. 탤런트 시켜도 되겠습니다." 생긴 모습이 영 아니면 "영리하게 생겼다. 자라면 공부 잘하겠는데요." 자기가 낳은 아기 예쁘다. 영리하게 생겼다. 탤런트 해도 되겠다는 등 칭찬해주는데 화내는 여자 있다면 정상 아니겠죠. 그래놓고선 떠들면 "착한 어린이는 차안에서 조용히 하는 거예요" 내릴 때는 "천천히 내리세요." 서로가 편하자고 하는 이 택시기사의 짓거리인데 어떤 때는 스스로가 다른 사람으로 착각될 때도 있습니다.

진짜 무뚝뚝한 경상도 사나이였었는데 입만 가지고 남을 칭찬하거나 추켜세우는 일 진짜 못하는 얼간이였는데, 세파에 찌들어 엉뚱하게 변해가는 스스로의 모습에 울적해 할 때도 있습니다. 어려서부터 사춘기 서부터, 여태껏 살면서 주변에 여자가 있었는지 없었는지 잘모르겠다고 하면 얼간이 하품이라고 하시겠죠. 하나 분명한 것은 여태껏 살면서 여자한테 "사랑한다"는 소리 해본 기억 없습니다. 사랑은 마음속으로 하는 거지 입으로 하는 게 아니라고 생각했었습니다. "사랑한다"는 소리는 소설이나 영화 속에 있는 낱말이지 같이 자란 친구나 주변의 선후배 어느 누구에게도 들어보지 못한 생소한 말이었습니다.

입으로도 사랑하고 마음으로도 사랑하면 될텐데 입으로도 마음으로도 사랑다운 사랑 한 번도 못해봤습니다.

사랑다운 사랑이 뭔지도 모르는 숙맥이하고도 천치에 가까웠습니다. 적어도 "사랑"이라는 낱말 앞에서는… 진짜 무뚝뚝한 경상도 사나이 이 택시기사가 입에 발린 소리도 할 줄 알고 속으로는 욕을 하면서도 어설픈 미소 지을 줄도 알고 경상도 촌놈 출세했습니다.

손님이 하찮은 일에 짜증스런 반응을 보여도 애들이 떠들고 시끄럽게 굴어도 바보처럼 웃는 연습 많이 했습니다. 가벼운 웃음이라도 세상을 긍정적으로 보는 힘과 주변을 배려할 수 있는 여유를 갖다준다는 생각 때문입니다.

"좋은 일이 있어서 웃는 게 아니고, 웃으면 좋은 일이 생긴다"는 어떤 똑똑한 분의 말씀 한번 더 생각해봤습니다. 억지웃음이라도 찌푸린 얼굴보다 훨씬 낫다는 말 액면 그대로 믿기로 했습니다. 그래서 웃습니다. 웃으면서 삽니다. 택시 안에서 승객들에게서 받은 유형무형의 스트레스 생각에 따라서는 정신적인 보약이 될 수도 있습니다.

1985. 11. 8.

단풍이 있고, 공짜로 주어진 맑은 공기가 있고, 마음이 시릴 것 같은 파란 계곡물, 사람 마음이 깨끗하면 쉽게 눈에 들어오는 아름다운 자연이지만 심보가 흙탕물이면 삶을 지탱해 주는 귀한 보물들인데도 잘 보이지 않습니다.

택시 핸들을 잡고 10여 분이면 산에 갈 수 있고 10분이면 바닷가에도 갑니다. 운전 중 화장실이 필요하면 5분 이내에 해결이 가능한 중소도시의 조그마한 편리함. 대도시의 택시기사님들은 잘 모르실 것입니다. 10여 분 거리의 계곡에 택시 운전기사 스물하고도 일곱 분이 야유회를 나왔습니다. 좋은 분들 재미있는 분들 그런데 단체모임에 말없이 몸으로 자기 할 일을 하는 사람이 있는가 하면 입만 가지고 죄다 잘하는 사람 있습니다.

술이 합석하면 입이 괴력을 발휘합니다. 똑똑합니다. 뭐(?)든 잘합니다. 원래 진짜 있는 사람 '부' 자랑 않습니다. 정말 똑똑한 사람 말이 없습니다. 있다고 자랑하는 사람 돈 몇 푼 없습니다. 똑똑하다는 사람 얘기내용 깊이 없이 날아다니는 남의 얘기 인용할 때가 많습니다. 또 하나 있습니다. '객기' 객기가 객꾼처럼 미울 때가 정말 많습니다.

객기가 술을 홀짝거리다 보면 광기가 됩니다. 삶에 대한 중요한 지식을 술 몇 잔에 싸구려로 팔아먹는 얼간이들 술이 있는 모임에 많이 있습니다.

술이 취해 '광기' 데려와서 힘자랑하는 사람 힘 별로 없습니다. 입으로만 할려면 뭘 못하겠습니까?

술 취한 한두 분 때문에 분위기 완전 망쳐버리는 모임이 될 수도 있습니다. 그렇다고 쥐어박을 수도 없고… 몸으로 하는 실천은 없고 입만 날뛰는 사람 많은 곳에 사람들의 휴식도 평범한 일상도 기초가 엉터리인 사상누각(?)인 경우가 많습니다. 없는 시간 쪼개고 돈 몇 푼씩 모아서 모처럼 기분 좋게 고달픈 일상 속에 쌓였던 스트레스 확 날려보내 버리자고 야외에 나왔던 스물하고도 몇 분의 기사님들 어떤 잘난 한두 분 아니 '놈' 때문에 완전히 망쳐버린 야유회. 염려가 현실이 되어버린 모임, 그렇다고 딱히 분풀이할 곳도 없고… 그런데 그 나쁜 사람 긴 세월 같은 지역에 살면서 멀리서 쳐다보면 그냥 잘 삽니다.

남한테 나쁜 소리 쉽게 듣는 인간들 희한하게 잘사는 걸 보면 때로는 나쁜 짓을 해야 복이 오는지? 나쁜 짓 잘하는 분들은 예사롭게 하지만 심성이 고운 분들은 나쁜 짓 하려다가 양심이하고 싸움이라도 나면 심신이 피로해진다는 경험 때문에 나쁜 짓 쉽게 못 한다는 게 이 택시기사의 생각입니다.

1986. 7. 26.

제가 근무하는 택시회사에 노동조합이 있습니다. 그래서 노동조합원이 있고 비노동조합원도 있습니다. 노동조합원은 비노동조합원보다 조금 나쁜 사람들입니다. 회사에서 시키는 대로 고분고분 말을 잘 들어야 하는데 삐딱합니다. 수틀리면 고객 꼿꼿이 세우고 작은 눈알 부라리기도 합니다. 사용자 측에서 보면 가관입니다.

"택시 한대(정식취업) 주십사"고 허리를 90도로 굽히며 비굴 떨던 몰골들이 세월이 흘러 속된 말로 조금 컸다고 머리에서 발끝까지 그냥 180도입니다.

택시회사에 취직하고자 하는 스페어 기사들 눈에는 위대하고 존경스러워 보이기도 합니다. 대표이사님, 부장님, 과장님, 높은 분들 앞에서 눈하고 입하고 같이 맞짱 뜨는 모습을 보면서 어떻게 저렇게 할 수 있을까? 개구리가 올챙이 적 생각 못 한다고 어이없어 하는 사용자님, 어쩌겠습니까? 어울려서 사는 모습이라고 생각하셔야 건강 챙길 수 있습니다. 그런데 꼭 하나 짚고 넘어가야 될 얘기 있습니다.

노동조합원이 눈 부라려서 얻은 조그마한 근로자의 혜택들, 아닌 노동조합원들도 가져갑니다. 때리는 시어머니보다 말리는 시누이가 더 밉다는 얘기. 노동조합원이 비노동조합원 보고 하는 생각입니다. 같은 시절에 같은 직장에서 얼굴을 마주해야 하는 인연을 나누는 사이인데 서로의 모습을 조금은 이해하려는 노력이 있어야 되지 않겠냐는 생각입니다. 남을 이해하려는 마음가짐이 스스로의 발전에는 도움이 된다는 사실도 기억하셨으면 합니다.

1986. 10. 14.

아! 돈이 있는 줄 알았는데 와! 없노? 기사아저씨! 내 다음에 주마 안 되겠능교? 똑같은 말도 태도나 억양에 따라 듣는 입장에선 정반대로 들릴 수도 있다는 사실 쉽게 경험하셨을 겁니다. 택시요금 600원, 말 한마디 좋았으면 정말 포기할 수도 있었는데….

30대 중반으로 보이는 젊은 친구, 오전인데 눈동자가 왔다갔다 할 정도로 술에 취해 비틀비틀, 횡설수설….

아무리 봐도 초면인데 다음에 언제 주겠느냐고 했더니 다음에 주면 된답니다. 나중에는 말귀 못 알아듣는다고 욕까지 하고 결국 파출소에 갔습니다. 기분 구겨져도 그렇지 단돈 600원에 파출소에 간 저 자신이 미웠는데 민간인이 아니고 군무원이라고 헌병대에 가라고 하더군요. 포기해버렸습니다. 욕 실컷 하고 택시기사 입만 더러워졌습니다.

얘기 하나 더,

"아저씨! 여기 경찰서장이 내 처남인데 택시비 좀 봐 주이소."

"뭔 소립니까?"라고 했더니 택시비가 없는데 서장 이름을 걸고 다음에 꼭 준다는 얘기였습니다. 성질 고약한 택시기사 왈 "그쪽 처남이 경찰서장이든 대통령이든 내 알 바 아니고 택시비하고 뭔 상관이 있소?" 사람이 아니고 술이 앞서서 하는 얘긴 줄 알면서 조금은 이해를 해야 되는데 택시 운전기사한테 서장 뭐라고 하면 뭐가 통할 것 같다는 상대의 골통이 정말 미웠습니다. 아예 경찰서장실로 가자고 했더니 행선지가 바뀌더군요. 외진 골목길 구멍가게에서 어떻게 사정했는지 택시비를 빌려서 주더군요. 택시요금 600원 때문에 입으로 통반장 다 하는 놈 넌 죽을때까지 그 꼴로 살 것 같구나.

얘기 또 하나 더.

방귀 소리가 큰 발통 두 개 달린 차(오토바이)를 타고 다니는 교통순사 나으리께서 오토바이는 병원에 가셨는지 저의 택시를 타시더군요. 마수걸이도 못했는데….

오늘 장사 김샜다 싶으니 순간 제가 밉고 한심했습니다. 아주 사소한 문제인데 예사로 생각해야 될 아무것도 아닌 일인데…. 목적지에 도착해서 택시요금 찾는 척하길래 그냥 두시라고 했더니 여우 히프 같은 웃음 흩날리면서 가시더군요. 동전으로 계산할 수 있는 택시기본요금 모아서 빌딩 짓고 살아라. 그런데 가슴이 그렇게 좀스러워서야 빌딩은커녕 변변한 집 하나 마련하겠냐? 혼자 투덜거리다가 문득 저 자신이 더 한심한 좀살뱅이 같아서, 그래서 마수걸이라는 말 저의 일상에서 아예 없애버렸습니다. 경찰 아저씨를 공짜로 태워준 날 평소 벌던 액수보다 50%를 더 벌게 된 것도 하나의 이유가 됐습니다만….

1987. 1. 18.

고민이 있다는 사람, 그리고 외롭다고 말할 수 있는 사람은 그래도 행복한 사람입니다. 고민거리가 눈에 보이면 그건 고민이 아닙니다. 고민거리가 두겹 세겹 겹쳐지면 이 고민이란 놈이 사고思考를 쫓아내버립니다. 사람을 멍청하게 아예 바보로 만들어버립니다. 외롭다고요, 외로움이 뭡니까?

사흘만 굶어보십시오. 외롭다는 생각도 배가 불러야 사고 속으로 들어옵니다. '거지' 아무나 하는 게 아닙니다. 보통사람들 거지 되기 전에 스스로를 사형시켜 버립니다. 가만히 있어도 유한한 생명 끝나는데 스스로를 사형시키지 않아도 자연스럽게 삶을 버리게 되어 있다는데, 평범한 삶 속에서 너무 욕심을 부린 적인 없으십니까?

곁에 오는 작은 행복을 푸대접하시지는 않으셨는지? 더 큰 행복을 찾기 위해 말입니다. 큰 행복은 작은 행복이 모여 있는 곳에 없습니다. 작은 행복이 이정표 역할을 하기 때문입니다. 큰 행복이라는 놈 작은 행복이 있는 곳에 와야 어깨에 힘을 주고 큰 소리를 치며 스스로의 빛을 발할 수 있다는 걸 알기 때문이기도 합니다.

길가에 야생화가 예쁘게 피어 있는데 행복하고 싶은 사람은 꽃이 참 예쁘고 향기도 좋다고 말합니다. 불행하고 싶은 분은 꽃모양도 향기도 무시하고 개똥밭에 피었네, 소똥밭에 피었네 라며 이죽거립니다.

행불행 선택은 자유입니다. 널려 있는 행복 주인 없습니다. 그냥 가지시면 됩니다. 아무 문제도 아닌 것을 문제로 만들어 고민과 걱정거리를 함께 비벼드시다가 체해서 별세하시는 분 많습니다. 간단히 쉽게 사시면 됩니다. 간단히 쉽게 사는 방법 처음에는 어렵지만 자꾸 연습하면 됩니다. 쉽게 사는 방법 전부가 다 알고 있습니다. 실천은 아예 멍청한 바보짓이라는 선입견 때문에 실천할 생각들 않기 때문입니다.

고민이 고민을 낳고 걱정을 하게 되면 걱정이란 놈이 걱정거리를 더 가져온다는 사실을 아십니까? 조그마한 고민, 대수롭잖은 걱정거리 그냥 무시하셔야 합니다. 문제점이 다른 사람과 관계없이 본인만의 문제라면 더 빨리 던져버리십시오. 조금은 높게 조금은 더 크게 자신을 바라보는 마음의 눈이 있어야 합니다. 무시하고 던져버려야 될 문제들고 갖고 자꾸 되씹다 보면 삶을 포기해버리고 싶은 충동을 느낄 수도 있습니다.

"그만한 일에 삶을 포기하냐!"는 얘기에 "남의 말 쉽게 하는 게 아니야."라고 하지만 삶을 포기할 정도의 용기가 있다면 뭘 못하겠느냐?"고 생각하면 문제 해결됩니다. 스스로의 삶을 가볍게 여기는 것은 그 무엇과도 비교할 수 없는 죄악입니다.

— 어느 선배님의 자살 소식에

1987. 5. 5.(음력 4. 8.)

어린이날인데 왜 어린이가 아닌 어른들이 더 들떠서 야단들인지?

어린이날이라고 어린이를 위한다며 어린이는 휴대용 방패막이쯤으로 활용하고 어른이라는 몰골들이 꼴불견을 연출하는 날이 오늘이 아닌가라는 생각을 할 때가 있습니다.

어린이를 위하는 좋은 젊은 부부 많습니다. 그런데 그렇지 않은 부부들 꽤 있습니다. 야외에 나가서 어린이는 적당한 곳에 던져놓고 주변사람 밥맛 없게 만드는 짓 제법 합니다. 어린이를 위해서 야외 나간 잘난 분들이 귀갓길에는 왜 눈동자하고 두 다리가 따로따로 놉니까?

'어린이날' 순수하게 어린이를 위한 하루를 만들면 자라서 부모님을 위하는 마음의 싹이 틀 것도 같은데요. 자식이나 주변한테 먼저 베푸는 건 다 스스로를 위한 삶의 모습이라고 생각하시면 마음속에 복이 온다고 얘기하고 싶습니다. 아니라고 하셔도 할말 없습니다.

어린이날 부처님 오신 날이 겹쳐진 오늘 좋아하고, 기념하고 그래서 웃는 사람들 앞에 같이 웃어주지는 못할망정 심통을 부려서야 되겠습니까? 여러 날들 중 하필 오늘 ○○교연합회에선 체육대회를 하더군요. 부처의 탄생을 축하하는 제등행렬이 등장하는 날 다른 종교단체들의 체육회. 어린이날 순수하게 어린이들을 위해 주고 다른 종교 축하행사에 마음 가볍게 웃어주는 여유, 그렇게 어울려 살아야 하는 것 아닙니까?

혼자 살면 재미없습니다. 여럿이 살아야 재미있습니다. 여럿이 함께 재미있게 살려면 남을 이해하고 인정하는 마음 많이 있어야 됩니다.

1988. 4. 7.

유리문 올려라. 내려라. 승객을 대하는 태도가 이렇느니, 저렇느니, 어떤 승객은 덥다며 유리문 내려라, 또 어떤 분은 춥다고 유리문 올려라. 택시를 타고보니 '라디오' 소리가 크다며 택시승객 대하는 기본이 안 되어 있다는 왕짜증 손님 등 택시기사를 아예 하인취급하는 사람 있습니다. 주로 술이란 놈과 동승했을 때인 경우가 많습니다만.

"불친절, 고발이라는 말 어느 나라 말입니까? 택시기사들의 귀에는 뚱딴지같은 소리로만 들립니다. 갑자기 돈이 많이 생긴 벼락부자 사람, 술에 찌들은 졸부 사람들의 눈에는 택시기사 정도는 '스트레스' 해소용 샌드백으로 생각되는지 나오는 대로 함부로 내뱉습니다. 알콜이 광란의 디스코를 추는 골통이 시키는 대로 시비를 겁니다.

인내하기 힘든 순간 많이 경험했습니다. 그때마다 "먹고 살아야 한다. 사람 같잖은 괴물한테 물리면 나만 손해다. 몇 분만 인내하자" 심호흡하는 연습도 많이 했습니다.

택시운전경력이 한참이나 오래인 선배님들한테 질문 아닌 질문을 할 때가 있습니다. 택시기사와 승객 간에 시비가 생기면 누구 잘못인 경우가 많겠느냐고… 승객한테 시비거리를 던진 기사가 있다면 그 택시기사 정신상태가 정상이 아니라며 운전 자체만으로도 힘든데 바보짓 찾아가며 할 정신력 있으면 택시운전 그만두는게 정답이라는 선배님 얘기….

비정상적인 승객들이 입으로 날리는 펀치 한 대 맞는 연습 많이 하다 보면 택시운전도 편해지고 대인관계도 원만해진다는 선배님의 조크, 도대체 무슨 말인지?

1988. 9. 16.

86 아시안게임, 88 올림픽대회, 밴댕이 합숙훈련, 바퀴벌레축제.

'사람 사는 곳에 많은 사람 모일 일이 생기면 한양에서 제일 높은 어르신이 오신단다.' 라는 얘기가 떴다 하면 길거리에서 얻어터지는 사람 있습니다. 바로 택시운전 기사입니다. 높은 경찰 아저씨들 호루라기 소리에 이 골목 저 골목 쫓겨다닙니다. 놀러나온 건 아니고 먹고살려고 돈 몇 푼 벌러 나왔는데….

또 하나 웃기는 얘긴 택시기사의 일거수일투족이 지방의 얼굴이랍니다. 제대로 먹지 못해 부황이 들어 누렇게 꾀죄죄한 모습들도 있는데 무슨 궤변들인지?… 커피 한잔, 음료수 한잔 없습니다. 지방의 얼굴에 화장이라도 좀 하게 화장품 샘플이라도 두어 개 주시든지….

배려 없습니다. 제재와 간섭, 필요 이상의 헛소리, 택시 운전기사가 동네북입니까? 저잣거리 마당쇠입니까? 여태껏 택시 운전기사로 근무하면서 다른 동네에서 온 행사에 관계 있는 사람 딱 한 명 태워봤습니다. 씨름선수 몸무게 160kg 앞좌석보다 뒷좌석이 넓은데 앞좌석에 타더니만 의자를 뒤쪽으로 확 밀어버리더군요. 택시기사가 우리 동네의 얼굴이고 우리 동네에 오신 손님이라고 그냥 웃었는데 허벅지가 이 택시기사의 허리통보다 큰 것 같고 우측 앞타이어 욕하는 소리가 귀에 들리는 것 같았습니다.

하나 마나 한 동네의 행사 때문에 70kg의 택시기사가 160kg의 덩치와 택시 앞좌석에 같이 앉아보는 영광을 가졌습니다. 친절, 예의 사람들의 삶 속에 정말 좋은 윤활유 역할을 하는 양념들인데 형식보다 진심이 중요한게 아닌지?

절차나 형식보다 현실이란 놈한테 걸핏 하면 두들겨맞는 택시기사들에게 형식적인 제재나 간섭은 제발 좀 삼가해 주시고…. 택시기사 그쪽하고 꼭 같은 사람들이오.

1988. 11. 23.

TV에 전직 높은 자리에 계셨던 분이 나오셔서 생업에 바빠 열심인 사람, 보통사람들의 일상이 부럽다고 하더군요. 어딘가 모르게 시원한 느낌의 어르신께서 어쩌시다가 그런 말씀을 하시는지? 어리둥절한 것도 같고, 뭔지 모를 묘한 기분도 들고, 착잡한 것 같기도 하고….

정상에 올라가실 때는 함께하시는 분들이 많아서 그런지 별 문제가 보이질 않는데 내려오실 때는 발목도 삐고 허리도 다치고 하산길에는 화장실도 제대로 없는 길이라 전직 어른답지 않게 숲속에 살짝 숨어 볼일을 보시다가 이상한 봉변을 당하시기도 하고….

정상에 계시던 분이 하산하실 때 여러 가지 문제들이 생긴다는 것은 함량미달인 분이 어울리지 않는 자리에 있었다는 애기가 아닌지? 그 자리에 올라가시기만 하면 그 똑똑하신 분들이 하산길은 까맣게 잊고 뒷구멍으로 엉뚱한 짓 하다가 내려오실 때는 온갖 민망한 꼴을 다 당하십니다.

안타깝고도 애석한 일입니다. 민망한 꼴을 당하는 분이 우리 곁에 쉽게 만날 수 있는 보통사람이라면 무슨 문제가 되겠습니까만 한나라를 대표했던 분이라면 참으로 많은 사람들의 비극입니다. 여러 사람이 어울려 살자면 참으로 많은 여러 사람이니까 여러 가지 희한한 일들과 정말 있어서는 안될 범죄도 발생합니다. 그래서 법 이전에 가벼운 문제들은 이웃들의 배려와 양보로 해결하고 도저히 용서 못할 범죄행위는 법으로서 제재하는게 많은 사람들이 함께하는 삶의 모습 아니겠습니까? 그런데 한나라를 대표하는 높은 분이 개판을 쳐버리면 보통사람들을 지켜주는 양심이하고 법망이는 어디로 가야 합니까? 양심이, 법망이한테 아늑한 안식처를 만들어주어 함께할 수 있는 환경을 만드는 것은 우리 모두의 책임입니다. 양심이하고 법망이가 온전치 못하면 서럽게 골탕먹는 쪽은 서민입니다. 높은 곳에 계셨던 분들은 과부가 넘어져도 "가지"밭에 넘어진다고 먹고사는 걱정일랑은 똥개 하품보다 시시껄렁한 얘기겠지만 서민이 넘어지면 꼭 돌밭에 넘어져 일어서기도 힘든 모양새가 될 때가 많습니다. 뇌진탕으로 그냥 별세하는 수도 있습니다. 개판은 높은 분들이 쳐놓고 피해는 아무런 죄 없는 서민들이 당합니다. 아주 높은 자리나 조금 높은 자리나 좀 괜찮은 자리에 계신 분들, 좋은 자리에 계실 때 잘하셔야 합니다. 현직에 계실 때 잘하시면 광도 더 납니다.

그래야 물러나실 때 문제도 없을 것이고 더 세월이 흘러 별세하시면 좋은 곳에 갑니다. 좋은 곳에 가고, 안 가고는 갔다온 증인이 없으니 견공하품이라고요. 이 글을 쓰는 택시기사 헛소리한다고 헛고생만 했네요. 죄송합니다.

1989. 3. 11.

꽤나 높은 분이 저한테 표창장을 주시겠다고 하신다더군요. 타의 모범이 되는 운전기사라고 말입니다. 저 자신을 모범기사라고 생각해본 적은 한번도, 아니 꿈속에서라도 없었습니다. 그냥 평범하고 조금은 바보스런 기사라고 생각했었는데….

그 높은 분의 생각이 어떠하신지는 모르겠고 이 기사 알 바 아니지만 택시 운전기사 표창장 신경 쓰실 시간에 자기 앉은 자리 청소나 하시지, 택시기사 기분 영 아니었습니다. 조롱을 당한 기분이 이런건지, 앞으로 높은 자리 계속 머무는데 들러리 좀 서달라는 것인지? 생색은 그 높은 분이 내시고 바보 짓은 이 기사한테 하라고 하시는건 아닌지?

평소 때는 가만히 있다가 선거철만 되면 갑자기 똑똑해지고 부처님 사촌 표정으로 변해서 혼자 바쁘게 돌아다니면서 이웃을 위해서 혼자 봉사 다하고 동네와 지역을 위해서 노력하시는 분들이 많은데 그분들한테 표창장도 주시고 여러 가지 부탁하시면 될텐데 무식한 택시기사에게 표창장 주고 말도 안 되는 부탁해 봤자 도움은커녕 표 깎아먹는 바보짓만 할텐데… 높은 어르신. 이 택시기사의 개인적인 생각입니다. 살아있는 날까지 선거에 투표는 꼭 할 것입니다만 "지지후보가 '개똥' 입니다.

한표 꼭 부탁합니다."라는 짓거리 할 생각 아예 없습니다.

왜냐구요? 개똥이 당선되면 개똥이 짓 할 게 뻔하니까요. 선거에 관심 항시 갖고 있습니다. 개똥이 개똥이 짓이 심하면 개떡한테 투표하려고요. 개똥과 개떡 사이를 왔다갔다 하다보면 택시 운전기사 삶도 "땡"하겠죠?

1989. 3. 29.

"내 당신들 머리카락 하나 손대지 않을테니 당신들 나 숨쉬든 안 쉬든 상관 마시오."

몸도 마음도 자꾸 쭈그러들어가는 스스로의 몰골이 짜증이 나 아무 관련 없는 주변인들한테 한 소립니다. 하루 하루의 생활을 당신 삶 마지막 날 같이하려고 노력해라, 삶이 깨끗해질테니… 이건 저 자신한테 한 말입니다.

550km 주행 05:00 귀가 스물세 시간 운행, 식사시간, 휴식시간 제하면 이십여 시간을 달렸나요. 사는 게 뭔지 잘 모르겠습니다. 왜 택시운전을 하는지도 잘 모르겠습니다.

저 혼자만의 삶이라면 모든 것을 집어던져 버리고픈 마음이 될 때도 많지만 아무것도 모른 채 지구 위에 내동댕이쳐진 이 택시기사의 이세들. 아름다운 꿈을 꿀 수 있도록 도와주지는 못할망정 세파에 상처입지 않게 보호는 해줘야 할텐데… 앞서가는 마음과 뒤따라오는 현실하고 싸우면 누가 이깁니까? 승자가 누구건 상처받는 쪽은 저 자신뿐입니다.

상처 덜 받도록 노력해야 하는 것도 저 자신의 몫이라는 것도 잘 압니다. 노력하겠습니다. 저 자신을 위하는 일이기에 저 자신만의 인생이기에….

왜! 산에 올라가는가? 거기 산이 있기 때문에. 왜! 사는가? 삶이 주어졌기에. 왜! 사랑하는가? 밉고 보기 싫은 사람이 너무 많아 하나라도 내 것으로 만들기 위해, 보기 싫은 사람이 줄어들면 당신을 사랑하는 사람이 늘어납니다. 택시운전 싫을 때가 있다고요? 낚시, 바둑, 도박, 많은 잡기들 과정이 끝난 후 결론을 하나로 묶어 얘길하면 아무 소득 없는 시간 말아먹기라는 겁니다.

"하기 싫은 운전과정이 끝나면 식솔들 먹고 입을 것이 생긴다"는 사실을 쉽게 생각하면 "택시운전 웃으며 해야 된다" "웃으면서 하면 돈 더 번다"는 말입니다.

1989. 4. 4.

06:30 예쁜 아가씨가 손을 들더군요. 뒷문을 열고 탈려고 하더니 아! 아저씨 잠깐만요. 그리고선 차체와 차문 사이에 앉더군요. 왼쪽은 차체, 우측은 차문 그리고 뒤쪽은 옷으로 가려진 꼴이니 완벽한 화장실이 됐네요. 그리고선 "쉬…" 인간의 골통도 갑자기 '멍"하고 스톱할 때가 있더군요. 전혀 예상 못한 황당한, 정말 어처구니없는 꼴을 갑자기 당할 경우라고 할까요. 밤새 뭘마셨는지 그놈의 "쉬" 소리 오래도 가더군요.

택시를 잡아 뒷문을 열어놓고 히프를 까서 "쉬"하는 꼬락서니… 갑자기 눈물이 날 것 같은 기분도 되더군요. 그냥 "휑"하며 달려버렸으면 하는 충동 억제하느라 한참이나 바동거렸습니다. 문 닫는 소리가 꽝하며 나더군요. "아저씨! ○○동에 가주세요"

곁눈으로 룸미러를 통해 꼬락서니를 봤습니다. 한마디로 예쁘더군요. 그런데 갑자기 아가씨의 얼굴 위에 '여우'의 모습이 '오버랩' 되는 건 왜인지? 순간 소름이 끼쳤습니다. 자신도 모르게 머리를 흔들었습니다. 아예 모르는 남의 일에 과민하게 반응치 말라고 스스로를 달랬습니다.

조금 세월이 흐른 후에 동료를 통해서 우연히 알게 됐는데, 제법 부유한 집 딸이라는것, 알바하는 기분으로 야간업소에 다닌다는 것. 아가씨! 고맙소. 새삼스럽게 사람 사는 모습들이 재미있게 얽혀 있구나 라는점 깨닫게 해줘서 말이요. 아가씨! 일탈도 정도가 있지 너무 심한 것 아니요. 조금 있다 만날 당신의 반쪽을 위해서라도 당신 몸하고 정신 조금은 아끼시오. 세상 참….

1989. 봄 그리고 밤

"행님요!"

"와?"

"어젯밤에 우짜다가 뱃놀이 한번 했다 아인교"

"뱃놀이가 뭐꼬? 그것도 밤에…."

"아따 참! 행님 말귀를 그래 몬 알아듣는교?"

"봐라, 일마야 쉽게 말해 봐라 마."

"어제밤 ○시쯤 아줌마 한 사람을 태웠는데요. ○○동에 가자카대요. 목적지에 다 가가지고 차비를 도라카잉께 그냥 가만히 있는기라요. 아줌마, 차비 주고 내리이소."

"아저씨 사실 차비가 없어예!"

"이 아줌마가 뭐라카노 빨리 주소 마."

"가진 기 몸뿐이라예…."

"가진 기 몸뿐이라고 무슨 귀신 하품하는 소린교?"

결국은 차비 대신 차 뒷좌석에서 뱃놀이를 했답니다.

"차비 없다고 니를 유혹한 그 아줌마보다 니가 더 나쁜놈이데이…."

"진짜 차비가 없는지 그기 하고시퍼 그러는지 내가 우예 알겠능교."

"일마야, 다른 건 그만두고 차 뒷좌석에서 그 짓거리 하다가 잘못되마 강간범으로 몰리갖고 콩밥 묵게 되는 수가 있다카인께"

"그기 무슨 소리인교?"

"여자라카는 거 그 짓거리하다가 다른 사람한테 들키기라고 해가꼬 무슨 문제가 생겨 불리하다시프마 강간당했다고 팍 뒤집어씨아뿌는기라. 지발하고 그런 짓 하지 마래이 잠깐 히죽해죽 웃다가 콩밥 묵고 생똥 싸지 말고… 다음부터 그런 일이 생기마 돈 주고 잘 수 있는 방에 가서 해라. 돈 아까우마 그딴 짓 아예 하지 말고…."

지구상의 동물들 중 수컷은 더 많은 암컷을 차지하기 위해 강해야 하고 외모도 암컷보다 훨씬 보기 좋습니다. 수컷의 외모는 원래 그렇게 만들어졌지만 그런데 사람은 외모를 꾸미는데 남자, 여자 어느 쪽이 더 뛰어납니까? 어떤 대중가요가 떠오르네요. '세상은 요지경, 요지경 속이다. 잘난 사람 잘난 대로 살고 못난 사람 못난 대로 사안다.'

1989. 6. 13.

막노동하는 분들 같더군요. 일 끝난 후 한잔 하셨는지. 풍기는 냄새가 담배 냄새, 술 냄새 그리고 표현이 쉽지 않은 몸에서 나는 냄새…. 쉽게 만날 수 있는 상황이라고 그러려니 했습니다. 40대 후반으로 보이는 세 분이었는데 얼큰한 입에서 나오는 대화내용이 더 역겨운 냄새를 풍기더군요. 그렇다고 불쾌한 표정, 전연 하지 않았습니다. 택시기사인데 댁들이나 이 기사나 그렇고 그런 닮은꼴 아니겠나고 생각하는게 저의 입장이었습니다.

대화의 주제가 가관이었습니다. 여자의 생김새 얘기가 나왔는데 외모가 어쩌고 라는 얘기가 아니고 어떻게 생겨야 여자 거시기 싸이즈가 작다라는 것이었습니다. 어디서 주워들었는지 별 해괴망측한 얘기들이 다 나오더군요.

이 기사도 수놈이라 구미가 동해 유심히 들었습니다. 막노동하고, 밥 먹고, 술먹고 그 부분만 연구했는지 입 세 개가 쉼없이 동, 동, 동 떠다니더군요.

"이렇게 생겨야." "아니 그게 아니고 요렇게 생겨야." "턱도 없는 소리, 요렇게 이렇게 생겨야 거시기가 작다" 결론도 없을 똥 같은 얘기가 나중에는 택시기사가 짜증이 날 정도로 게거품을 물더군요. 목적지가 가까워졌는데 앞에 앉은 사람이 한마디 툭 하더군요.

"기사 아저씨는 거시기 사이즈에 대해서 어떻게 생각하십니꺼?"

웃음이 나오더군요.

"나는 그런 것 잘 모릅니다."

"에이참, 혼자 얌전한 척하지 말고 한마디만 해 보시오."

조금 미운 기분에 한마디 했습니다.

"여자 거시기 사이즈는 여자 외모하고는 관계가 없소. 여자하고 거시기할 때 여자의 기분에 따라 거시기 사이즈도 변하는 거요…."

"와! 그 말씀이 맞네, 맞어."

참 한심한 놈들, 웃어야 할지 울어야 할지, 세상 참 재미있네요.

1989. 9. 12.

아침은 지난밤에 만난 '소주'란 놈이 다 먹어 치워버렸고 점심은 사장, 부장 어르신들과 입씨름하느라고 굶고, 저녁 한끼 소대가리 파는 집에서 겨우 해결… 사용자 어르신들께 사정했습니다. 조금은 멀리 달아난 노사문제 서로 조금 양보해서 풀어보자고요.

어림없더군요. 어처구니없는 현실 앞에 어떻게 해볼 도리가 없었습니다. 사용자 측에선 조그마한 동네에 택시회사가 다섯손가락 안인데 왜 타 회사보다 양보해서 주머니 허전하고 타 회사 사용자한테 욕먹는 바보멍텅구리짓을 하겠느냐고 합니다. 우리 측 똑똑한 택시기사 한 분은 세월이 흐르면 뭐든 조금씩은 변해야 하는데 눈에 보이는 몇푼 서로 양보 불가라며 같이 진흙탕에 빠지면 서로가 손해이니 배우고 조금 더 가진 분들이 양보해야지 않겠느냐고 합니다. 협상이 결렬되면 좋잖은 결과가 뻔히 눈에 보이는데 낮이 가면 밤이 오고 봄이 가면 여름 오는데 끝까지 우겨대면 서로가 얻을 건 아무것도 없을 것 같은데 누구의 잘못인지는 정말 모르겠습니다.

우리의 얘기는 이웃집 얘기는 하지 말고 큰 동네 얘길하는데 사용자

측에서는 큰 동네 얘긴 왜 하냐며 이웃집 얘기를 하자는 얘기인데….

머리를 때리는 생각 하나, 택시 운전기사들이 파업이라는 걸 해야 하나? 몸은 운전기사지만 세월의 흐름과 변화는 조금 아는 우리들인데… 정말 해서는 안 되는 먼나라 얘기로만 생각했는데….

1989. 9. 17.

회사 어르신들한테 버릇 내버리고 입에서 나오는 대로 뱉었습니다. 조금씩 양보해서 파국을 막아보자고…. 집에 생활비도 빠듯한데, 파출소에 잡혀가면 식구들 딱 굶게 되어 있는데…. 결국은 따로따로 파국을 향해 달려가는 택시회사 어르신들 그리고 택시기사들…. 농성 준비를 일사분란하게 하는 동료들을 쳐다보면서, 우리 모두 택시운전만 하기에는 조금은 똑똑한가보다. 생활의 여유는 정말 없을텐데. 웃어야 할지 울어야 할지 모르겠습니다.

이웃집(○○택시회사)에서도 함께하자며 협조를 하더군요. 노동부 ○○지방사무소 담당관님 이웃 동네 택시회사조합장님, 예쁘고 똑똑한 여자분도 참석, 남자인 제가 한심하고 민망해서 여자분 얘기도….

택시운전해서 먹고살려고 택시회사에 취직했는데 회사건물 2층 옥상에서 꽹과리를 꽤 오랫동안 팔이 아프도록 두들겼습니다. 이웃 주민들이 소음 때문에 못살겠다는 얘기가 회사 높은 분들 귓구멍 안으로 쏙 들어갔으면 하는 얄팍한 계산으로 더 힘있게 쳤습니다. 파업은 하지 않아야 된다고 생각했는데, 끼니 걱정하는 우리들이 이 모양 이 꼴로 댁들한테 항복할 바에야 택시운전 그만두겠다는 생각을 했습니다.

여기에서 더 잃을 게 뭘까?라고 생각하다가 시원찮은 앞니 사이로 피식 웃음이 나왔습니다. 택시 핸들 던져버리면 잠깐 답답함도 있겠지만 조금 멀리 쳐다보면 전화위복의 계기가 될 수도 있겠구나.

"사내자슥이 칼을 뺐으면 무시라도 베야 되는 거 아이가?"

"무식한 얘기로 산 입에 거미줄 치겠냐?"

"최악의 경우, 택시 핸들 던지뿌마 되는기라."

1989. 9. 23.

삭발! 왜 합니까? 마흔하고도 한참된 나이에… 못된 놈 아홉 놈이 삭발했습니다. 아홉 놈 중에 제일 나쁜 놈은 이 택시기사입니다. 꽹과리 혼자 두들겨패고 주변에 입으로 할 일도 많이 하고 또 삭발까지…. 그런데 한마디 꼭 하고 싶은 말이 있습니다. 파업하지 않기 위해서 하기 싫어서, 회사 어르신께 곁의 동료들에게 눈물을 지으면서 서로 조금 양보하자고 사정했는데 쇠귀에 경 읽기도 아니고 갑자기 치킨게임이라는 말이 왜 떠오르는지 모르겠습니다. 그리고 파업을 하면 했지 사람하고 사람의 얘기인데 왜 죄 없는 돼지 대가리님은 모셔놓고 입에다 돈을 쑤셔넣나요? "분위기 조성요!" 못된 택시기사 제가 보기엔 승자도 패자도 없이 상처만 입을 게 뻔한데, 이기면 하늘에 올라가고 지면 시궁창에 빠지나요?

1989. 10. 21.

외출, 외박증이 뭡니까? 군대생활도 아닌데…. 하루 벌어 하루 사는 택시기사님들, 집에 일원 한푼 주지 못하는 날들이 흘러가는데… 어떻게 소화를 시켜야 하는지?

30여 명의 생활비는 장갑, 드링크, 영양제 등을 팔아서 충당하고 일부 시골에서 자라 택시 운전기사로 출세한 노동조합원님께서는 탈곡기를 빌려서 벼 탈곡을 해주고 볏가마니를 가져오고 운전용 장갑, 드링크 등을 팔아서 파업 중인 택시기사들이 생활비로 쓴다는 소문이 퍼지면서 물품은 아예 가져갈 생각도 않고 그냥 지폐를 던져주는, 이웃 택시회사 동료들, 이웃 동네의 평범한 직장인들, 얼마나 고마운지, 어떻게 표현할 방법이 없습니다.

바둑 두다가, 짱과리를 치다가 파업 빨리 끝낼 수 있는 방법 중얼거리다가 생활비 떨어졌다고 힘들어하는 동료 기사 몇 분의 얘기에 함께 아파하기도 하면서, 말과 행동으로 서로를 토닥거리고 있습니다. 그런데 가정을 가진 책임이 무거운 가장의 위치에 있는 분들은 생활비 타령이 없는데 왜 젊은 기사님들 사이에서 생활비 얘기가 먼저 나오는지? 같이 고생하면서 동료들을 탓하는 건 '누워서 침뱉기' 라면서 "개인적인 갈등은 파업 끝난 후에 풀자"는 어떤 현명한 기사님의 말씀에 하루를 묻습니다. 제일 안타까운 점은 노동조합원과 비노동조합원의 갈등입니다. 같이 고생하는데, 서로 미워할 이유 정말 없는데….

끝까지 하고 싶지 않았던 얘기 하나. 파업 시작한 지 한달 정도 지난 후 동료 3명이 끼니거리 문제 때문에 끝까지 함께하지 못함을 용서해 달라면서 울먹거리며 떠나갔습니다. '노가다' 라도 해야 끼니를 잇겠다면서….

1989. 10. 30.

낮과 밤이 왔다갔다 계절이 바뀌고, 세월이 흐르고 존재와 소멸, 자연의 조화 속에 새로움이 잉태하고 그런데 전부가 더 공짜니 얼마나 감사합니까? 눈에 보이지도 않는 공기가 얼마나 고맙고 계곡에 흐르는 물을 한없이 주어지는 소모품쯤으로 생각하는 똑똑한 인간들, 자신들의 존재와 직결된 어떤 말로도 표현 못할 중요한 자연의 고마움을 하루 24시간 동안 잠깐이라도 생각해 보신 적이나 있으신지요?

택시기사는 생활비 걱정, 사용자는 저축 조금 줄어드는 모양이라고 생각하는 듯한 회사 어르신들의 태도, 그런데 어르신들이 하나 간과하시는 게 있습니다.

동네에서 제법 큰소리치며 사는 분들이 체면 구겨지는 건 생각지 않으시는지? 돈 몇 푼은 왔다갔다하다가 다시 오기도 하지만 경영하시는 택시회사에서 종업원들이 파업을 해도 문제될 것이 없는지? 금전적인 손해를 감수하면서도 자존심만은 지키고자 하는 사람들이 바보로 생각되시는지?

며칠 전 생일이라고 외박을 나오라는 애들의 전화에 이 택시기사가 "내년에 생일밥 두 그릇 먹을게. 올해는 그냥 건너뛰자. 생활비 한 푼 주지 못하는데 생일은 무슨 생일"이냐고 했습니다. 택시 운전기사들도 어르신들의 이웃에 삽니다. 같은 동네 동민입니다.

○○교통 건물에선 매일 만납니다. 조금은 못 배우고 한심한 식견을 가진 택시기사지만 현재의 이 모습은 정말 아닌 것 같습니다. 파업을 풀 수 있는 방법도 열쇠도 어르신들이 갖고 계십니다.

베푸십시오. 베풂도 타이밍이 있습니다. 타이밍을 놓치면 베풀고도 욕먹습니다.

1989. 11. 8.

정말 오랜만에 책을 봤습니다. 좋은 책이라고 일간지 광고가 꼬시는 바람에 하루 일당 절반 정도의 거금을 투자해 구입해서 처박아 뒀던 것을 운전을 않는 바람에 생각이 나서 보게 되었습니다. 책을 통한 마음의 세탁이 정말 기분이 좋았는데, 사소한 일로 동료들끼리의 다툼이 있었습니다. 여러 사람이 모여 같이 고생을 하다보니 어떤 땐 가슴 뭉클한 분위기도 있는데 정말 하찮은 일에 티격태격하는 모습 앞에선 서글퍼지기만 합니다. 동료 한 분이 급한 사정 때문에 노동조합 공금을 잠깐 차용 형식으로 이용했는데 정리 과정이 문제가 됐던 모양이었습니다.

조금 이해하자, 또 양보하자. 서 있는 자리가 불편하니 문제가 아닌 것도 문제가 될 수 있는 게 작금의 현실 아니냐? 정말 문제는 그놈의 돈 몇 푼 때문이 아니겠냐? 다시 한번 서로가 이해하자. 우리 모두 이번 파업을 모두의 삶에 보탬이 되도록 정신적인 영양제로 만들자. "아픈 만큼 성숙해진다"고 누가 말했는지는 모르겠지만 현재의 우리들에게 든든한 지팡이 같은 말이 아닌지? 파업이 끝나고 다시 핸들을 잡게 되면 우리 언제 아픔 같이한 적이 있었냐며 쉽게 웃음을 흩날릴텐데. 그래서 사람은 망각의 동물이라고 했는지? 하기야 지난 일 죄다 기억하다간 용량 초과로 정신이 달아나 버리겠지. 동료 여러분! 다시 한번 양보합시다. 그리고 또 이해합시다. 우리끼리의 싸움은 파업이 끝난 후 그때 실컷합시다.

중요한 건 파업 승리해야 합니다. 그래야 우리끼리의 싸움 웃으며 할 수 있습니다. 패배하면 우리끼리의 싸움도 못 합니다.

1989. 11. 30.

시가지 중심지에서 장사(장갑, 드링크류)를 막 시작하려고 하는데 바로 앞 ○○약국 사장님께서 나오셔서 전화가 왔다고 하는 걸 동료 한 분이 전화를 받고 나오더니 내용을 물어보기도 전 철수라고 외쳤습니다.(그때는 요즘 초등학생들도 갖고 다니는 휴대폰 없었습니다.) 부랴부랴 회사에 돌아오니 비극이라는 놈이 혀를 날름거리더군요. 집달관, 경찰관, 동료기사(비노동조합원), 정비사, 회사어른, 도합 20여 분이 비노동조합원 차를 빼내가겠다고 와 계시더군요.

다른 사람들은 그냥 내버려두고라도 "안 노동조합원 아저씨들! 댁들은 원산지가 어디요? 저 섬나라 어느 구석이요? 북쪽 나라 혼혈 아들이요? 우리나라가 유사 이래로 930여 회의 외침을 받고도 아직까지 우리의 뿌리가 그대로 있는 건 무엇 때문일 것 같소. 거창한 표현은 싫소. 그냥 조금은 씹어볼 만한 역사의 옆구리라고 얘기하고 싶소. ○○교통 택시 운전기사 우리 모두의 주머니 몇 푼을 위해 두 달하고도 십여 일을 가정도 던져버리고 시멘트 바닥 위 스티로폼에 몸을 웅크리고 있는 이쪽의 노동조합원들 그쪽의 동료들이요. 파업 동참 않는 건 골통이 여러 가지니 라고 체념했지만 우리는 여기 이렇게 앉아 있는데 그쪽의 차를 빼내가겠다고 이렇게들 오셨습니까? 댁에들 사타구니에 거시기 있는교? 그쪽들이 세상에 응애하고 나왔을 때 생산공장 직원들께서 미역국 자셨나요?

이 택시기사 입도 사고방식도 걸쭉해서 욕 참 잘하는데 마땅한 욕이 없네요. 너무 어이란 놈이 없어서… 그쪽 우리 쪽 부모님들 전부가 순수한 토종 같은데…. 그쪽 우리 쪽 목 윗부분만을 봐서는….

1989. 12. 12.

"택시회사 파업 85일"

지금에 와서 마무리 과정은 적고 싶지가 않습니다. 제가 밉고 과정이 아팠고 그분들(사용자)께 죄송스러워 타결 현장에는 참석하지도 않았습니다. 여태껏 살면서 평소의 생각이 아닌 엉뚱한 짓을 너무 많이 했다는 황당함에 오랫동안 자책과 자학 속에서 방황했습니다. 승자도 패자도 없는 싸움!

정답은 있었는데 왜 엉뚱한 길들을 가셨는지? 얼굴 맞대는 사이라는 걸 조금은 따뜻하게 생각해서 상대를 조금 이해하고 한 발자욱씩만 양보해서 서로를 껴안았다면 이런 결과는 없었을텐데….

법인택시 운전기사가 석달여를 핸들을 잡지 않았다면 다른 얘기 더 할 필요가 있겠습니까? 기사 전원에게 하루씩 사납금을 면제해주는 회사 어르신들에게 감사하다는 생각보다 씁쓸한 기분만 가슴에 치밉니다.

살아가면서 절망적인 문제에 맞닥뜨리면 부정적인 면만 눈알을 부릅뜨고 후벼파려고 합니다. 옛말에 호랑이한테 물려가도 정신만 차리면 살아날 수 있다는 얘기가 있던가요.

평범한 삶 속에 생긴 문제들은 문제해결도 중요하지만 문제해결 과정에서 떨어진 파편들을 모아 내일의 삶에 활용하는 지혜가 무엇보다 중요하다고 생각해 왔습니다. 석 달여의 생활비를 잃어버렸지만 30년 마음의 양식을 얻었다고 생각하고 싶었습니다. 그 이후로 주변사람들과의 갈등이나 생활에 문제가 생기면 1989년 연말을 떠올리며 스스로를 다독입니다. ○○교통 관계자님 정말 죄송합니다. 어른이 애들을 이해하셔야지. 애들이 어떻게….

가감없는 솔직한 저의 마음입니다.

1990. 3. 8.

"기사 아저씨! 하나 물어봅시다."

택시기사가 뭐라고 대꾸하기도 전에 계속 얘기가 나오더군요. 부모한테 받은 건 몸뚱아리 하나뿐이고 ABC 겨우 배우고선 책가방도 던져버린 후 어린 나이에 생활전선에서 산전수전 다 겪으면서 고생을 숙명처럼 업고 다니다가 우연히 마음가짐과 노력 여하에 따라 고생주머니를 던져버릴 수 있다는 것을 알고 난 후 정말 열심히 노력해서 남부럽지 않을 정도의 부도 쌓았는데 그런데 어릴 때는 아버지의 말을 정말 잘 듣는 착한 아들들이 중학교 때쯤서부터 말썽을 피우기 시작하더니 세월이 흘러 나이가 들어갈수록 여러 문제들이 자꾸 꼬이기만 하니 어떻게 답이 없다며 금방이라도 울음을 토할 것 같은 표정으로 기사를 쳐다보는 손님의 시선을 마주한 택시기사, 속으로 내가 무슨 '카운슬러'도 아닌데… 상대의 표정이 너무 심각하고 절박해보여 얼떨결에 한다는 소리가

"아들들이 몇이고 무슨 말썽을 피웁니까?"

"아들만 셋인데 두놈은 대학 졸업 후 그럴듯한 직장인이 됐고 막내는 대학 졸업반이라면서 세 놈이 다 아버지 알기를 사회에 적응키 위해 필요한 하찮은 디딤돌 정도로 취급하는데 다른 건 억지미소로 헛웃음이라도 웃겠는데 정말 화가 나는 건 형제간에 우애라곤 아예 없고 전생에 무슨 잘못된 사이였는지 걸핏하면 심하게 싸우는 것을 보게 돼 정말 가슴이 답답합니다. 어디서부터 뭐가 잘못되었는지 모르겠습니다."

"손님! 술 좋아하십니까?"

"별 좋아하지도 안고 주량도 애깃거리가 못 됩니다. 못하는 술 오랜만에 한잔한 바람에 택시기사님한테 실례를 했네요."

택시기사 살면서 얻어들은 풍월을 총동원하여 한마디했습니다.

"손님! 손님은 형제분이 몇 분입니까? 많다면 우애 있게 지내셨습니까?"

갑자기 말이 끊어진 손님 긴 한숨과 함께 울컥해진 기분을 다스리느라 애쓰는 것 같았습니다. 한참 후

"형제가 좀 많아요. 우애 그런 말조차 모르고 살아왔어요. 여러 형제 중에 맏이가 돼 각자 가정을 가질 때까지 따뜻한 말 한마디 했던 기억은 없고요. 혼자만의 억지기준에 효과 없는 잔소리한 기억만 있네요."

결국 울음을 터뜨린 손님, 잠시 기다리다가 택시기사가 한마디했습니다.

"다른 사람 아닌 손님이 그렇게 가르쳤네요. 누굴 탓하겠습니까? 지난 세월 후회해봤자 얻어지는 건 아무것도 없습니다. 지금이라도 차근차근 바르게 살려고 노력하십시오. 보고 배우는 것 아이들만 아닙니다. 좋은 마음 성실한 삶의 모습은 손님 마음속의 나쁜 마음도 배웁니다."

"기사 아저씨! 정말 고맙습니다. 정말 답답했는데 기사님 말씀 속에서 새로운 용기를 찾았네요."

"손님! 그런 용기를 찾았다면 벌써 반은 성공한거요. 마음속에 새로움이 생기면 또다른 해결책도 같이 올 거요."

1990. 7. 1.

혼자였습니다. 지구에 떨어졌을 때도 또 지구를 떠날 때도 혼자인데, 그런데…. 혼자이기 싫어 혼자 울기 싫어 볼펜과 노트 보고 친구하자고

했습니다. 나는 태어나서부터 여태껏 사람을 좋아하는데… 나를 좋아하고 미워하고는 네 마음속에 있다면서 말보다 마음으로 안아주는 친구가 되어주었습니다. 볼펜과 노트께서….

무슨 헛소리를 하든, 달밤에 원숭이 체조를 해도, 에어컨 앞에서 부채를 들고 덤벼도 대갈통이 나쁘면 똥고집이 있어 남의 얘긴 듣지 않는다. 직접 터져보고 아파봐야 대갈통에 박히는기라 라면서 부처님 사촌처럼 그냥 빙그레 웃는 그런 친구였습니다. 어떨 땐 진짜 얄밉기도 했지만 항시 듬직해서 믿음이 가는 친구였습니다. 외롭다고 힘든다며 울고 싶다고 상식 이하의 망나니짓을 해도 죄다 스스로가 만들어낸 사고思考의 사치라며 어느 누구도 해결해 줄 수 없는 택시기사 당신 마음속의 문제라면서 담담히 포용해주는 그런 친구였습니다.

일기인지 낙서인지 딱 10년 택시운전 경력 10여 년. "저축요?" 뭔 말인데요? 사전에 찾아봐야 되겠네요. 겨우 먹고살았습니다. 제가 당면한 어려움은 그냥 웃겠는데 못난 택시 운전기사 얼간이를 애비라고, 남편이라고 같이해 준 식솔들한테 가장노릇 제대로 못한 점 뭐라고 표현할 수가 없습니다. 모두들 돈 좋아합니다. 너무너무 좋아합디다. 그런데 돈이 조금 모자란다고 죄다 불편한 건 아닙니다.

무슨 견공 하품하는 소리냐고요, 일고의 가치도 없다고 택시기사 당신 정신이 어떻게 된 게 아니냐고들 하시겠죠.

살고 있는 땅 떠날 일 없으니 바다에 익사하거나 하늘을 날다 추락사할 일 없습니다. 세금 낼 일 없습니다. 삶의 모습이 별 볼품 없으니 시샘 받을 일 없습니다. 식생활 그냥 웰빙식이니 비만하고는 촌수가 멉니다. 어느 누구에게도 내세울 것이라곤 아무것도 없는 상식선 아래에서 우거지상을 하고 한심하게 사는 팔푼이 같은 놈이 뭔 얘기할 게 있다고 떠벌리냐고 하시겠죠! 어렵고 힘든 현실이 코앞에서 약을 올려도 마음이란 놈만 잘 다스리면 정립해서 걸어갈 여력이 생긴다고 하면 하나에서 열까지 전부 말아먹은 놈이 입만 살아서 동동 떠다니냐고 하시겠죠? 그런 것 같습니다.

혼자 그렇다고 우겨봤자 다수가 아니라면 아니란 것쯤은 압니다. 그래서 남에게 피해 주지 않는 범위 내에서 웃는 연습 많이 했습니다. 힘든 현실이 아무리 저를 미워해도 더 크게 웃습니다. 현실을 미워만 하다 보면 미래가 보이지 않습니다. 버릴 수 없는 업業같이 느껴지면 갖고 다니면서 소화를 잘 시키면 얻어지는 게 많이 있다고 합니다. 백년 인생이 없는데 천년계획을 세운다.〔人無百歲人 枉作千年計〕 먹고 마시는 친구는 천여 명인데 급하고 어려울 때 친구는 하나도 없구나〔酒食兄弟 千個有 急難之朋 一個無〕 스스로가 미울 때 많이도 씹었던 말입니다.

1990. 11. 20.

주酒는 주를 좋아하고 자학自虐은 자학을 낳고 비관悲觀은 비관을 그리워한다는 얘기 들어보셨습니까? 친구가 많다는 것은 없다는 것과 같다는 얘기는?

배우며 산다는 것은 어려운 게 아니고 하루 하루의 삶 자체가 이론과 실천을 겸비한 스승인데 생각 없이 먹고 마시고 자고 본능에만 의존한 삶은 짜증과 권태만 부른다는데, 잘 알면서 새로운 하루를 위한 노력은 왜 않으시는지?

가슴이 시리고 머리가 빠지고 얼굴에 주름살이 패이도록 실감하고 체험해 놓고도 정신 못 차리는 인간 여기 있습니다. 불혹을 지난 지가 꽤 오래됐고 직업은 택시 운전기사입니다. 참된 삶을 위한 노력은 귀찮은 게 아니고 노력 자체가 보람이고 행복한 삶을 만드는 지름길이라는 사실 알고 계십니까? 알고 있으면서 실천 못 하는 인간은 몰라서 실천 못 하는 얼간이보다 훨씬 더 심각한 '멍청' 이란 사실도 알고 계십니까?

'공부는 학생만 한다' 는 얘기는 청개구리가 하품할 얘깁니다. 삶 자체가 배움이니 하루하루의 삶을 어제 배운 지혜를 오늘에 이용하는 사람은 그냥 성공한 사람이고 어제가 오늘이고 내일도 오늘인 그날이 그날이면 이 택시기사처럼 고생 많이 하게 됩니다. 주변에 유심히 살펴보면 알차게 사는 유능한 사람 많습니다.

재미있는 삶 만드셔서 행복하게 사십시오. 딱 한번뿐인 인생인데….

1990. 12. 1.

싱글벙글 웃음이 나오더군요. 아무런 이유 없습니다. 그냥 즐거운 걸 어떻게 해요. 의도적으로 기분 쭈그러뜨릴 필요는 없잖습니까?

웃음이 나오는 이유 꼭 얘기하라고 하면 며칠 전에 해가 바뀐 것 같은데 열한 달이 날아가 버렸고 달랑 한 달만 남았다니… 열한 달 동안 뭘 했는지도 모르고 그냥 지나왔으니 얼마나 감사합니까. 뭘 이뤄야 했는데, 노력을 더 했어야 했는데 실천 없는 날들을 주물럭거려 봤자 얼굴에 주름살만 더 늘 것이고 자신이 더 미워질 것이고….

실천하지도 못할 여러 계획을 왕창 세워서 꼭 실천하겠다고 폼잡는 어중이들. 무슨 앉은뱅이 용쓰는 것도 아니고 욕심 부릴 걸 부려야지. 연말이 되면 계획과 실천의 괴리가 어깻죽지를 잡고 늘어지면 썩어빠진 자존심 때문에 마음놓고 아파하지도 못하면서 해마다 반복되는 황당한 계획, 맘고생거리를 왜 만드는지? 계획을 없애라, 실천 못 하는 계획은 차라리 없는 게 낫다. 딱 하나 기억하고 실천할 것은 하루만 살아라, 하루만 성실히 후회 없는 삶을 만들어라.

내일 따윈 생각지 마라. 어제는 아예 없어진 옛날 얘기니 더더욱 생각 마라. 오늘 하루 열심히 살고 시계란 놈이 달려 또다른 오늘이 오면 성실히 살고 오늘이 또 하나 더 오면 그땐 웃으며 살고… 한 걸음 한 걸음 후회 없는 날들을 만들면 바로 행복일 테니까. 행복 별건가요. 열심히, 성실히, 깨끗한 하루들이 쌓이면 행복할 거고, 성공도 오고, 도통道通합니다. 도통 아무것도 아닙니다. 자기맘 자기 마음대로 갖고 놀 수 있으면 도통이라고 생각해 왔습니다. 택시운전 10여 년 만에 행복하게 사는 방법 터득했습니다. 싱글벙글 웃으며 삽니다. 바보처럼 삽니다. 바보는 항시 즐거우니까요.

1991. 4. 11.

"운수종사자 보수교육"

운전으로 먹고사는 사람들의 몸(?)이나 정신상태가 상했거나 부서진 부분들을 손질하고, 수리하고 뜯어고치는 교육 해석 틀렸습니까? 맞건 틀렸건 중요한 게 아니고 뭐가 상했고 뭘 손질해야 하는지? 이것도 저것도 아닌 것 같고 아무것도 아닌 것 같기도 하고 아예 필요 없는 것 같기도 한데, 대부분 장년 초로기의 가장들이라 뜯어고치긴 너무 늦은 나이입니다. 한나절, 하루도 아니고 1박하고도 2일 동안을 한답니다. 1박 2일이 아니고 석달 열흘을 교육 해도 돌아서면 새카맣게 까먹는데 외출, 외박이라는 단어가 등장하고 무슨 변견 훈련시키는 것도 아니고, 똑똑하고 훌륭한 분들의 말씀은 참 좋은데 그분들의 말씀대로 살면 바보 소리 듣기 십상이고 또 끼니 제대로 잇기 힘들 것 같습니다. 운수종사자 아닌 다른 운전자들도 많은데 그 사람들에 비하면 운수종사자라는 이름이 붙은 운전자들은 프로급인데 운전면허 취득해서 운수종사자 되는데 무슨 도움 줬는지, 1박 2일 교육 때문에 생업에 지장 있다고 쌀값이라도 보태줬는지요? 그 소리가 이 소리고 이 얘기가 그 얘긴데 이 택시기사의 몰상식한 식견으로는 있으나 마나 하나 마나 한 교육 같은데, 저 멀리 높은 곳에 계시는 나으리들 곁에서 밥달라고 칭얼거리는 충견들 일자리 때문에 만든 교육은 아닌지? 현실에 부대끼고, 손님한테 시달리고, 쉬고 싶을 때 쉬지도 못하고 1박 2일의 여행은 달나라 얘긴데, 1박 2일 동안 핸들 던져버리고 푹 쉬게 해주셔서 감사합니다.

1991. 5. 8.

동료기사 부친께서 돌아가셨는데 문상한답시고 모인 택시기사님들. 물론 다 그렇다는 얘긴 정말 아니고 일부 기사님들 얘깁니다만 밤새 화투나 카드 등을 갖고 시간을 보내는 경우가 있습니다. 상가에선 밤샘을 해야 한다면서 주머니 사정이 그러니 도박이라고 얘기하기엔 좀 그렇지만 아무튼 돈따먹기를 합니다.

돈따먹기, 사람과 기계와 자전거, 말(馬), 닭, 소, 개, 돼지 등을 이용해서… 돼지는 아니라고요. 그러면 돈따먹기 좋아하는 인간 돼지보다 못하다고 하면 되겠군요. 도박 좋아하는 사람, 돈도 인생도 망해 먹을 걸 뻔히 알면서도 도박하는 건 미련하기가 꼭 돼지 소갈머리보다 못하다고 얘길하면 그럴듯한가요?

'도박' 딱 두 번 해봤습니다. 처음 한 번은 잃었습니다. 잃은 총액이 최저임금으로 한달 봉급의 50%정도, 두 번째는 한달 봉급 정도 땄습니다. 그런데 잃고는 핫바지 방귀 새듯 그냥 나올 수 있었는데 남의 돈을 따갖고는 그냥 나올 수가 없었습니다. 딴돈 70% 정도 그냥 돌려주고 나왔습니다. 두 번의 도박 후 "도박 않는다" 여태껏 실천하고 있습니다.

돈 있어도 자랑하지 말 것(없지만) 돈 없다고 투덜거리면 몇 푼 있는 돈마저 도망갈 확률이 아주 높으니 돈 없다고 헛소리하지 말 것을 실천하고 있습니다. 땅밑에 갈 때까지 변함 없을 것입니다. 도박하지 마십시오.

사는 게 뭘까? 돈 많이 벌 수 있는 방법은? 도박으로 잘살게 되었다는 소리 들은 기억 없습니다. 도박하지 마십시오. 도박은 자살보다 더 나쁩니다. 자살은 혼자 가지만 도박은 여러사람 다치게 할 수도 있습니다.

1991. 6. 18.

친구 하나 있었습니다. 마음 친구, 술 친구 반반입니다. 어느 날 그 친구가 사라졌습니다. 그 친구와 같이 사는 여자, 그리고 그 친구로 인해 지구상에 태어난 자녀들에게 물어봤더니 모른다고 했습니다. 어디로 갔는지.

정말 좋은 친구였는데 나쁜 사람 아니었는데, 살면서 주변의 시샘 때문에 필요 이상으로 마음 고생하다가 주酒가 놈을 너무 좋아한 게 잘못이었는지?

그래서 주신酒神께서 잡아가셨는지? 한참이나 지난 후에 그 친구의 행방을 알게 되었습니다. 정상적인 가장 노릇할 때엔 가장, 아빠 대접받다가 조금의 실패, 그로 인해 죄어드는 현실 때문에 '주' 가놈과 친해져 헛소리 주절주절하다가 정신병원인지 수용소 비슷한 곳에 잡혀갔다고 하더군요. 정신적으로 문제 정말 없었는데….

보호 의무 있는 가족 2명의 동의와 정신과 의사 '얼렁뚱땅 진단서' 하나면 그냥 잡아가둔다는 얘길 듣고 사람 사는 나라에서 맑고 밝은 날에 어찌 이런 일이 있을 수 있는지? 법이 뭡니까? 무슨 휴대용 가스레인지입니까? 필요하면 꺼내쓰고 필요 없으면 처박아놓고….

실종 어린이를 수용하여 보살피면 무슨 지원금은 도대체가 무슨 얘기인지? 순진한 사람들에게 법 어겨 돈 버는 방법 까놓고 교육하는 건지?

사람이 사람의 생각이 있으면 남의 맘을 헤아릴 줄도 알아야 합니다. 남의 아픔을 예사로이 여기는 마음이 짙어지면 짐승같이 변하는 건 잠깐입니다. 짐승은 본능대로 살게 만들어져 있지만 사람 마음이 짐승으로 변하면 좋은 사람 많이 다칩니다. 남의 아픔이 내 아픔 되는 것도 그냥 일상처럼 다가올 수도 있습니다.

1991. 8. 23.

비가 너무 많이 내리더군요. 그냥 물동이로 내리붓는 것 같더군요. 실컷 내려라. 더러워진 산과 들도 씻고 내려가다가 게을러 터져 쉬고 있는 하수구 오물과 개천에 쓰레기들 데리고 가려무나.

나쁜 어르신들 마음도 청소하고 계곡마다 여름내 몰상식한 꼬리가 있는 인간들이 꼬리 밑으로 쏟아낸 오물들도 깨끗이 거둬가려무나. 자연을 보호하는 것이 자신을 보호하는 것인 줄도 모른다고 미워하지 말고 자연의 조화 속에 인간의 존재가 하루살이도 안 되는데 그것마저도 모르는 어리석음을 용서하려무나.

알고 보면 인간도 어쩌다 보니 지구 위에 떨어졌지. 계획적으로 지구를 더럽히려고 태어난 게 아니라는 것도 이해하여 주려무나. 비가 너무 많이 내려 수해가 나면 일상에 어려움이나 재산상 피해를 제일 먼저 겪는 계층은 힘없는 서민들이니 너무 많이 내리지 말고 알맞게 내려 편안한 생활을 주려무나. 인간들이 잘못한다고 자연이 벌을 주면 벌을 받아야 할 나쁜 놈들은 안전한 곳에 있고 착하고 선량한 좋은 사람들이 벌을 받는 경우가 많으니 '자연재해'라는 말 아무 곳에나 버리지 말라고 부탁하고 싶구나. 살면서 피로하다고 자연한테 가서 쉬면서 어리광을 부리는 것까지는 좋은데 자연이 좋다고 자연한테 갔으면 좋은 자연 아낄 줄도 알아야 하는데 자연이 싫어하는 짓거리들은 왜 하는지?

좋다고 실컷 안고 놀다가 헤얼질 땐 다시는 안 볼 것처럼 걷어차 버리면 자연이 인간에게 벌을 내리는 줄 왜 모르는지? 자연이 건강해야 인간도 건강하게 살아갈 수 있는데….

1992. 2. 7.

젊은 분이 꽤 취했더군요.

"손님 어디로 가십니까?"

"쭉 – 갑시다."

술이 취하면 목적지가 전부 '쭉' 으로 되는건지 맘이 불편할 때가 제법 있습니다. 두 번 세 번 물어 목적지를 알게 되었는데 알고 보니 짧은 거리였습니다.

"손님! 다 왔습니다."

뒷좌석 우측에 앉아 있던 손님이 주머니를 뒤적거리는 것 같아 차비를 주는 줄 알고 오른손을 내밀었더니 딱성냥을 주더군요. 요즈음은 아예 없는 것으로 알고 있습니다.)

"손님, 이건 돈이 아닌데요."

순간 오른쪽 귀싸대기에 '퍽' 택시 내에서 운전석에 앉은 기사가 우측으로 뒤돌아보며 얘길하는데 뒷좌석 우측에 앉은 손님이 오른손으로 어퍼컷을 날리면 그림 멋지지 않습니까? "돈이 아닌데요!" "퍽"했으니 피할 겨를도 없었습니다. 사실 제가 조금은 둔하고 멍한 면도 있습니다. 아무리 바보고 둔하기로서니 이유 없이 얻어터지고 웃을 얼간이는 아닙니다. 순간적으로 끌어내려 앞뒤 생각 없이 쥐어박아 버렸습니다. 무식하면 용감하다던가요. 손님을 때려서는 안되지요. 그러면 요금 달라고 하는 택시기사 턱에 어퍼컷을 날려도 되는 겁니까?

택시기사가 손님을 폭행해서는 안됩니다. 당연한 말씀입니다. 한 대 터지고 그냥 참을 수도 있습니다. 한 대 터지고 그냥 갈려고 하면 순순히 보내주는 사람 아예 없습니다. 아예 차 앞에 막아서서 물고 늘어지듯 주정 부리는 사람 꽤 많이 봤습니다. 그렇다고 앞뒤 계산하고 때린 것은 정말 아닙니다. 저도 순간적으로 화가 치밀어 경솔한 짓 했다는 게 솔직한 심정입니다.

어떻게 됐는지 경찰이 왔더군요. 파출소에 같이 가서 자초지종을 얘기했습니다. 술 취한 손님 인도와 접해 있는 화단에 넘어지는 바람에 다행히 상처난 곳이 없더군요.

누가 피해자고, 누가 가해자입니까? 서로 한방씩 쥐어박은 것뿐이고 택시기사는 택시요금 못 받았는데… 결과적으로 내일 아침에 일어나서 어디 아픈 곳 있으면 얼마든지 치료해 드리겠다며 주소 전화번호 적어 주고 헤어졌습니다. 그 이후로 아무런 일 없었습니다.

이 택시기사 손님한테 "얻어터지고 말겠다"를 실천하고 있습니다. 택시 내에서 손님과 일어날 수 있는 불상사를 예측, 예방방법 등을 머릿속에 집어넣어 많은 도움 받고 있습니다.

1992. 2. 11.

좋은 사람입니다. 전 국민이 좋은 사람하고 비슷하다면 법 필요없을 것 같다는 생각 떠올리게 하는 사람입니다. 남에게 피해 주는 걸 큰 죄악으로 아는 사람입니다. 착합니다. 성실합니다. 스스로를 주어진 현실 속에 딱 맞춰서 겸손하게 삽니다.

아들, 딸, 딱 하나 키울 자신은 있다면서 딸 하나 있습니다. 부모 닮아 착하게 자랍니다. 내외간에 맞벌이합니다. 조금 많이 버는 남편 수입으로 먹고살고 아내 수입은 통장으로 직행합니다. 오순도순 알뜰하게 재미있게 삽니다. 남편이라는 사람, 남의 여자 쳐다볼 줄 모릅니다. 주변의 친구가 “남자가 임마 가끔씩은…”라고 애길하면 여자 하나 먹여살리기도 벅차다고 합니다. 도박 아예 할 줄 모릅니다. 남편, 가장으로서 만점입니다. 굳이 나쁜 점 하나를 얘기해야 한다면(사실 나쁜 점도 아니지만) ‘식도락가’라고 얘기하고 싶습니다. 색다른 음식점이 개업을 하면 꼭 찾아가서 입을 즐겁게 하는게 그분의 취미라고 하면 말이 되는지?

좋은 사람 때문에 사람들의 삶의 모습을 다시 생각해보는 계기가 되었습니다.

몇백, 몇천 억의 부자 나으리들 그냥 갖고 있다가 삶을 마감했습니다. 몇백, 몇천억 원의 돈 그분들의 돈입니까? 아니라고 했습니다. 아무리 재산이 많아도 도선생이 훔쳐가지 못할 곳에 숨겨놓고만 있는 건 그 재산 있으나마나한 재산이라며 그분의 돈은 그분이 살아 있을 때 활용했던 돈이 그분의 전재산이라고 단언하는 그 좋은 사람의 말 한마디… 어린시절부터 도를 닦아 결혼할 때쯤 득도하지 않았나라는 생각을 해봤습니다.

1992. 5. 12.

“멀리서 봐도 알겠던가베예?”

멀리서 봐도 손님인 줄 알았느냐는 예쁜 여자손님의 애기에

“개눈에 똥만 뵌다 안캅디꺼?”

“뭐! 뭐요? 그라마 내가 똥이란 말인교?”

“아주머니요, 이 택시기사 개 아입니더, 그냥 웃자고 한 소린기라요.”

"기사 아저씨가 개 아이마 나도 똥 아이고 사람이겠네요."

"사람도 그냥 사람이 아니고, 예쁜 여자 사람이네요."

"날 보고 예쁘다고요, 에이! 아저씨 좀 엉큼하네예."

"맞심더, 우예 알았습니꺼? 참말로 엉큼합니더, 손님 없고 시간 안 가고 괜히 짜증나마 이쁜 여자들보고 엉큼한 그림 참 많이 그립니더. 그라면서 히죽히죽 웃는 정신나간 놈입니더."

"그런데요, 기사아저씨 진짜 엉큼하고 나쁜 사람은 그런 소리 남한테 잘 않는기라요. 기사아저씨는 좋은 사람으로 보이는데요."

"좋은 사람 아인기라요. 말 난 김에 하나 더 할게요. 다른 도시에서 우리 동네로 들어오는 시외버스 안 있는교. 우리 동네 버스터미널에 도착하기 전에 중간, 중간에 내리는 손님을 보고 이 택시기사 뭐라카는지 아는교? 버스똥이라 캅니더. 물론 마음속으로 혼자하는 애깁니더, 시외버스 뒤를 쫄쫄 따라가면서 '똥이나 한모타리 널짜도라.' 말도 안되는 소리지요. 혼자 웃자고 맘속으로 하는 소린기라요. 혼자 엉뚱한 생각 많이 하지만 여태껏 실천은 한번도 안 했는기라요. 왜냐하면 사람이 해서는 안 되는 나쁜 짓은 잠깐 끝날 수도 있지만 양심하고의 싸움은 한달, 두달 아니 삶 전체를 망가뜨릴 수도 있다는 걸 잘 알기 때문이라예. 그래서 나쁜 생각은 시간 보내기 위한 심심풀이 껌 정도로만 생각하는 기라요."

"기사아저씨! 오래 살기는 틀렸네예, 쓸데없는 생각도 정도껏 해야지. 너무 심한기라요. 건강 해칩니더 심심풀이 껌도 나중에 잇몸 아픕니더."

"이쁜 아주머니 내 심심풀이 껌 할란교?"

"뭐라카는교?"

여자 손님 호호호, 택시기사 히죽히죽….

1992. 10. 12.

10여 년 전 ○○교통에 입사해서 제법 많은 날들이 흐른 후 대인관계(동료)에 대한 생각 하나, 참된 친구 얻지 못할지언정 마음 상해 얼굴 찌푸리는 친구는 만들지 말자고 했는데….

노력 많이 하는데 여러 가지 갈등이 제 맘을 아프게 할 때는 혼자 가슴앓이를 할 때가 많았습니다. 먼저 양보하고 이해하면 그래서 서로를 조금 더 알게 되면 맘 가벼운 사이가 되지 않겠냐고 생각했는데 먼저 고개를 숙이고 웃으면 사람이 바보로 보이는지? 바보는 바보지만….

자신의 잘못은 아예 생각지도 않고 상대에게만 문제가 있다면서 당연히하는 몇몇 분들이 있습니다. 평범한 사이인데 일방적인 잘잘못이라고 단언할 수 있는지? 택시기사 "A, B, C, D가 자주 어울리는데 'A' 라는 택시기사 'B' 를 만나면 'C, D' 를 'C' 를 만나면 'B, D' 를 'D' 를 만나면 'B, C' 를 앞뒤 생각 없이 나불나불 가벼운 입술로 사소한 얘깃거리를 양껏 부풀여 마음대로 폄훼하는데 상대의 얘기를 노골적으로 듣기 싫다고 할 수도 없고 그렇다고 치사한 얘기를 듣고 있자니 '욱' 하는 성깔이 제법 있는 이 택시기사.

자기가 한 일은 아무것도 아니라며 기가 막히게 합리화시키면서 남의 얘기는 "기침을 하면 가래를 뱉었다, 방귀를 뀌면 똥쌌다. 조금은 거리가 있어야 정상인 남녀가 서로 웃었다고 그렇고 그런 사이라고 하더라. 조잘조잘 나불나불….

택시운전은 부업이고 남의 허물을 까발리는 게 본업인지? 입, 그리고 행동까지 나불거리는 몇 분 때문에 마음 고생을 하다가 다른 사람을 탓하기보담 무시하면 서로가 좋을 일을 갖고 예민하게 구는 제 자신을 정리해야겠다고 생각했습니다. 상대 얘기를 들어줘라. 그리고 웃어줘라. 그렇지만 얘기 내용 귓구멍엔 아예 얼씬도 못하게 해야 한다. 잘 안 되면 될 때까지 연습해라. 살아가는데 필요한 지혜가 될 테니까. 나불나불하는 동료에게도 한번 더 웃는 연습해라. 웃다보면 문제가 줄어들 테니까. 문제가 가벼워지면 던져버려라. 삶이 간단해지고 한번 더 웃을 일이 생길 테니까. 그래서 쉽게 마음이 정리가 되면 조잘조잘 나불나불을 재미삼아 씹는 동료가 평범한 놈으로 보이면 삶에 대한 마음의 무기를 하나더 장만한 셈이 될 것이고, 역겹고 도저히 이해 못할 주변을 감싸안을 마음의 여유가 생기면 마음의 보약을 하나 더 마련한 거고…. 택시기사 왈! "문제는 사람을 지혜롭게 만든다."

1992. 11. 14.

조금 먼 거리의 대절 손님, 한나절 벌 금액 정도인데…. 20대 초반으로 보이는 예쁜 여자 손님, 아침 먹은 것도 위에 많이 남아 있을 시간인데 아침 대신 깡술을 드셨는지 취해보였습니다. 타자마자 흐느끼더군요. 슬퍼서 우는 울음도 적당해야 음정도 구색도 갖춰지는데 너무 슬프면 울음이 제대로 나오지 않는다는 얘기가 있던데 그런 모양이었습니다. 40여 분 정도 걸리는 거리인데 호흡이 가빠보이는 울음 속에 겨우 한마디씩 하는 얘기가 어머니가 일찍 돌아가시는 바람에 아버지께서 재혼, 새엄마와의 갈등, 같이 온 가정불화, 3년여의 가출생활, 일 년 전쯤 아버지께서 돌아가셨는데 우연히 어제저녁에 알게 되었고 밤새 지난 삶의 회한들을 깨씹다가 아버지 산소에 간다는 내용이었습니다. 있을 수 있는 삶의 모습 같기도 하고 싸구려 극장에 동시상영되는 한 편의 영화 같기도 하고….

젊고 예쁜 여자 손님, 문제가 없는 화목한 가정이었다면 하는 아쉬움만….

40여 분 후 길에서 100여 미터 떨어진 산소 앞에서 호흡이 멈출 것 같이 대성통곡을 하는 모습을 보고 순간적으로 택시기사의 머릿속을 스치는 생각. 아버지께서 일년 전쯤 돌아가셨다고 했는데 잔디의 모습이 너무 아니다. 싫어 생선 훔치러 가는 고양이 발걸음으로 산소 앞 비석을 몰래 훔쳐본 택시기사 고 (張)○○ 지묘… 돌아오는 길에 택시기사 조심스럽게 물어봤습니다. 아가씨 성씨가 어떻게 됩니까? ○○ 황씨입니다. “○○ 황가”라고 말해야 되는 것 같은데… 황씨 아가씨께서 장○○ 지묘 앞에서 아버지, 아버지….

택시기사 “……?”

1993. 2. 16.

외국인들 쉽게 만날 수 있습니다. 말 몇 마디 겨우 통하지만 저 개인에게는 택시승객으로는 좋은 분들이라는 생각을 할 때가 많습니다.

승차시 환하게 잘 웃고 내리실 때는 고맙다는 얘길 꼭 합니다. 그런데 싫을 때가 있습니다. 우리나라 아가씨들이 웃음을 파는 어떤 지역을 가지고 할 때….

잘 모르겠습니다. 왜 싫은지? 택시손님으로만 생각하면 아무것도 아니고 그 아가씨들에게도 그냥 손님일텐데. 이 택시기사 생각이 한참이나 잘못된 건 아닌지?

22:00경 몸이 불편해보이는 어떤 손님, 계산은 나중에 하자면서 꽤 많은 현금을 미리 주더군요. 손님 요구대로 이 골목, 저 골목 유흥업소, 숙박업소 등이 많은 지역을 다녔습니다.

특히 숙박업소를 유심히 살피다가 뒤뚱뒤뚱 직접 찾아가서 뭘 묻는 것 같기도 하고 범죄해결을 위해 탐문수사하는 경찰관은 아닌 것 같고….

처음부터 둔하고 택시운전에 찌들어 녹까지 슨 택시기사의 머리로 그린 그림. 혼자 상상하다가 갑자기 뇌가 빠져나가 버린 듯한 공황상태가 되어버리더군요.

"자기 여편네 찾아다니는구나."

"아저씨 ㅇㅇ동으로 가주세요."

70여 분을 이곳저곳 다니다가 체념한 듯 내뱉는 손님의 입바람. 영업손실금까지 계산하겠다며 술 한잔 하자는 손님, 얘기가 통할 것 같은 가슴이 있는 분으로 보인다면서….

죄송하다며 헤어졌습니다. 그 손님보다 저 자신을 보고 실컷 욕을 했습니다.

"남의 일에 왜! 골통을 힘들게 하느냐고" 사람 사는 게 왜 이렇습니까. 참말로 더러운 세상입니다.

1993. 6. 30.

세월이 유수流水와 같다고 누가 그랬나! 유수는 가다가 잠깐 멈춰 서는 곳도 있고 빠를 때도 늦을 때도 있지만 세월이야 꼭 미련한 곰처럼 또박또박 가고 있으니 지구야! 가다가 심심하면 좀 쉬었다 가려무나, 힘들면 담배라도 한 대 피우면서….

뒷좌석 깔판에 물이 제법 있더군요.

"아줌마 무슨 물이요. 미리 얘기를 하시지 그랬어요." 조물주가 심심해서 빚다가 던져버렸는지 꼬락서니하고는 희한하게 생겨먹은 아주머니 왈

"이런 일로 화낼 바에야 택시운전 그만두면 화날 일 없답니다."

택시기사 정말로 화내지도 않았는데…. 순간적인 느낌으로 미안함을 앙탈로 대신한 모양인데, 인내하기가 힘들었습니다.

제가 한마디 더했다간 더 험한 소리 들을 것 같아서 호흡을 멈췄습니다. 손님은 왕(?)인데, 상대는 여자인데… 어떻게 할 수가 없잖습니까? 택시 운전기사를 하인 취급하듯 해놓고 가는 그 여자의 뒷모습을 보다가 고개를 들어 하늘을 봤습니다. 갑자기 우주와 지구가 미워지더군요. 공짜로 가는 세월이 얄미워지더라는 얘깁니다.

인내 잘 하셨소. 정말 힘든 인내 연습할 수 있는 기회를 만들어준 그 꼬락서니한테 감사하다고 생각했습니다. 옷에 가려진 몸뚱이는 그게 그건데 밖으로 드러난 외모 때문에 당신도 남의 시선 많이도 미워했겠군요.

이 택시기사 외모도 그쪽하고 그냥 비슷해요. 서로 이해하려고 노력합시다. 우리 너무 미워하지 맙시다. 우리 그냥 생긴 대로 삽시다. 아참! 다음에 행여 만나면 싸우지 말고 웃읍시다.

1994. 4. 16.

바보, 똑똑한 것은 종이 한 장 차이라고 쉽게 얘기를 하는데 그런데 별로 똑똑하지도 않은 놈이 자기만 최고라고 고집을 부릴 때는 종이 한 장 차이가 아니고 말 그대로 천양지차라는 생각이 들 때도 있습니다. 육십여 세 되어보이는 영감 아닌 분께서

"○○동에 빨리 좀 가자."

"손님께서 이 택시기사를 언제 보신 적이 있습니까?"

"지금 봤지!"

"말씀이 좀 그렇네요."

"뭔, 말인데?"

"아니, 제가 뭘 착각한 것 같습니다. 죄송합니다."

택시승객, 택시기사, 두놈 다 잘잘못은 별로이고 본전인 것 같은데 반말 툭툭 내뱉는 손님이나 말 한마디 기분 나쁘다고 한마디 이죽거리는 택시기사, 골통 쓰는 게 못됐긴 똑같다는 생각을 했습니다. 그런데 그냥 외모로 봐선 10여 년 차이도 아닌 것 같은데 왜 첫마디부터 말을 깝니까? 속된 말로 택시손님은 양반이고 택시기사는 상놈입니까? 나이 몇 살 더 자셨다고 초면인 택시기사한테 경솔히 씨부렁거려 놓고 거들먹거리는 무식한 놈 알고봤더니 순사 나으리로 힘주고 살다가 정년퇴직한 사람이었습니다. 그것도 핸들 잡은 사람에게 잔소리 쾅쾅 할 수 있는 교통반에서….

그래서인지 택시기사를 뭐(?)같이 생각하는 대갈통이 실수를 하는 바람에 가다오다 택시기사한테 한방씩 먹는 경력이 제법 있는 덜 떨어진 놈이라는 것을 주변 동료들과의 얘기 속에서 알게 되었습니다. 똑똑한

전직 순사 나으리 아저씨! 세월이 흐르면 대갈통 청소도 제때 제대로 해줘야 돌부리에 걸려 체면 구기는 일 없이 제대로 걸을 수 있는 거요. 대갈통 청소용 세제는 책방에 가야 있습니다. 행여 그것조차도 모를까 싶어 한마디 더하는 택시기사의 따뜻한 마음도 잊지 마시고 꼭 기억하시길….

1994. 6. 23.

고등학교 3학년 아들 하나 있습니다. 06:00 전에 기상 23:00 귀가 평균 6시간도 못 자는 수험생입니다. 한창 나이인데 대학이 뭐길래 하루 24시간 중 여섯 시간을 못 자고 공부라는 것을 해야 하는지요. 저의 2세를 보고 하는 얘기 절대 아닙니다. 사회를 보고 느낀 점을 얘기하는 것입니다.

맑고 푸른 꿈을 꾸면서 밝게 자라야 할 청소년들이 왜 기성세대가 꾸며놓은 무대 위에서 꼭두각시 같은 생활을 해야 하는지? 집 학교, 학교 집 여기서도 공부, 저기서도 공부 머리 싸매고 배운 지식 사회생활에서 몇 퍼센트나 효율적으로 써 먹을 수가 있는지? 16년 공부해서 몇 년을 벌어먹고 살 수 있는지?

이 글을 쓰는 저는 정말 잘 모릅니다. 지나친 표현인지는 몰라도 죽기살기로 공부, 또 공부 과정도 정말 힘들겠지만 부모나 자식이나 다 같이 흡족할 결과를 기대한다는 건 더 힘들고 어려운 일인데 전문가님들이 모여 제반 문제점들을 연구하셔서 사랑하는 우리 청소년들 조금은 맑고 밝게 자라게 할 수는 없는지? 살아가는데 필요없는 군더더기 같이 힘을 합쳐 제거해야 되지 않겠습니까? 사랑하는 우리의 아들 딸에게 아름다운 삶을 가꿀 수 있는 지혜를 깨우쳐 주는 것은 우리 모두가 해야 될 일입니다. 사명입니다.

1994. 7. 9.

북쪽 나라 어버이 수령께서 다시는 돌아오지 못할 곳으로 멀리 가셨다는 뉴스, 반세기 동안이나 잘 자시고 잘하시고 속된 표현으로 욕심껏 한껏 마음대로 삶을 갖고 노셨다는데 그런데 영원히 누리시지는 못하는 걸 보면 사람이 한번 멀리 떠나는 건 똑같은 모양입니다.

어버이 수령님이 천국으로 가실까, 지옥으로 가실까? 하느님, 부처님 좀 알려주십시오. 간단한 삶 만드는데 조금은 도움이 될 것도 같습니다.

오늘 가신 그 어르신과 조금 더 살다 갈 이 택시기사의 사후 종점이 어떻게 다를까? 정확히 알 수만 있다면 수조 원 벌기는 땅 짚고 헤엄 치길텐데….

1994. 8. 10.

내외간 같기도 하고 아닌 것 같기도 하고 깔끔한 옷차림의 두분 공항에 빨리 좀 가자고 하더군요. 요구하는 금액 그냥 알았다고 하시면서… 조금 빨리 달렸습니다. 왕복 2차선, 추월선 아예 없는 도로 ○○ 고갯길, 앞서가는 직행버스 연세가 많아 노망할 때가 됐는지 속도가 너무 아니더군요. 평소 경찰 아저씨들이 꼭꼭 숨어라, 머리카락 보인다는 놀이를 잘하는 곳이라 앞뒤를 잘 살펴보고 확인 후 싹 추월했는데 저 멀리 경찰차가 보이더군요. 잘못했는데 비겁까지 하면 스스로가 초라하게 느껴질 것 같아서 면허증 넣어둔 수첩 꺼내들고 차를 가까이 세웠습니다. 거수 경례를 하더니 "뭐"라는 소리하려는데 제가 먼저 얘길 했습니다. 지금 손님이 바빠서 빨리 가야 합니다. 높은 자리 있을 때 잘 봐주이소. 그래야 후일 별세하면 좋은 곳에 갑니데이. 수첩 건네주고선 그냥 출발했습니다. 다행히 비행기 탑승 지장 없게 도착하였고 깔끔한 남녀 두분 손님 대절 요금 외에 스티커 염려하시면서 얼마간 더 주시더군요. 지금 생각해도 그분들에게 감사말씀 드리고 싶네요. 몇푼 더가 어째서가 아니라 남을 이해하는 마음이 깊은 분들이라는 생각이 들어서 말입니다.

○○ 파출소.

"한 시간 삼십 분 전쯤에…."

"아! 아까 웃기는 아저씨 오셨네."

수첩을 내놓더군요.

"스티커는요?"

"그냥 가이소, 저승 가서 좋은 곳 가려고 봐주는 거요."

"이라마, 안되는데 감 감사합니다."

세 분이 계시길래 커피라도 한잔 하시라며 돈을 드렸더니 한사코 받지 않겠다는 걸 던지다시피하고 뛰어나왔습니다. 손님도 경찰 아저씨들도 다 좋은 분들이라는 생각이 드는데 택시기사 저 자신은 그냥 나쁜 놈이라는 생각을 지울 수가 없는 날이었습니다.

1995. 4. 26.

어느 누구도 원망하고픈 마음 정말 없습니다. 손뼉도 마주쳐야 소리가 난다고 사람하고 사람의 관계에 있어 일방적인 잘못은 거의 없다고 생각합니다.

'차' 끼리 키스Kiss를 해도 쌍방 잘못이지 100% 잘못은 드물다고 하더군요. 사람끼리의 잘잘못과 차와 차의 접촉사고를 비교하는 건 엉뚱하고 황당한 얘기라고 하시겠죠? 그렇게 말씀하셔도 좋습니다. 좋지 않은 소리 들을 각오하고 얘기하겠습니다.

20대 초반의 수놈 두발로 걷고 머리가 제일 위에 붙어 있는 걸 보고 틀림없이 사람이라고 생각하고 태웠는데 아무 이유 없이 앞, 뒤 전후과정 아예 생략, 이리 가, 저리 가, 이 ○○, 저 ○○, 개 ○○, ○○놈, ○○새끼 대한민국에 있는 욕이란 욕은 다 뱉더군요. 세상에 기어나와서 십여 년 동안 욕만 배웠는지 만약 욕대회가 있다면 일등, 아니 특등감이었습니다.

어디로 따져도 30여 년의 나이차 그렇게 따지면 이 택시기사의 맏이보다 어린 놈인데 속사포로 터져나오는 그놈 주둥이의 발광에 어떻게 대처할 방법도 없고 솔직히 당황스러워 한적한 곳에 차를 세우고 이 택시기사가 잘못했으니 봐달라고 했습니다.

화난다고 성깔대로 쥐어박아 광견 자제분 때문에 이 택시기사 인생 망칠 수도 없고. 그런데 둘이 있을 때는 말 그대로 진짜 미친 짓을 하다가도 행인이 지나가면 "어르신! 왜 그러십니까? 제가 뭘 잘못했는데요. 강산이 다섯 번 바뀔 정도의 긴 삶, 10년 하고도 반 십년의 택시 경력인데 요런 광견 새끼 같은 놈 만난 건 처음이었습니다. 길 가는 행인을 보고 파출소에 연락 좀 해달라고 하면 "어르신 그런 말씀하시는 게 아닙니다. 나잇값을 하셔야지…." 의협심 많은 고마운 행인 때문에 파출소에 연락이 되어 문제가 일단락되었는데 아무 잘못 없다고 큰소리치며 경찰한테까지 헛소리하는 걸 보고 어떤 남녀께서 만든다고 꽤나 욕보셨을 텐데 그냥 실패작이라는 생각이 들었습니다. 여태껏 살면서 술이 사람을 마셔서 개망나니 짓하는 꼴은 많이 봤지만 오늘 같은 경우는 정말 악몽이었습니다.

그런데 갑자기 광견 새끼가 불쌍하다는 생각이 들다가도 아무런 이유 없이 새파랗게 젊은 놈한테 욕이란 욕은 다 얻어들은 이 택시기사 뭘 잘못했는지, 택시기사가 웁니다.

"이만한 일에 눈물 짜는 당신의 대갈통부터 다스려야 택시운전 제대로 할 수 있을 것이다."

똑똑한 택시기사 한 분이 바보같이 눈물 짜는 바보 택시기사보고 한 말입니다. 남, 주변 원망해봤자 소득 없습니다. 스스로의 마음 다스리는 방법, 찾으려고 노력하면 얻어지는 게 분명히 있을 겁니다.

1995. 8. 10.

차를 보고 절 네번, 그리고 동, 서, 남쪽으로 절 두 번씩. '고사'가 뭐하는 겁니까? 불쌍한 돼지 대가리만 댕강 잘라서 한가운데 놓고 떡, 마른 생선, 그리고 여러 가지 과일, 그런데 지혜롭고도 위대한 사람이 돼지머리한테 절을 하고서는 왜! 그 좋은 돈을 대가리뿐인 돼지 주둥이에 끼웁니까? 잘나고 똑똑하고 능력 있는 분이 그래서 돈 많이 벌어 좋은 차 사셨는데 사고나지 않게 해달라며 돼지머리한테 절을 해요? 돼지머리가 뭡니까? 돈 많이 번 당신은 돼지 대가리보다 못한 그런 사람이었습니까? 숨통이 끊어진 돼지 대가리가 무슨 무한능력이라도 있습니까?

흔히들 간절한 바람을 얘기하면서 천지신명天地神明 어쩌고저쩌고 하는데 천지신명이라는 분 어디 계십니까? 직접 뵌 분 계십니까? 계시지도 않는 천지신명 찾으면서 손바닥이 닳도록 빌어봤자 효과 없습니다. 돼지 대가리 능력 없습니다.

평소에 주변을 이해하고 배려하는 삶을 꾸리시면 마음 편해집니다. 여유하고 같이 운전하시면 사고 일어나지 않습니다. 북이나 꽹과리를 두들기면서 돼지 대가리 주둥이에 돈을 많이 끼워넣어야 효과가 어쩐다는 둥 알아듣지도 못할 말들을 주절주절하다가 돼지 주둥이에 있는 돈 몽땅 챙겨가는 무당 비슷한 얼간이 엉덩이를 콱 차버리면 내일 당장 사고날까요, 아닐까요? 천지신명님께 물어봐야겠습니다.

어떤 분이 돈 많이 벌어 좋은 차 사서 '고사' 지낸다고 초청하는 바람에 참석해서 택시기사 일당 50%를 돼지 주둥이에 넣었습니다. 이 얘기에 등장하는 어떤 분은 지금도 행복하게 잘 삽니다. 걸핏하면 천지신명님께 빌어서인지…. 이 글을 쓰는 택시기사의 삶 별로입니다. 천지신명님을 아예 모르고 살아서인지….

1996. 6. 29.

바람이 불고 비가 많이 오는데 라이터 담배 비닐봉지에 넣어 사타구니 거시기 밑에 차고선 운동한다면서 ○○고개 왕복했습니다. 16:00~18:00까지. 바람이 불고 비가 진짜 많이 오는데 거시기 밑에 라이터 담배 차고 다니는 인간 정상입니까, 아닙니까? 가다오다 정신 나간 엉뚱한 짓 할 땐 저 자신을 보고 웃습니다. 착하다고, 기특하다고. 남 않는 짓을 해야 남에게 없는 새로운 삶의 거리를 찾을 수 있다고…. 그런데 엉뚱한 짓 하던 택시기사 이상한 꼴을 발견했습니다.

16:00~18:00 사이의 고갯길, 여기저기 후미진 길 옆 공간에 남자 그리고 여자로 보이는 두 사람씩 타고 있는 10여 대의 승용차들, 비 오는 오후 반쯤 숨은 차 속에서 남녀가 뭘하는지? 집은 없고 자가용만 있는지? 남녀가 거시기를 하려면 차보다 두 사람이 네 다리를 쭉 뻗을 수 있는 공간이 훨씬 좋을텐데….

숙박비가 없나 보다. 한심하고 불쌍하고 걸레 같은 젊음들, 제발 부탁이다. 곁에 서 있는 소나무한테 욕들어 먹지 말고, 싱그러운 숲 맑은 공기 오염시키지 말고 사람들의 시선이 없는 곳에 가서 놀아라. 그쪽의 꼬락서니들이 자랑스런 일이 아니라면….

1997. 7. 10.

"아저씨! ○○에 좀 갑시다."

15,000원은 받아야 할 거리인데 요금 얘긴 아예 없이 그냥 타더군요.

"손님 평소 때 얼마에 다니십니까?"

대답 대신 째려보는 눈꼬리가 나는 바보라고 하는 것 같더군요. 흔히 당하는 꼴이라 설마 별일 없겠지라는 생각으로 출발했습니다. 혼자 중얼중얼 한마디 양해도 없이 담배를 피우더군요. 이 기사도 담배를 피던 때인지라 그냥 갔습니다. 목적지 도착 후

"아저씨! 돈이 그래 좋은교?"

돈 20,000원을 휙 던져버리고선 택시기사 한마디 하기도 전 또 중얼중얼하며 가버리더군요.

내 기분이나 자존심이 5,000원짜리인지? 중얼중얼 인상 쓰며 화부터 내는 네놈이 나쁜 놈인지, 좋은 돈 쓸데없이 낭비하면서 나쁜 소리만 골라 듣는 멍청이 칠푼이 같은 놈, 갑자기 저 자신도 칠푼이 비슷하다는 생각이 들었습니다.

시외요금 10,000원 거리인데 8,000원에 가자고 하더군요. 한마디로 꾀죄죄하게 생긴 놈이…. 그냥 웃으며 출발했는데,

"아저씨! 술 한잔 하입시더."

갑자기 내뱉는 뜬금없는 소리에 그냥 멍한 기분이었다가 웃음이 나오더군요. 룸미러를 통해 쳐다봤습니다. 한숨을 푹 쉬더니 금방 울음이 터져나올 듯한 목소리로 결혼한 지 10년이 넘었는데 이혼하게 생겼다고 눈물을 짓더군요. 순간 꾀죄죄가 순진하다 안쓰럽다는 생각으로 바뀌었습니다.

여자가 낭비벽이 심하다고 했습니다. 보통 상식선에서는 이해할 수가 없답니다. 그래서 이혼을 결심했답니다.

낭비벽이 어느 정도인지 솔직하게 얘기할 수 있겠느냐고 했더니 여러

가지 얘기를 늘어놓는데 여자가 낭비벽이 심한 건지 남자가 소금에 밥 비벼먹을 정도의 자린고비인지 헷갈리더군요.

"보시오! 손님, 한달 용돈 얼마나 쓰오?"

거의 쓰지 않는답니다. 담배는 아예 처음부터 몰랐었고 술은 정말 가끔씩 먹는데 안주는 아예 없다더군요. 한마디 더 하는 얘기가 웃기더군요. 취하려고 마시는데 취하는 걸 방해하는 안주는 생각지도 않는다는 꾀죄죄에게 기사가 하는 말

"그럼! 친구는요?"

"친구요?"

친구는 낭비의 원흉이라며 그래서 친구도 없다는 얘기에 그 손님이랑 비슷하게 살아가는 한심한 택시기사 속으로 투덜거렸습니다. 당신이나 이 택시기사나 참 한심하고 덜 떨어진 얼간이네요.

"손님! 뭘 모르는 택시기사지만 진심으로 당신한테 얘기하는 거요. 손님하고 비슷한 조건의 다른 가정주부의 생활비가 어느 정도 되는지 알아보시오. 이혼은 그때 가서 해도 늦지 않소."

낭비벽이 심하다고 이혼하고 나면 괴상망칙한 괴물 같은 여자 만날 수도 있다고, 여자가 낭비벽이 심한 게 아니고 당신이 문제가 있다고. 사랑하는 마누라와 이혼은 조금 늦게 해도 되니 상대를 탓하기 전에 먼저 당신의 잘못을 깨닫고 반성해야 문제가 풀릴 수 있을 것이라고….

조금은 이해가 되는지 고맙다고 하더군요. 그리고선 10,000원을 그냥 주고 갈려고 하기에 제가 한마디 더 했습니다. 내가 당신보다 10여 년 먼저 세상에 태어난 모양인데 선배 말 명심하시오. 당신 마누라 좋은 사람이 틀림없소. 헤어지고 후회하지 말고 서로의 가슴을 조금씩 열고 대

화하면 쉽게 해결될 문제들이니 마누라와 잘 살아야 한다고… 택시기사 충고 때문에 당신 가정의 문제가 원만히 해결된다면 당신은 오늘 복권 당첨된 날이요.

1997. 7. 18.

시외요금 12,000원 거리인데 받을 요금 미리 얘기하는 게 순서가 아닐런지? "12,000원은 주셔야 하는데요." 그런데 왜 화를 냅니까? 전생에 무슨 악연이 있었던 것도 아니겠고 오늘 처음 보는 사이인데 사람이 사람보고 이유 없이 짜증내는 놈치고 똑똑한 놈 없더라는 얘깁니다. 아무 이해관계도 없는데 자신의 기분을 얼굴에 쉽게 그려갖고 다니는 인간 그냥 바보로 취급해 버립니다.

반대로 항시 미소 띤 모습으로 다니는 사람 저 개인적으로 굉장히 조심스러워합니다. 주변 지인들에게 이런 소리 할 때가 있습니다. 상대를 이기고 싶다면 먼저 웃어야 한다고, 그래야 상대가 경계심을 풀고 쉽게 허점을 노출한다고….

하찮은 일에 꼭 이겨야겠다는 강박관념. 바보스런 생각이 아닐까요. "지는 게 이기는 것"이라는 말도 있더군요. 지는 것을 예상하고 웃으면서 양보하듯 져주면 살아가는데 필요한 정신적인 자산이 생긴다고 하더군요. 그런데 쉽게 주고받는 대화 속에서 그냥 짜증을 내고 내뱉는 말솜씨는 고슴도치와 비슷한 것 같고 인상은 사흘 굶은 시어머니 같고 생긴 몰골마저 진짜 아니고… 짜증내고, 멋대로인 망나니 같은 언행. 잔뜩 찌푸린 인상, 누가 손해 보는지 아십니까? 바로 당신입니다. 바로 웃으십시오. 바로 생각을 바꾸십시오. 누굴 위해서? 당신 자신을 위해서입니다.

"똥이 무서바 피하나? 더러바서 피하지!"

살면서 이해하기 힘든 상대를 만나면 저 혼자 속으로 되뇌이는 말입니다. 죄송합니다. 택시기사한테 정말 이유 없이 짜증내는 사람들 생각들을 바꾸십시오. 바로 당신을 위해서입니다. 택시 운전기사 나쁜 기사놈보다 좋은 기사님이 훨씬 많습니다.

1998. 4. 21.

"행님요! 저, 길동입니더."

"와! 오래간만이네, 우짠 일이고?"

"지가예 요번에 쪼그만한 고깃집을 개업했는데예, 갑자기 행님 생각이 나서 전화했심더."

"잘한다. 연락 한번 않던 놈이… 그래도 기억해 준께 고맙구나."

우연히 알게 된 나이 어린 친구 쉽게 웃고 낙천적인 사고방식이 좋아 만나면 술 한잔씩 나누는 사이였는데 마주앉으면 나이가 좀 많은 이 택시기사의 마음 청소를 해주는 인생 선배같이 느껴지는 참 재미있는 친구였습니다. 조금 멀리 이사를 가는 바람에 한동안 뜸했는데… 개업일이 며칠 지난 후 조금 조용할 것 같은 날에 찾아갔더니 "산지직송, 생고기전문점"이라는 선전문구가 된장국같이 후덕한 그 친구의 품성하고는 왠지 어울리지 않는 생소함이 느껴졌습니다. "야! 임마, 오래간만이다. 니가 우째 이런 장사를 할 생각을 했노?"

"행님! 살다보이께 우짜다가 그래됐네예."

고기와 술이 나오고 화제가 신나게 웃음을 만들고 있을 즈음,

"어이 봐라, 산지직송 생고기, 니도 이런 거짓말할 줄 아나?"

"산지직송이고 생고기고 뭐가 그리 중요한 깁니꺼? 고깃집 열었다카마 그냥 붙는 말이라 카대예. 그라고 고기만 맛있으마 되는 거 아입니꺼?"

"아, 이 사람 이상하게 변햇뻔네."

"변한 기 아이고 정상인기라예."

"정상이라? 뭐가 정상인데?"

"행님요! 택시 끌고 돌아댕기마 꿀수박 꿀참외 꿀딸기, 안꿀 같은 소리 하는 놈 많이 봤지요? 진짜 꿀맛나는 과일이 어데 있능교? 몽땅 거짓말이지. 그뿐인교? 횟집이라고 문을 열면 전부 자연산만 취급한다고 공갈 치거든요. 전부 자연산만 취급하마 양식장 고기는 어데 갔능교? 어민들 고기 키워가지고 용왕님한테 바칩니꺼? 전부 헛소리가 큰소리칩니더. 거짓말 공갈 애교로 봐주기는 너무 심한 기라예. 한두 사람 피해주는 거짓말은 차라리 괜찮은 깁니더. 여러 사람 넓은 지역을 엿먹이는 정말 나쁜 놈들 많은기라요. 얼굴에 철판 딱 깔고 남 속여서 잘먹고 잘살고 돌아서서 웃는 놈 정말 많은 기라요. 시상이 뭐! 잘못된 거 아입니꺼?"

순수하고 착한 후배였는데 좋은 사람였는데 사람한테 치이고 세월한테 밟혀 옛날 모습이 많이 바래버린 후배친구에게 택시기사 한마디만 했습니다.

"세파 너무 나무라지 말고 양심 버리지 말고 갖고는 있으라고… 기본을 아예 없애버리면 스스로를 잃어버리는 수가 있다고…."

1998. 7. 22.

80년대 중반까지만 해도 저의 동네 주변 계곡에 가면 물이 너무 깨끗해서 그냥 식수로 사용해도 될 정도였습니다. 요즘 여름철이 되면 피서를 가지 않으면 무슨 큰 손해를 보는 것처럼, 꼭 필요한 연중행사처럼 너도나도 피서를 다녀옵니다. 다녀와야죠. 휴식이란 게 얼마나 중요한 일입니까? 그런데 문제는 여기서부터 시작입니다. 유명 해수욕장 이름이 꽤 알려진 계곡 가보면 어떻습니까? 해수욕장, 계곡이 남의 나라 땅입니까?

남의 나라라도 그렇지, 자기 쓰레기 자기가 가져가면 안됩니까? 우리나라 땅인데 남의 시선만 피하면 된다고 함부로 버리는 쓰레기 정말 안타깝고 어처구니없는 일입니다. 이 택시기사 해수욕장 언제 다녀왔는지 기억 없습니다. 앞으로 갈 생각 전혀 없습니다. 고양이보다 못한 놈들 보기 싫고 고양이는 자기 오물을 묻는 척이라도 하지만 해수욕객들은 그냥 던져버립니다. 그렇다고 모래에 파묻어야 된다는 얘기는 더더욱 아닙니다. 물 반 사람 반이라는데 몇십만 명이 어울려 뒹구는 해수욕장 그많은 피서객들이 물속에서 하루에 몇 번씩이나 실례를 하겠습니까? 더운 해변에서 하루 종일 금붕어 새끼마냥 음료들을 홀짝거리며 보내는데, 해수욕海水浴일까요. 뇨수욕尿水浴일까요. 다른 뜻 전혀 없습니다. 정말 없습니다. 너무 많은 사람들이 모여 오염문제가 심각해서 때로는 엉뚱한 생각으로 해수욕객이 조금 줄어들었으면 하는 생각에서 적어본 얘기입니다.

우리 주변에 우리 바닷가에 있는 우리 해수욕장, 우리 계곡입니다. 오염에 신경 좀 쓰십시다. 어제 놀다온 그 해수욕장에 미래에 인척으로 엮

일 아이들도 놀러옵니다. 계곡에 가도 그렇습니다. 몸을 가려줄 숲 등이 있어서 그런지 문제가 더 심각합니다. 요즘은 옛날보다 시설 등이 잘 구비되어 있는데도 불구하고 비가 제때 적당히 내려주지 않으면 냄새가 고약할 때가 많습니다. 계곡이 오염되면 우리 생활과 직접적인 관련이 있습니다.

사람 몸에서 나온 듯한 오물 냄새, 음식물 쓰레기 냄새. 정말 맘을 바꿔 자기 쓰레기 자기가 치워야 합니다.

당장 내일, 모레 우리 이웃들이 놀러올 곳입니다. 그리고 내년이면 내가 다시 놀러갈 곳입니다. 해수욕장, 그리고 계곡 내가 쉬었다가 떠난 자리 다른 사람이 와서 웃을 수 있도록 같이 노력합시다.

"아저씨 ○○ 시에 호스트바hostbar 잘 아는 곳 있어요?"

30대 후반으로 보이는 여자 세 분. 한두 번 들어본 적이 있어 알 수 있을 것 같아 타라고 했습니다. 택시운전 꽤 오래했는데 호스트바 가자는 여자손님 처음 만났습니다. 도대체 어떻게 생겼을까? 호기심이 생기더군요. 여자니까 여자답게 생겼겠지. 곁눈질과 룸미러를 통해본 얼굴은 그냥 평범한 여자 얼굴인데 호스트바라는 말이 풍기는 냄새가 묘해서인지 택시기사 마음도 묘한 기분이 되더군요. 세 여자 중 예쁘게 생겼다고 생각한 분의 얼굴을 룸미러를 통해서 보게 되었는데 '대문니' 하나가 없더군요. 앞니가 하나 없으면서 호스트바에 가신다, 픽 웃다가 그냥 맥이 빠지더군요. 세상이 어떻게 돌아가길래 중소도시에서도 호스트바에 가시겠다는 아줌마들의 태연한 모습을 볼 수 있는지?

평소 저의 사고방식이 구닥다리라고 생각은 했지만 여자가 남자 접대부가 있는 술집에 가서 뭘하는지 그림이 그려져야 말이죠. 호스트바에 가든지 저승으로 직행하시든지 내 알 바 아니지만 당신 같은 여자들 앞으로는 만나지 않았으면 좋겠다는 생각이 들었습니다.

남을 전혀 의식치 않고 해수욕장이나 계곡에서 상식 이하의 짓을 하는 사람이나 30대 후반의 젊은 여자들이 호스트바 찾는 세상 조금은 변화되었으면 하는 맘으로 적어본 얘기들인데 갑자기 지평선이 보이지 않는 광야에 저혼자 내동댕이쳐진 기분 어떻게 소화해야 됩니까?

조금은 일탈한 사고방식을 가진 저의 얘기 한마디 더 하겠습니다. 화려한 옷과 진한 화장 정말 싫어합니다. 제가 좋아하는 '패션' 상복입니다. 그리고 화장기 없는 얼굴입니다. 상갓집에서 눈물 흘리는 여자의 모습을 제일 예쁘다고 생각하는 조금은 모자라고 정상이 아닌 택시기사입니다. 정신적으로….

1999. 6. 1.

어느 아파트 안. 손님께서 "스톱"했는데 즉시 서지 않고 10m쯤 더 갔다고 바로 욕이 튀어나오더군요. 상식 이하의 욕을 듣고서야 '개 망나니를 만났구나' 그것도 술 취한 개망나니를… 그런데 저의 입장으로서는 "스톱"하는 자리에 쓰레기통과 자전거가 있어 다른 차의 통행에 방해가 될까봐 10m쯤 더 갔었는데….

"○할 새끼 왜! 스톱 안 하고 차를 더 빼노, 택시요금 더 받아물라고?" 그냥 어이가 없더군요. 내렸습니다. 그리고선 좋게 얘길 했습니다. 좋은 음식 자시고 기분이 조금 아니신 모양인데 말씀 그렇게 함부로 하시면 안 된다고….

"뭐라 카노 일마가 니 눈깔에 비는 기 없나, 내가 누군 줄 아나?"

"사람 같이 보이네."

"사람으로 뵌다고? 니 좀 죽어봐라."

"그래! 내 죽어 볼게 때려봐라."

술하고 힘을 합쳐 헛소리하는 놈치고 한방 제대로 할 줄 아는 놈 없습니다. 진짜 힘 있고 한방 할 줄 아는 분은 술한테 의지해서 큰소리치는 치사한 짓 않는다는 얘깁니다. 때리지도 못하고 입 하나 가지고 지랄하면서 똥폼을 잡더군요. 저의 멱살을 잡길래 좋게 얘길 했습니다.

"이러지 마시고 택시요금 주고 가십시오."

"택시 요금 좋아하네, 못 줘!"

"뭘 잘못했다고. 잘못한 거 얘기해 봐라."

아파트단지 내 초저녁(20:00경)이어서 그런지 사람들이 제법 모여들었습니다. 연세가 지긋하신 분이 저한테 뭣 때문이냐고 묻길래 얘길 꺼내려는데

"이 인간 또 누구하고 시비하고 지랄이고, 기사 아저씨 이야기할 필요 없어요."

술하고 힘 합쳐 택시기사한테 큰소리치던 그 사람 같이 사는 마누라한테 "끽"소리 한마디 못라고 끌려가대요. 택시요금 얼른 내어놓고… 곁의 구경꾼들 중 한분 한마디, "술만 쳐무마 남하고 싸우고 지랄하는 새끼"라고 하더군요.

술하고 힘 합쳐도 마누라한테 끽소리 못하는 그 사람이 왜 갑자기 불쌍하다는 생각이 드는지, 술에 취해서 이유 없이 택시기사한테 시비 거

는 어설픈 몰골을 보니 사회생활에서 서 있는 자리가 저 뒤쪽하고도 구석자리입니다. 그리고 퇴근하고 집으로 돌아가면 마누라 눈치나 살피며 잘 보이려고 꼬리 살랑살랑 흔드는 애완용 강아지입니다. 생활 테두리 내에서 항시 주눅들어 지내다가 술이 편들어 준다고 큰소리 한번 쳐보려고 하다가 우연히 택시기사한테는 통하더라는 것을 뒤늦게 알게 된 팔푼이 동생 칠푼이들입니다. 택시 운전기사 '친절' 이라는 어르신 때문에 칠푼이한테도 꼬리 내릴 때가 많은 한심이들입니다.

택시 운전기사한테 시비 거는 칠푼이들 택시기사 멱살 잡는 선수들입니다. 그래서 이 글을 쓰는 택시기사 멱살잡이 싸움도 이기고 또 건강을 위해서 근력운동 열심히 하고 있습니다.

1999. 9. 11.

저는 외동입니다만 세 분의 숙부님 덕분에 사촌동생이 9명입니다. 제가 관리하는 조상묘가 10기인데 추석 전 음력 8월 초에 모여서 벌초할 때가 있습니다. 1999. 9. 11(음 8. 2) 토요일 저녁 사촌동생(남) 5명 그리고 제수 세 분. 다음 날 벌초 때문에 모인 자리였습니다. 지구상 수많은 사람들 중 네 번째로 가까운 사이인데 얼마나 좋습니까?

벌초도 중요한 일이지만 일 년에 한번쯤 모여서 안부도 묻고 부담 없이 웃기도 하고 좋은 삶의 모습들 아니겠습니까? 애들 크는 얘기, 사람 사는 얘기, 어디 돈 왕창 벌 수 없냐는 헛소리. 얘기 반 웃음 반 주酒가 놈들도 곁에 와서 '흥' 을 돋우고 맞장구를 쳐줍니다.

조금은 거나하게 취한 분위기가 여러 가지 화제 속으로 빠져들었는데 정치, 연예, 사회의 모순점, 운전, 어쩌다가 고속도로 쓰레기 불법투기 얘기가 나왔는데 택시기사 왈, 고속도로 쓰레기 버리는 놈은 "개○○들"이라고 일갈했습니다.

그런데 동생 중 한 명이 "형님, 여기에도 한 명 있는데예." 무슨 소리냐고 했더니 자기 친형이 그런 짓거리할 때가 있다고 하더군요, 택시기사 정색을 하고 한마디 더했습니다.

"앞으로 그런 짓하면 이해 못 한다. 예사롭게 생각하겠다면 사촌 곱하기 열을 해버리자. 아예 남이 될 테니까."

좌석이 끝나갈 무렵 택시기사가 사과를 했습니다.

"동생! 내 표현이 심했다면 이해하려무나, 모든 면에 조금은 조심해서 사는 게 정신건강에 좋을 것이라는 생각을 갖고 있다. 서로의 생각이 다른 것이 정상이라는 것도 안다. 앞으로 조금씩 양보해서 서로를 이해하고 아껴주도록 하자. 동생들 미안하다."

형노릇 종손노릇 빵점인 주제에….

2001. 5. 11.

조용한 모텔로 가자는 40대로 보이는 남녀. 그리고선 키득키득 웃는 듯한 묘한 분위기. 택시기사 순간적으로 뒤통수가 화끈거리는 듯한 기분 때문에 룸미러를 쳐다봤는데 밝고 야릇한 분위기는 아니고 씁쓸하고 무거운 느낌은 왜인지?

"모텔이 마음에 들지 않는다고 탓하지는 마시오."

퉁명스런 택시가사의 얘기에

"조용하면 됩니다. 기사아저씨! 기사아저씨 연세를 여쭤봐도 되겠습니까?"

"오십하고도 한참 더 갔네요."

"잠자리에서 어느 정도입니까?"

전혀 예상치 못한 질문에 택시기사 멍하니 룸미러를 다시 한번 쳐다보는데.

"오해 마시고 가볍게 이해해 주세요, 우린 정상적인 부부입니다. 40대 중반인데 그게 잘 안됩니다. 집사람은 정상이고 문제는 저한테 있는데 어디 대놓고 얘기할 수도 없고 물어봐도 될 것 같다는 분을 만나면 겨우 용기를 내 묻곤 했습니다. 한참이나 선배님이신데 정말 죄송합니다."

한참이나 이어진 얘기 내용은 도대체가 한창이어야 될 그 짓거리가 시원찮아 병원에도 가보고 여기저기 귀동냥도 했는데 잠자리 분위기를 바꿔보는 것도 하나의 방법이라는 어떤 분의 권고에 실험 한번 해보려고 멀쩡한 방 놔두고 모텔에 간다는 내용이었습니다. 이럴 땐 택시기사가 뭐라고 해야는지? 정말 모르겠습디다.

어색하고 답답한 분위기를 떨치고자 불쑥 한다는 얘기가

"아직 젊은데 노력하면 얼마든지 가능할 것 같네요. 그걸 밝히는 사람들의 얘기를 들은 바에 의하면(택시 안에서 손님들의 얘기를 공짜로 들었지만) 첫째도 둘째도 관심을 갖고 생활에 제일 큰 값어치로 계산한다고들 하더군요."

택시 안에서 여자 얘기에 눈깔이 해롱해롱한 손님들이 정력에 어쩌고 이렇고 저렇고 하는 얘기들을 한참이나 들려줬습니다. 이 택시기사 택시운전을 하지만 조금은 엉큼하고 남녀문제는 남달리 잘 기억하는 소질이 있어 여태껏 살면서 얻어들은 풍월 몽땅 다 읊었습니다. 그것도 공짜로….

오늘밤 일이 잘되면 이 택시기사한테 고맙다고 하시고 행여 우연히 다시 만나게 되면 소주 한잔 사시든지. 내가 무슨 '섹스카운슬러' 도 아닌데….

2001. 9. 11.

여객기 4대 피랍 무역센터, 국방성, 기타 여러 곳에 테러 감행 사상자 수천 명, 지구라는 행성 위에서 경찰아저씨 노릇하는 미국이라는 강한 나라에서 일어난 일, 지구가 술에 취해 트위스트를 춘 것도 아니고 사람의 손으로 그렇게도 많은 사상자가 한꺼번에 발생할 수 있다니…. 사람이 그렇게도 잔인할 수 있는지? 이웃을 사랑하자고 서로의 실체를 인정하고 잘 지내자고 '지구촌' 이라는 말도 쉽게 회자되는데….

사람 죽이는 무기를 뒷구멍에서 그렇게도 많이 만드는지? 완전치 못한 자기 맘 하나 제대로 가누지 못하는 인간들이 '욱' 하는 바람에 손가락 하나로 뭘, 쿡 눌러 수백 수천 명의 사상자가 발생할 수 있는 경우를 상상해 보면…. 너를 죽이고 나는 살란다가 아니고 그래! 같이 죽자. 과학이 발달해서 살기 편해졌다고 무엇이든지 빨리빨리 할 수 있어 좋다고….

이쯤 해서 서로 같이 살자고 같이 살아야 한다고. 가슴을 확 여는 종교나 약이 만들어져 사람들의 맘을 확 바꿔놨으면…. 잠깐 있다 사라질 인간들이 멋대로 까불다간 지구도 어느 순간 화를 낼 수도 있을 것 같은데 '지구온난화, 기상이변'은 심심해서 만들어본 공상과학영화 제목입니까? 현재의 모습대로 궤도 수정 없이 잘났다고 까불다간 어느 순간 죄다 사라질 수도 있을 것 같은데 현재 까불고 있는 사람들 조금 있으면 까불 힘 없어집니다. 까불 힘 남아 있을 때 좋다고 만든 댁에들 자식들을, 후세들을 위해서 남은 힘 쓰세요.

시간이 많다고 흐늘거리다 보면 무지 길게 느껴집니다. 그래서 잠깐 밀쳐놓고 먹고 싸고 하다보면 시간이 세월로 변해서 홀랑 날아가 버리고 째깍째깍만 남습니다.

2002. 5. 14.

정말 예쁘다는 말밖에는…….

30대 초반으로 보이는 여자분.

목적지까지 30여 분 거리인데 얘기하는 게 참 재미있다는 생각이 들었습니다.

10여 분 지났을까요. 룸미러를 통해 본 여자의 눈빛이 이상하다는 느낌을 받았습니다. 여자의 말 속에서 '신'이란 단어가 자주 나오더군요. 다음에는 '성性이란 단어가 등장하더니 많은 남자를 경험했다면서 그래서 섹스sex는 스트레스 해소를 위한 스트레칭처럼 한다는 등… 처음에는 그냥 가볍고 재미있는 얘기들이 오갔는데 정상적인 사람이라면 초면인 택시기사한테 도저히 할 수 없는 음담패설이 거침없이 쏟아져 나오는데 귀신일 리는 없고 정신을 놓아버린 사람이라는 생각이 들어 택시기사 입을 다물어 버렸습니다. 조금 후에 알게 된 사실이지만 여자는 제법 취한 상태였고 결혼한 지 2년도 안돼서 이혼을 했다면서 이혼한 이유는 아예 잠자리를 같이할 생각이 없는 남자 때문에 잠깐 한눈을 팔았는데 딱 한번인데 종이 쪽지 위에 남편이 이혼을 하자는 바람에 그냥 헤어졌다면서 조금 전의 남녀관계 얘기는 전부 꿈에서 그려 본 희망사항이었다며 거짓말이라고 하더군요. 택시기사 머리가 팽 돌 정도로 어이가 없었습니다.

처음에는 참 예쁘다는 것 하나였는데 당신 그 미모 속에 색광 여우님이 함께했군요. 적고 싶은 단어가 정말 아니었는데 스리섬, 스와핑, 그룹섹스가 뭐 어쨌다고요? 조금 전 당신 그런 얘기할 때는 눈에 광채가 납디다. 그것도 희망사항입니까? 택시기사 속으로 한 소리입니다.

한마디 더 했습니다.

“거시기가 그렇게 좋으면 누워서 돈 버는데 가서 취직하소! 그냥 ‘딱’일거요. 자고로 거시기 너무 즐기면 거시기 때문에 망한다던데…”

2002. 6. 18.

스포츠 잘 모릅니다. 뭘 좋아하느냐고 누가 묻는다면 ‘글쎄요!’ 입니다. 스스로 생각해도 재미없고 매력 없는 얼간이 맞습니다. ‘축구’ 조금 관심 있습니다. 가끔씩 중계도 봅니다. 여태껏 살아오면서 전 국민이 하나가 되어 좋아서 또, 좋아 미쳐 폴짝폴짝 뛰는 모습들을 보게 된 건 행운이라고밖에 다른 표현은 없겠습니다.

지구상의 축구대회를 개최한다는 사실. 이 택시기사가 죽을 때까지 도저히 이해할 수 없는 섬나라랑 같이하게 된 건 껄끄럽고 역겨운 기분 어쩔 수 없지만….

딱 반세기 전에는 싱싱한 젊음들도 먹을 게 부족해 뛰어다닐 힘도 없었던 시절도 있었는데 50여 년 만에 키도 덩치도 지구상 어디에 내놔도 꿀릴 것 없는 나라가 되어 월드컵을 개최한다는 사실 섬나라 아저씨들이 천지 구별은커녕 동서남북도 모르고 발광을 하던 시절에 태어난 세대들이 20대에 6 · 25사변을 겪고 70대에 월드컵을 TV로 시청하면서 어떤 감회에 젖을까? 스포츠에 발광하는 신세대들은 먹을거리들을 많이 만들어낸 지난 세대들을 보고 뭐라고 할까? 24시간의 일상 중에 단 몇 초라도 지난 세대들의 고마움을 떠올려보기나 할까?

잘한 것은 자신이 한 것이고 잘못된 것은 전부 남의 탓으로 돌리는 얌체족들이 득시글거리는 나라 대한민국을 밉다고만 해야 하나? 밉다고 해봤자 손해 보는 건 이 택시기사 혼자뿐일 텐데 이민 갈 마음은 아예 없으니 우리나라 사랑해야지. 그렇게 해야 내 마음도 편할 것 같으니까.

한국 vs 이탈리아 16강전. 시작하자마자 축구를 하는 건지 레슬링을 하자는 건지. 우리나라 선수들의 멱살이나 어깻죽지를 잡고 늘어지는 이탈리아 괴물들. '족'을 가지고 해야 하는 스포츠인데 팔꿈치는 왜 날뛰는지? '패널티킥' 미남선수의 실축, 도저히 이겨낼 수 없을 만큼의 부담을 안고 울면서 뛰어다녔을 미남 선수….

전반 18분 이탈리아 괴물 두목의 골 성공, 경기종료 2분 전 전 국민이 호흡곤란을 겪을 때 우리나라 꺽다리 선수의 동점골. 온 국민의 환호, 눈물, 또 눈물. 1 : 1 동점에서 연장 후반 패널티킥을 실축했던 미남 선수의 헤딩 슛. 골인, 골인, 골인…. '골든골'을 성공시켰을 때 이 택시기사는 순간적인 충격으로 그 선수가 졸도할 줄 알았는데 카메라를 의식하는 팔다리의 연기를 보고 역시 위대한 선수구나…!

반세기 전만 해도 '대한민국, 코리아' 라고 하면 '지구상에 그런 나라도 있습니까?' 라는 대꾸가 우리들의 가슴을 정말 아프게 했는데….

그 대한민국이 월드컵 4강

지도층 나으리, 똑똑하신 여러분들 또 부자 어른신들, 우리나라 신바람 나는 나라, 살맛나는 나라로 이끌어 주십시오. 제발 좀 …. 이끌어 주실 진정한 맘이 없으면 가만히 계십시오. 그러면 됩니다. 속이 훤히 보이는 가면극 그만하시고….

2003. 7. 30.

이웃에 살았습니다. 그냥 쉽게 웃으면서 지낼 수 있는 사이였습니다. 한 분은 꽤나 넓은 임야의 소유주였었고, 또 한 사람은 하루살이 인생이었습니다. 넓은 임야(야산)을 가진 그분은 마음까지 넓어 하루살이 인생을 대등한 사람과 사람 사이로 마음 가볍게 웃을 수 있도록 세심한 배려까지 하는 사람이었습니다.

세월이 조금 흐른 후 두 사람이 사는 지역을 나라에서 뭘 한다고 몽땅 사들이는 바람에 마음이 넓은 그분은 말 그대로 벼락부자가 되었고, 하루살이 인생은 가슴에 이상한 응어리가 생겨 고생하는 신세로 전락했습니다.

속된 표현으로 중산층보다 더 위에 올라선 마음 넓은 그분은 속칭 부촌이란 동네로 이사를 가게 되었고 하루살이는 서 있던 자리보다 더 열악한 조건에서도 웃으면서 살았는데, 십여 년의 세월이 흐른 후 우연히 만난 두 사람, 하루살이 인생이 "친구, 정말 오랜만이다"라며 아는 척을 했는데 가슴 넓은 벼락부자 사람 못 들은 척 외면을 하더랍니다.

하루살이 인생, 돌아서면서 멋쩍은 표정으로 자연스러운 모습 아니냐, 그래 내 자신의 삶도 자연스러움에 묻어야겠다는 결심을 하게 되었답니다.

없는 것은 생각에서 지워버리고 가진 것에 대한 축복만 셈하는 연습, 참으로 많이도 했답니다. 삶의 종점이 시야에 들어올 것 같은 요즘은 건강하다는 것 하나만으로 매일 웃으면서 산다고 했습니다.

발없는 말(言)이 천리를 간다고 했던가요. 우연히 들은 애기인데 그 벼락부자 사람 부자라고 고함만 쳐대는 자식들 때문에 부자사람 그분의 인생은 어디론가 날아가 버렸고 마음이 불편하니 건강마저 좋질 않아 ○○요양원에서 눈물, 콧물 찔끔거리며 자시의 이름을 어금니로 씹으며 저주를 퍼붓고 있다는 애길 들은 하루살이 인생, 한다는 소리가 '만사분이정 부생공자만萬事分已定 浮生空自忙이라 했는데 다 자연스러운 흐름 아니냐. 지금이라도 죄다 버리면 조금 나아질 수도 있을런지?

"만사 이미 정해져 있는데 몇 푼 더 있다고 까불면 큰코 다친다."

2003. 12. 12.

"구산시 광포동에 좀 가입시더."

요금 애기 꺼내기 전 타고서는 그냥 가자고 하더군요.

"○만 원을 주셔야 합니다."

말이 없기에 다시 한 번 요금 애길 했더니 알았다는 표정이더군요. 시

내에서 돌아다니는 것보다 조금 더 벌 수 있다는 생각에 마음 가볍게 출발했습니다. 그런데 갑자기 묘한 기분이 들었습니다. 돈이 없을 것 같다는 생각. 아니겠지, 괜찮겠지….

뒷좌석 우측에 앉아 있는 손님을 룸미러와 곁눈질로 유심히 살폈습니다. 부정적인 생각이 자꾸 머리를 흔들더군요. 목적지 도착도 전에 요금 얘기 어떻게 할 수도 없고 돈 있냐?고 물어볼 수도 없고 해서 구산시 입구에 들어서면서 진동으로 전화가 온 것처럼 휴대폰을 꺼내들고서는

"여보세요! 그래, 아! 깜박했네. ………그래……. 알았다."

"손님 정말 죄송합니다. 중요한 약속이 있었는데 깜박하는 바람에 즉시 돌아가야 할 입장입니다. 다른 택시를 좀 이용해 주십시오. 광포동까지 가실 택시요금 ○만 원이면 충분하실 것입니다. 저한테 ○만 원만 주시고 구산시 택시를 이용해 주시면 안 되겠습니까? 빈 택시 잡아드리겠습니다. 정말 죄송합니다."

"……."

뭐라고 말이 없더군요. 한적한 곳에 차를 세우고 바로 물었습니다.

"손님, 차비 있습니까?"

말없이 고개를 숙이더니 요금 없이 승차해서 죄송하다면서 법에 의뢰해 처벌하시려면 이곳 구산시 파출소에 처넣어 달라는 것이었습니다. 처음 탔던 곳(제가 사는 곳)으로 돌아가지 말고 이곳 파출소에 넣어달라는 ○○놈의 부탁. 세상 참 재미있다는 생각을 했습니다. 무슨 방법이 떠오르지 않더군요. 차를 돌렸습니다. 돌아오는 길에 조금 친분이 있는 경찰관한테 이런 경우에 어떻게 하면 되냐고 전화로 문의를 했더니 '배째라' 라고 하면 그만이라고 하더군요. 처음 탔던 곳에 와서 끌어내려서

는 상처나지 않을 만큼만 몇 대 쥐어 박았습니다. 젊은 놈이 이렇게 살면 안되지, 사람답게 살아야 사람 대접을 받지 개같이 살면 개대접 받게 된다고, 한심한 새끼야.

두 시간여 헛일, 몇 푼 손해본 것보다 젊은 놈 꼬락서니가 한심하고 안타깝더군요. 정신차리고 사람답게 살아라. 사람 얼굴로 살면서 개대접받지 말고.

그런 식으로 살면 죽는 그날까지 개대접받고 산다는 걸 명심하여라.

2003. 12. 13.

해가 바뀌는 게 무슨 의미입니까?

연말이 되면 밤거리의 모습이 쫓기듯 바쁘게 돌아간다는 생각을 할 때가 있습니다. 뭘 잃어버린 기분, 바빠야 할 것 같은 맹목적인 조급함, 오늘은 챙기지 않으면 큰 손해를 볼 것 같은 기분, 뭘 정리해야 될 것 같고 막연한 수확이 있어야 될 것 같고. 그런데 현실 앞엔 아무것도 없어 아쉽고도 허망한 마음!

택시 핸들을 잡고 한 해가 마무리되는 연말의 밤을 보면 아무런 의미 없는 연말 연초들의 날들은 사람 마음이 형식을 만들었는데 아무것도 없다고 자탄가를 부르는 듯한 인간들의 하품. 어울리지 말고 조용한 곳에서 정신을 차려보면 정말 아무것도 아닌데….

12월 31이나 1월 1일 뭐가 틀립니까? 태양의 색깔이 바뀝니까? 해가 바뀐다고 무슨 경천동지할 일이 생깁니까? 그날이 그날인데 꼭 같은 날인데….

사람의 마음이 필요 없는 그림을 그려서 그 그림 속에 자신의 자리를 찾다가 좋은 자리 없다고 짜증내고 투덜대다가 웃다가 울다가 하는 짓거리들 정말 웃기는 일 아닙니까?

누가 필요 없는 그림 그리라고 했습니까? 있는 그대로를 쉽게 간단하게 보면 되는데…. 물론 사람들이 너무 똑똑하고 사고방식이 전부 제멋대로이니 같은 시대에 같은 땅에 살고 있으니 유대감을 갖자고 복잡한 삶의 모양을 조금은 정리하자며 날짜를 정하고 의미를 부여하고 형식도 만들고 기억하고픈 인생의 양념을 만들어 그날을 맞이하는 모습은 쉽게 이해는 됩니다만 너무 지나치다는 생각은 어쩔 수가 없습니다.

연말 싱싱해야 될 젊음이 왜 비틀거립니까? 연말을 집에서 조용히 보내면 무슨 큰일이라도 납니까? 그 좋은 돈을 낭비 못해 안달하는 듯한 이상한 모습 어떻게 이해해야 됩니까? 태어날 때나 지구를 떠날 때는 딱 혼자인데 여럿이 함께할 것이라는 착각 속에 만들어지는 하루, 다음날 잠에서 깨면 뇌리 속에 남아 있는 것은 아무것도 없습니다. 텅빈 지갑이 뒤통수를 때릴 뿐….

'우리 집에 가자' 택시기사가 자기 자가용기사로 보였는지 몸을 제대로 못 가눌 정도로 취한 손님이 택시 뒷좌석에 겨우 타고선 한 말입니다. 사람이 한 말이 아니고 술이 한 얘기라고 가볍게 생각하고 "손님, 어디로 가십니까?"

"○○로타리 가자!"

'예' 는커녕 반말도 어디로 갔는지 없더군요.

손님! 다 왔습니다. 만 원짜리 한 장 천 원짜리 두 장을 주길래 천 원짜리 두 장을 집어들고 오백 원짜리 동전을 주니까 왜 오천 원짜리를 갖고 가냐면 눈을 부라리더군요. 오천 원짜리는 처음부터 없었는데…. 자기 손으로 만 원짜리 천 원짜리 두 장을 던져주고선 천 원짜리 한 장 오백 원짜리 동전을 갖고 내리더군요. 도대체 술이 뭔지? 그냥 웃음이 나오더군요.

택시요금 천오백 원인데 일만 오백 원을 받았으니 구천 원이 그냥 생겼네요. 술한테 반말 듣고 생긴 구천 원 가볍게 웃으려고 했는데 찝찝한 돈 몇 푼 때문에 기분 구겨지는 걸 너무 싫어하는 똥고집이 구천 원 버리라고 하더군요. 구천 원만 버리면 되는데 돈을 찢을 수도 없고 만 원 그대로 던져버렸습니다. 인도에 있는 자선 냄비에….

그래놓고선 같이 있던 동료한테 한마디 했습니다. 택시 운전기사 자선냄비에 거금 만원 던져 넣었다고… 한심하고 치사하고 덜 떨어진 놈아….

2005. 2. 9.(음 1. 1)

양력은 해님의 눈동자 따라 만들고 음력은 달님 '힙'의 율동 따라 만들었습니까? 어쩜 그렇게도 상하, 전후좌우 아귀가 꼭 맞습니까? 무한한 우주의 섭리를 인간이란 동물이 0.001% 정도 맞췄다는 생각이 드네요. 0.001이 아니고 0.0001%라고 해도 과하다고요.

사람의 입에서 우주의 섭리가 어쨌다느니 하는 얘기가 얘기일 수 없으니 그만하라고요. 사람이 사람의 상황을 그릴 때 그 골통 속의 재료만 활용하지, 그 외의 소재는 생각지도 못하는 우둔함이 있는 걸 스스로는 아예 깨닫지 못하고 자기만이 최고라고 발악하는게 사람이라고요. 누구

애긴데요? 누가 그러셨으요? 사람을 그렇게 만든 건 누구십니까? 사람에게 욕망을 주셨으면 적당히 만족할 줄도 아는 여유도 챙겨주셨어야지….

욕망은 말을 타고 달리는데 만족이란 놈은 두 발로 뛰고 있으니 고생은 누가 합니까? 피조물인 인간 이렇게 멋대로 만들어 욕보이시고도 죄 많이 짓는 동물이라고 힐난만 하실 겁니까? 너무 잔인한 것 아닙니까?

욕망 바람에 해만 바뀌면 욕심을 심습니다. 면적도 재료도 생각지 않고 연말이면 자책한테 실컷 얻어맞을 어리석은 짓 되풀이합니다. 바보짓인 줄 조금은 알면서도 한심한 미련 때문에 또 합니다.

하루 한 번 세수도 제대로 않으면서 A, B, C 배웠다고 꼴값 떨며 푼수짓은 혼자 다했던 시절 대청마루 기둥에 만년필로 '삶이란?' 이라고 썼다가 숙부님한테 신나게 얻어터진 후 한심한 반항심으로 눈동자로 달려들다가 '매' 를 몇 대 더 번 적이 있었습니다. '삶이란? 지금도 모릅니다.

꼭 얘기하라면 얘기 않으면 옛날 숙부님처럼 때리겠다면 '삶은 없다' 라고 말하겠습니다. 왜? 날들이 쌓이면 삶은 그냥 없어지니까? 없어지는 삶이 지금 있으니 얼마나 기분 좋은 일이냐고 그러니 웃으면서 살아야 한다고, 짜증내며 살기엔 삶이 너무 짧다고….

해가 바뀌었다고 싸구려 욕심이 앞서 함량미달인 스스로가 미워지면 발전적인 변화는커녕 더 한심한 시궁창으로 빠지는 수가 있으니 욕심내지 말고 마음을 비우면 발전이 스스로 찾아온다는 얘기도 있던데 문제의 정답을 알고 있으면서도 실천 못 하는 걸 보면 저 자신이 속물 중의 속물인 것 같습니다.

2006. 10. 9.

저를 보고 지구상에서 제일 미운 나라를 얘기하라면 동남쪽에 있는 나라, 우리나라를 보호하기 위해 만들어진 방파제같이 생긴 나라라고 말하겠습니다.

서로 이웃에 있습니다. 개인이나 국가관이나 싸울 수 있습니다. 잘못할 수도 있습니다. 방파제 나라 우리나라한테 잘못이 참 많은 것 같은데 사과 반성이 없습니다.

닭 잡아먹고 오리발 내민다는 말 이럴 때 써야 합니다. 우리나라 땅을 징검다리 삼아 저 북쪽 큰 나라하고 싸운다고 우리나라 얼마나 괴롭혔습니까? 임진왜란요! 전쟁이 무슨 장난입니까? 다른 큰 나라 잡아먹기 위해 우리나라와 전쟁연습했습니까? 그것도 7년 동안이나…. 개인이나 국가나 힘이 없으면 당한다고요, 1910년 8월 29일부터 1945년 8월 15일까지 36년 동안 우리나라 국민 어떻게 했습니까?

강제징용, 근로정신대, 위안부, 우리나라 국민들이 그쪽 나라 군수품입니까? 생각하면 호흡이 힘들 정도로 억장이 무너지고 살이 떨릴 일들입니다.

다른 것은 차치하고라도 '창씨개명' 우리나라를 지구상에서 아예 없애버리고 영원히 당신네들 하인으로 만들 생각이었습니까? 어떻게 우리나라 사람들의 성과 이름을 아예 없애버리고 '게다짝' 이름으로 바꾸라고 할 수가 있습니까?

우리나라가 현재의 모습으로 발전치 못했다면 아시아권에서 빈국 비슷한 위치에 있었다면 자기네들의 통치하에 있었으면 훨씬 더 발전했을 것이라고 '똥개' 하품 같은 소리 떠벌리고도 남을 '게다짝' 이웃입니다.

어떻게 표현방법이 없을 정도로 우리나라를 괴롭혀 놓고 반성은커녕 우리나라 동해에 있는 우리나라 땅인 조그마한 돌멩이 섬을 당신네들 땅이라고요? 아예 우리나라 전체를 당신네들 땅이라고 우기시지, 당신네 조상들은 지구상에서 내로라하는 강국들과 맞짱도 뜨고 했다던데, 우리나라를 꽤 오랜 세월 동안 갖고 놀았다던데 그렇게 까불다가 원거시기 폭탄을 먹고 한참이나 죽을 고생도 했다고요? 그렇게 잘나가던 나라였습니까? 그런데 지하에 계시는 댁들 조상이 울고 있다고 하더군요. 조그마한 돌멩이 섬 하나도 어쩌지 못하고 변죽만 울리는 지금의 당신(후손)들이 한심하다면서….

당신네 나라만 똑똑하고 지구상의 다른 나라들 전부 바보인 줄 아십니까? 일제 36년 힘 좋은 나라들 때문에 해방은 됐는데 그 힘 좋은 나라들 우리나라 나눠서 냠냠하고 난 후 어떤 강한 나라가 뒤에서 똥침을 꽂아 시비를 걸게 만들어 우리나라 남북으로 나뉘어 전 국토가 먼지가 나도록 싸웠는데 이웃집 싸움에 말리기는커녕 손뼉을 치면서 돈 벌어 먹은 나라 어느 나라입니까? '쓰나미' 어느 나라 말입니까? 지구상에서 '원거시기 폭탄' 먹은 나라 또 있습니까? 반성 좀 하십시오. 자라나는 후세들을 위해서… 우리나라 그쪽 나라 생김새도 비슷하고 오랫동안 이웃에 살면서 왕래가 잦아 피도 많이 섞였을 것입니다. 이 택시기사 개인적으로 문제가 있을 때 남들은 버립니다. 전부 제 자신의 탓으로 받아들이며 소화시키려고 노력합니다. 그런데 우리나라 현재 모습은 자꾸만 방파제 나라 때문이라고 생각됩니다. 그래서 짜증이 납니다. 지난 세월 당신들의 잘못 진심 어린 사과 한마디 하면 대마도가 날아갑니까? 우리나라가 남북으로 쪼개진 원인 '게다짝' 나라 당신들 탓이라고 얘길 하면 부정하시겠습니까? 제 자신도 자존심 무지 상합니다.

북쪽 나라 김○○ 어른께서 '핵' 실험했다고 온 나라가 종일 야단이래서 적어 본 글입니다. 세계를 향한 공갈이 언제까지 통할는지? 핵폭탄을 '쾅' 하고서도 당신은 혼자 살아남을 줄 아시는지? 오일달러가 넘쳐나는 나라를 보고 어떤 똑똑한 분이 기름 덩어리를 '악마의 배설물' 이라고 했던 말 들어 봤습니까? 비산유국들은 다른 방법으로 먹고사는 방법을 연구하고 연습해서 잘 살고 있는데 검은 기름 덩어리에 의존해서 살아가던 그 나라들 어느 날 기름 덩어리의 위력이 망가지면 한참이나 산소호흡기에 의존해야 될 것입니다.

김○○ 어르신, 어르신도 어느 날엔가 별세하십니다. 별세하신 어른신의 '춘부장' 마네킹처럼 유리관 속에 모셔두지 마시고 흙 속에 편안히 모십시오.

우리나라 참 좋은 나라입니다. ○교, ○○교, ○○교 여러 가지 종교 함께 웃는 나라입니다. 김○○ 어르신 당신께서 데리고 있는 2,400여만 명의 사람들 우리나라 대한민국의 똑같은 백성입니다.

우리가 먹는 밥상에 숟가락 하나씩 가져와 같이 먹고 살 수 있는 힘 있습니다.

세계를 향한 공갈 그만하십시오. 핵실험한다고 어르신 밥상에 고기 한 마리 더 올라옵니까? 어르신 삶 유한을 무한으로 착각하지 마십시오. 지구상의 모든 생명체들 영원한 존재는 없는데, 영원히 존재할 수 있다면 그것은 생명체가 아닌데….

지구상에서 부모 유산 제일 많이 물려받은 사람은? 어르신을 떠올릴 때가 있습니다. 마냥 행복하십니까? 식사량은 어느 정도입니까? 언제까지 사실 겁니까? 삶이 다하시기 전 조금은 국민을 생각하십시오. 소수의 기름진 생활보다 다수의 소박한 삶을 만드십시오.

남쪽의 하위계층 택시 운전기사가 감히 한 말씀 드렸습니다.

2006. 12. 18.

술 취한 사람 승차 거부해도 된다. 말이 안 되죠. 몸을 제대로 못 가눌 정도로 취해 비틀거리면서 택시 잡는 분 종종 봅니다. 빈 택시 못 본 척 가버리는 경우 있습니다. 승차 거부입니까? 밥 먹기 위해서, 화장실이 급해서, 예약손님 때문에 기타 등등 그래서 그냥 지나갔습니다. 피로해서… 조금 쉬고 싶어서… 말 됩니까? 아닙니까?

"빈 차라는 걸 확인하고 손을 들었는데 왜 태워주지 않냐?"

택시기사 왈 "나는 못 봤다" 이럴 경우엔 어떻게 될까요?

택시기사 제재법은 코에 걸면 코걸이 귀에 걸면 귀걸이. 필요하면 뚝딱 만들고… 아니라고 욕을 해도 말 그대로 제재를 당해도 달게 받겠습니다.

남자였는데 "봐라, 다음부터 돈 없으면 걸어다녀라, 알았어?" 반말한다고 헛소리를 하데요. 순간적으로 욕이 튀어 나왔습니다. 반말에 욕하지 말고 웃을 수 있는 다른 방법 없겠냐? 노력해 봐라. 운전수 아저씨야. 고발하겠다고 입으로 방귀 뀌던 놈 같은 장소에서 만났습니다. 저의 차를 타려고 하길래 "택시요금 배로 내셔야 합니다." 어이가 없다는 표정으로 쳐다보더군요. 손님 자택이 ○○동 ○○골목 ○번째 집이 아니냐.

9일 전 밤 9시 30분경 택시비 주지도 않고 이 기사 한마디 한다고 고발한다고 하지 않았느냐?

주변에 동료 두 분이 같이 있었는데 지폐를 던지듯이 주고선 가버리더군요. 동전 따위는 아예 필요 없다는 듯이….

당신이 나쁘다는 것 아니요. 술이 나쁘지.

2008. 4. 8.

식구들이랑 군항제 구경을 갔습니다. 그냥 쉽게 웃으며 감탄하며 구경하면 될 텐데 볼 것도 없다면서 투덜거립니다.

정말 사람이 많았습니다. 주머니 여유가 있고 심심해서, 아니면 남이 구경 가는데 혼자 빠지면 손해볼 것 같아서 그래서 똥폼들 잡고 오셨는지? 속된말로 뭐 볼게 있다고 이렇게 꾸역꾸역 모여드는지. 걸핏하면 투덜투덜하는 택시 운전기사 스스로가 생가해도 좋은 놈 아니라고 자인했습니다.

조금 조용한 곳에 군항제 '볼거리'를 안내코자 대형사진을 많이 전시해 놨더군요. 5~6세쯤 되어 보이는 어린이가 사진을 발로 툭툭 차고 있었습니다. 별 생각 없이

"야! 야! 봐라. 사진 차면 안 된데이. 그라마 나쁜 어린이 된다."

딱 그것뿐이었는데…. 3~4분 후 키도 크고 덩치도 우람한 젊은 분이 나타나 한 마디 하더군요.

"저 아저씨, 좀 봅시다."

"왜 그러시오?"

뭣 땜에 자기애를 울렸냐는 얘기더군요. 처음에는 무슨 영문인지를 몰라 어리둥절했었는데 그 젊은 친구 뒤에 아까 사진을 차던 녀석이 저를 노려보고 있는 겁니다. 어린이의 눈빛이 하도 매섭게 느껴져 황당하고, 어이도 없고 도대체 어떻게 이런 일이 있을 수 있는지…. 갑자기 앞에 버티고 선 젊은 놈이 곰 새끼로 보이더군요. '애'가 저쪽 사진을 발로 차길래 그러면 안 된다는 말이 뭘 어떻게 잘못된 것인지 얘기해 보라고 했습니다. 폼을 잡더군요. 옆에 있던 결혼한 딸이 가로막았습니다.

웬만한 남자 한둘쯤은… 한방 할 줄 아는 애입니다. 상식선에서 이해가 안 되는 사람이라며 애비 대신 나서더군요. 제가 웃으면서(정말 웃음이 나왔습니다) 말했습니다.

"봐라! 요즘 싸움은 몸으로 하냐, 보아하니 30대 같아 보이는데 한 놈은 죽고 한 놈은 감방 가기 한 번 해볼까? 내사 살 만큼 살았으니 별 손해 볼끼 없을 것 같은께…."

큰 구경거리가 생긴 줄 알고 모여든 주변분들 앞뒤를 알고 나서 한마디씩 '세상 참! 말세다 말세라.' 택시기사 한마디 더 했습니다.

"아새끼 그래 키아가 뭐 할끼고? 가거라. 늙은 놈하고 젊은 놈하고 죽기 살기로 싸우마 젊은 놈이 그냥 손핸기라. 그라고 애들 우예 키아야 진짜 아를 위하는 건지 연구 좀 해라."

주변의 분위기 때문인지, 늙은 택시기사의 말이 너무 솔직하게 정곡을 찔러서인지 젊은 친구 우거지상이 되어 뒷걸음을 치더군요. 땅도 넓고 인구가 진짜 많은 어떤 나라에서 친조부모, 아버지, 외조부모, 어머니 여섯 사람이 퍼붓는 너무 많은 사랑이 아이를 어디에도 쓸모없는 애완견으로 만들어 버린다는 얘기가 남의 나라 얘기가 아니라 바로 우리 이웃들의 얘기구나 싶어 어떻게 표현 못할 정도로 기분이 구겨져 버리더군요.

구경이고 뭐고 집어 치우고 돌아섰습니다. 조금은 위로나 받으려고 멍게하고 소주하고 불러서 같이 앉았는데 멍게라는 놈 택시기사 얘기를 다 듣더니 그것참 고소하다며 손뼉을 치며 깔깔거리는 것이었습니다. 소주는 가만히 있는데 위로는커녕 손뼉까지 치며 깔깔거려 멍게 니 오늘 좀 죽어봐라 다른 날보다 더 꼭꼭 씹어 삼켜 버렸습니다. 멍게놈을!

2008. 8. 12.

비가 많이 오는데 운전 그만할까라고 생각도 했는데 손을 드는 손님을 태웠습니다. 술이 많이 취했다는 사실, 승차 후에 풍기는 냄새 때문에 알았습니다.

택시기사한테 얼마든지 있을 수 있는 일이기에 예사로 생각하고 출발했습니다. 목적지에 거의 도착했는데 하필이면 같은 동료 차와의 접촉사고. 원인은 물동이로 내리붓는 듯한 비 때문이라고 하고 싶습니다. 제가 70% 정도 잘못한 것 같은 생각이 들어 내일 보자고 해놓고선 손님이 처음 얘기한 ㅇㅇ아파트 ㅇㅇ통로 앞에 정차 후

"손님! 다 왔습니다."

그런데 자고 있더군요. 비가 많이 오는데 우산도 트렁크 안에 있는데 일어나라고 고함을 쳐도 효과가 없어 어깨를 아플 정도로 잡고 흔들었습니다. 한참이나 쇼를 한 후 겨우 정신을 차리는 손님 마음대로 할 수 있다면 그냥 쥐어박아 버리고 싶었습니다.

그래도 조금의 양심은 있었는지 "미안하게 됐습니다."라면서 거스름 돈을 그냥 두시라며 가더군요. 다음 날 동료차의 수리비는 3일은 벌어야 할 액수였습니다. 비가 많이 오는데…. 운전 그만둘까라고 생각도 했는데… 술 취한 손님 택시요금 몇 푼 받고 정확히 50배 날려 보냈습니다. '운전 그만할까' 라는 생각이 들면 그냥 그만두십시오. 돈 버는 방법입니다.

나, 비록 혼자이어도 나를 지켜주는 또 다른 내가 있어 외롭지 않다.

별것 아닌 삶을 갖고 별것처럼 살지 마라. 문제는 문제를 만드니 문제는 아예 없다고 생각하고 살려무나.

삶을 간단히 만들 수 있는 사람은 행복도 간단히 만들 수 있습니다. 간단한 삶 속엔 심심풀이 새우깡 친구 아예 필요 없습니다. 그렇다면 마음을 나눌 수 있는 친구는 있느냐구요? 그런 친구 쉽게 찾아지나요? 대인관계가 빵점에 가까운 이 택시기사한테 사심 없는 진솔한 우정 나눌 수 있는 친구 만나질 수가 있나요. 일상 속에서 문제가 생기면 남을 탓하는 것보다 자책하는 것이 쉽게 마음이 편해진다는 것을 알게 된 후 사람과 사람과의 관계를 그냥 자연스럽게 놔두고 평온한 마음으로 흘러가야지. 의도적으로 접근하다 보면 득보다 실이 많은 경우가 있다는 속된 생각을 갖게 된 후 사회생활도 대인관계도 문제가 있다는 걸 알고 있으면서도 어떻게 마음정리 하나 제대로 못 하는 저 자신이 너무 미워 마음고생할 때도 있습니다.

대인 관계가 원만치 못하다보니 지인도 극소수입니다. 웬만한 전화번호 머리에 담아다닐 자신이 있고 써야 할 머리를 그냥 놔두면 녹슬 것 같은 기분. 그러다 보면 매사에 자신감을 잃어버릴 것 같은 막연한 불안감과 나이가 들어갈수록 머리를 써야 한다는 생각 때문에 저의 휴대폰 전화번호 창고가 휼랑 비어 있습니다. 잘못 살고 있는 것도 압니다.

저 자신에게 국한된 문제이지 남에게 피해 주는 일은 없을 것이라고 그러면 되지 않냐?고 바보스런 자위도 합니다. 주변사람 특히 식솔들한테 이 얼간이처럼 살면 안된다고 바보처럼 살지 말라고 얘기할 때도 있습니다. 대인관계가 원만해야 생활에 발전도 있고 건강한 노후 생활에도 도움이 된다는데 조금은 알면서도 좋은 방향으로 실천 못 하는 이 택시기사 진짜 바보 틀림없는 것 같습니다.

2009. 4. 1.

50대 후반으로 여자 두 분. 대낮인데 너무 취해서 일행인 듯한 남자 한 분의 부축을 받아 겨우 차에 오르더군요.

"어디로 가십니까?"

발음이 제대로 안되는지 목적지를 알아듣는데 한참이나 걸렸습니다. 술이 혀를 마비시킬 수도 있구나. 그런데 술이 취해 발음이 시원찮아도 노래는 그런대로 할 수 있구나라는 사실을 처음 알았습니다.

"만약에 하늘이 하늘이 내게 천년을 빌려 준다면 그 천년을 ○을 위해 ○○를 위해 아낌없이 모두 쓰겠소."

정말 노래를 잘하는 분들이었습니다. 청승스런 표현력은 정말 최상급이었습니다. 여자 두 분이 온몸을 비틀면서 노래하는 모습, 웃음을 참느라 한참이나 고생했습니다. 목적지에 도착하마자 잠깐 그대로 계시라며 손님을 부축하려고 빨리 내렸는데 그 사이에 문을 열고 내리다가 발하고 머리하고 내리는 순서가 바뀌어 길바닥에 헤딩을 하는 바람에 이마에 피가 조금. 정말 순간적인 일이었습니다. 전부 저의 잘못인거 같아 당황했습니다. 남의 여자 몸 부축하는 것도 조심스럽고 해서 망설이고 있는데 마침 잘 아는 동료분이 사고 난 줄 알고 차를 세우더군요.

형님! 우째 된 깁니꺼? 우선 이분들 길가로 좀 모셔놓자. 동료와 같이 부축해서 안전한 곳으로 모시면서 전후 사정을 얘길 했더니 다행히 상처가 가벼우니 이분들 집을 찾아 가족한테 연락해야 된다는 말이었습니다. 불과 2~3분 사이에 행인 10명이 모여들었습니다. 교통사고가 난 줄 알고….

"혹시 이분들 아는 분 없습니까?"

"할머니! 할머니 얼굴에 피나요."

얼굴 조금 다친 분의 외손자였습니다. 초등학교 3학년이라 하더군요. 두 분의 가족과 연락이 닿자 자초지종을 말씀드렸습니다. 그리고 죄송하다고 말씀 드리고 헤어졌습니다.

몇 년 전 야간에 길가에 쓰러져 누워 있는 취객을 마침 뒤따라오는 동료하고 안전한 곳으로 옮긴 적이 있었습니다. 그 동료기사 하는 얘기, 다음부터 이런 경우에 그냥 못 본 척 지나쳐 버려야 된다고 하더군요. 잘못되면 교통사고 당사자로 오인받을 위험이 있다고… 취객을 옮겨놓고 출발하려고 하다가 반대편 차선에 3~4대의 차가 우리 쪽을 쳐다보는 모양이 되는 것을 보고 그때서야 그 동료기사의 말이 이해가 되었습니다. 교통사고 당사자로 오인받을 경우가 있으니 길가에 쓰러진 행인을 못 본 척 해라? 말이 되는 소리인지 아닌지….

오늘 같은 경우 이 택시기사 뭘 잘못했는지? 경상도 사투리로 '택시 운전 해묵기 참 힘들다' 는 생각이 듭니다.

2009. 5. 23.

전직 나라 어르신이 자살을 했습니다. 왜? 누구 잘못이라고 얘기하기엔 택시기사 머리로선 도대체 모르겠습니다. 자살 원인은 오직 그분 혼자만 아실 겁니다.

사회, 나라의 소위 상류층, 지도층이라 불리는 사람들의 무한한 욕심과 치유불능인 갈등이 우리 사회 전체를 병들게 하는게 아닌가 라는 생각이 먼저 와서 택시기사의 골통을 두드립니다.

출세를 하려면 배움이나 인품보다 학연, 지연, 백, 그리고 돈 등 속된 표현으로 '힘' 이 있어야 된다는 얘기가 있습니다. 정치자금, 부동산투기, 세금탈루, 위장전입, 병역비리, 한전비리, 원전비리, 국방비리, 아버지비리, 아들비리, 또 손자비리….

아래층 사람들은 무슨 말인지 잘 모릅니다. 다른 것은 몰라도 '비리' 라는 친구가 계속 날뛰면 여러 사람 한꺼번에 폭삭 망가질 수 있는데 여기에서 여러 사람들은 거의 아래층 사람입니다.

아파트 위층 사람들이 몰상식한 소음발생행위는 아래층 사람들을 전혀 배려 않는 놀부 심보 때문에 마음이 괴롭지만 사람 사는 사회에서 위층 사람들의 안하무인격인 언행은 아래층 사람들 살맛 없게 만듭니다. 그렇게 되면 여기서도 '욱' 저기서도 '욱' 아래층 사람들의 막가파식 성깔들이 폭발하면 위층 사람들도 불안한 삶을 갖게 됩니다.

사람 사는 사회를 떠받치는 기둥은 위층의 소수들이 아니고 다수의 아래층 사람들입니다. 아래층 사람들은 만져보지도 못할 지폐나 수표 등을 매스컴에 처발라서 아래층 사람들 밥맛 뺏어 가지 마십시오.

중요한 것은 같이 살아야 한다는 사실입니다. 왜? 아래층 사람들의 조그마한 삶이 위층 사람들의 돼지 같은 사고思考에 풍만감을 채워주는 역할도 하기 때문입니다. 고층빌딩의 기초와 아래층 기둥 역할을 평범한 서민들이 하고 있다고 얘길 하면 표현이 너무 아닙니까?

건물의 기초와 아래층 기둥들이 한꺼번에 달아나버리면 위층 높은 어르신들 그냥 꽥하고 별세하십니다.

평범하고 상식적인 삶의 이치들은 쉽게 까먹고 몰상식들하고 같이 어울려서 아래층 사람들의 조금 남은 자존심마저 뭉그러뜨려 왜 평범한 일상마저 멍들게 하는지? 아래층 사람들의 삶도 가끔씩은 살펴보고 서로의 처지를 바꿔 생각해보면 그쪽의 소유들이 더욱 빛남을 실감하게 될 것도 같은데….

어릴 땐 천재라고 불렸었고 자라면서 불의와 타협은 언제나 'NO' 라고 하셨다죠. 높은 자리에 올라가셔서는 위층 사람들의 뒷구멍을 적나라하게 까발리실려고 많은 노력도 하셨는데….

매스컴에 왔다 갔다 한 돈 몇 푼은 어떤 분에 비하면 껌값도 안되는데… 그 어떤 분은 지금도 능글능글 건강하게 살아 숨 쉬는데, 숨쉬기 운동 정상적으로 하는데….

높은 자리에서 물러나신 후에도 30여 년은 더 사실 것이라고 하신 말씀. 둔하기로 자타가 공인한 이 택시기사의 머리에 어제 일처럼 생생히 살아 있는데 한번 가시면 영영 돌아오시지 못하는 곳으로 그렇게 가시다니….

위층 사람들의 표리부동한 꼬락서니들을 향한 속시원한 '사자후'는 어디에서 듣겠습니까? 정말 안타깝습니다.

비정상이 정상보다 더 큰소리치는 나라에서 할 일이 참 많은데, 그런 능력이 있는 분인데….

명복을 빕니다. 또 빕니다.

2009. 5. 27.

귀여운 놈 : 미래를 위해 오늘과 내일을 함께 엮는 놈.

한심한 놈 : 미래에 대한 희망 아예 없다면서 순간적인 쾌락을 쫓아 오늘을 버리는 놈

당장 땅 밑에 가야 할 놈 : 지난날의 실패에 사고思考를 팔아먹고 현재의 즐거움도 미래의 희망도 잃어버린 얼간이 놈

알뜰한 놈 : 과시욕과는 다른 소박한 욕심을 가지고 현재와 미래에서 삶의 즐거움과 의미를 찾아 지구상 어느 누구보다도 자신을 제일 사랑하는 놈

똑똑한 놈 : 지금 행복을 느끼지 못하는 사람은 미래에서도 행복을 맛볼 수 없다며 앉은 자리에서 곁에 있는 행복 꼭꼭 씹어 먹는 놈.

오래 행복할 놈 : 주변을 이해하고 사랑하고자 하는 맘이 가득한 놈.

2009. 12. 11.

막다른 골목입니다. 들어서면 골목 끝까지 가야 돌아 나올 수 있습니다. 골목 중간쯤서 손님을 내려 드렸습니다. 요금 2,300원. 5,000원 짜리를 받고 2,700원 손님에게. 골목 끝에서 겨우 돌려서 나오니 조금 전 내린 손님이 차를 잡더군요. 10,000원짜리를 줬는데 왜 2,700원밖에 안 주냐고. 자기 주머니에 41,000원 있었는데 41,000−10,000 = 31,000+7,700(잔돈) = 38,700원 남아야 하는데 33,700원 밖에 없으니 5,000원 더 내놓으라는 것이었습니다.

70여 세로 손님 술이 꽤 취해보였는데 계산이 기가 막히더군요. 5,000원 내놓지 않으면 못 간다는 폼으로 차 앞에 막아서더군요. 속된 표현으로 5,000원 때문에 황당한 꼴을 당해 호흡이 가빠지는 꼴 처음 경험했습니다.

택시운전 경력이 꽤 오랜 세월인데도 어떻게 해야 할지를 모르겠더군요. 당신의 착각이지 정말 아니다. 아무리 얘길 해도 우기는데 몸싸움을 하다가 앞서 받은 돈 5,000원 짜리를 차내에서 주운 것처럼 내가 정확히 줬는데 당신이 차내에 떨어뜨려 놓고 헛소리를 하느냐며 줬습니다. 어떻게 해도 앞뒤가 맞지 않은 이상한 상황이었는데 돈 5,000원을 받더니 차 앞에서 순순히 물러나더군요.

기사가 5,000원 더 챙겨 먹으려고 엉큼한 짓거리를 했냐고 할 수도 있고 손님이 5,000원 냠냠하기 위해서 개소리 할 수도 있고 아무튼 택시기사 계산으로서는 2,300원어치 태워주고 5,000원 받고 7,700내줬으니 공짜로 태워주고 보태주고 바보짓은 혼자 다 했네요. 잘먹고 잘 살아라. 제발 오래 살아라.

그 후 제 자신도 모르게 거스름돈을 손님에게 줄 때는 액수를 말하면서 주는 버릇이 생겼습니다. 특히 야간에는…. 5,000원 손해보고 큰(?) 지혜 얻었습니다. 세상 참! 택시 운전기사라는 직업 참!〔요즘은 택시 내에(2012. 10) '블랙박스' 가 있지만 그땐 없었습니다.〕

2010. 3. 29.

어떤 남자, 가장입니다. 나이 얘길 하면 그 사람이 자기 얘긴 줄 알 것 같아서 않겠습니다. 그 사람 싸움 잘 합니다.

잘못 씨부렁거리면 한방 얻어터질 염려도 있고 해서 얘기 내용 뼈대만 남겨놓고 엉뚱한 소스, 양념 등을 버무려 얘기하겠습니다.

어떤 남자 도박합니다. 다른 여자 좋아합니다. 또 하나 더 있는데 적고 싶지 않습니다. 가장으로서 해서는 안 될 짓거리 전부 다 합니다. 한마디로 가관입니다.

어떤 면에선 재미있고, 웃기고 호감이 가는 사람입니다. 꽤 오래전에 동료기사 한분이 이 '어떤 남자' 를 화제 위에 올려놓고 순천자順天者는 흥興하고 역천자逆天者는 망亡한다는 옛날 얘기를 심각하게 하셨던 게 기억에 남아있습니다. 그런데 요즘 와서 보면 역천자로 얘기됐던 이 남자 망하기는커녕 돈많이 벌어 여러 여자랑 어울리며 잘 먹고 잘 삽니다.

도덕책대로 살면 순천입니까? 끼니 잇기 힘들 것 같은데요. 부자가 천국 가기는 쥐새끼(?)가 바늘구멍 들어가는 것보다 어렵다는 얘기 누가 했습니까? 말 한마디로 사람을 혹하게 거짓말 잘 하는 사람 돈 많이 벌어 잘 먹고 잘 만 삽디다. '감투' 좋아하는 사람들도 거짓말을 잘 해야 벼슬할 수 있다고 얘길 하면 말 됩니까? 아닙니까?

세법대로 정확하게 세금 납부하는 사람 똑똑한 사람입니까? 모자라는 사람입니까? 정답이 없는 삶이라고 하지만, 가장 노릇 제대로 못하는 바람에 옆에 있는 다른 택시기사까지 욕먹이는 한심한 짓은 제발 좀 그만하십시오.

삶 중에 즐길 거리가 넉넉할 때 아껴두셔야지 기분 내키는 대로 낭비하시면 빨리 소진됩니다. 적당히 즐기시다 재료가 떨어지면 헤어나기 쉽지만 너무 심하게 노시다가 '땡' 할 시점이 빨리 오게 되면 상실감에서 헤어나지 못하고 '삶' 자체를 '땡' 할 수도 있습니다.

2010. 5. 30.

도지사, 군수, 구청장, 도의원, 시의원, 비례대표, 교육감, 교육위원 선거, 며칠 후 있습니다. 라디오, TV, 신문 24시간 듣고 보고 읽을 수 있습니다. 그런데 꼭 길거리에서 50여 년 전에나 있었던 확성기 틀어놓고 요즘 새로이 갖다 붙인 '원숭이 체조'를 해야 '표'를 준다고 누가 얘기라도 했습니까? 남이 하면 꼭 따라해야 될 것 같은 강박감에 쫓기십니까? 착각 속에 뒹굴다가 착각이 현실한테 한방 얻어 터져 코피가 나게 되면 우울증 올 수도 있습니다. 꿈들 깨십시오.

유권자들 제일 많이 하는 말

"시끄러워 죽겠다. ○새끼들 그놈이 그놈이지 별놈 있나? 빨리 끝나뿌마 좋겠다."

선거운동방법 서로 의논해서 조금은 바꿔보십시오. 입후보하신 분들이나 유권자 서로 조금씩 편할 수 있도록 말입니다. 좋은 돈 절약할 수 있는 방법도 연구하십시오. 서로 좋은 일 아닙니까? 돈 절약되고 몸뚱아리 덜 피곤한 방법로 선거운동 이렇게 저렇게 하자. 서로 약속하면 됩니다. '룰' 정하면 됩니다.

2010. 8. 16.

비가 많이 오는 바람에 앞이 제대로 보이질 않는 밤길. 버스정류장에서 여자분이 손을 들더군요. 뒷좌석에 타시겠지라는 생각에 적당히 정차했는데.

앞좌석에 어떤 놈이 불쑥 타더군요. 차를 세울 때는 보이질 않았었는데.

"아저씨! ㅇㅇ동에 갑시다."

"내리시오, 저 여자분이 먼저 손을 들었어요."

"무슨 소리 하는거요, 내가 먼저 잡았는데…."

비만 오지 않았다면 끌어내리고 싶은 기분이었는데, 여자분한테 "미안합니다." 사과를 하고선 출발했습니다. 출발하자마자 아차! 임자 만났구나라는 생각이 들었습니다. 술 냄새, 땀 냄새 또 무슨 냄새인지? 손님을 태우고 나서 이상한 예감이 들었는데 그 예감이 적중했을 때 스스로 놀랄 때가 제법 있습니다.

분명히 여자분이 손을 드는 것을 보고 차를 세웠는데 정차시 보이지도 않던 놈이 불쑥 타고서는 ㅇㅇ동에 가자고 합니다. 아무리 여름이라지만 정말 냄새가 지독하더군요. 이건 정말 아닌데….

기분 많이 다운되어도 인내하는 연습 평소 때 많이 했기에 감정을 억

누르고,

"손님, ㅇㅇ동 어디로 가십니까?"

"ㅇㅇAPT ㅇㅇ동이요."

얼마 후 도착했는데 "손님, 다 왔습니다." 얘기를 하니 코까지 골면서 잠들어 있더군요. 비를 맞으며 트렁크에 있는 우산을 꺼내 쓰고 끌어내렸습니다.

아파트 입구에 들어서자마자 고꾸라지더군요. 택시요금마저 없는 것을 확인하고선 앞뒤 생각없이 그냥 폭발했습니다.

"야! 이 ㅇㅇ야! 네 집이 몇 호고?"

다행히 1층이었습니다. 벨을 눌러도 아무 기척이 없어 문을 크게 두들겼더니,

"뭐꼬 그냥 들어오마 되지. 지랄한다고 똑똑거리며 난리고?"

"택시기사입니다. 댁의 남편을 모시고 왔는데 택시요금이 없다는데요."

말이 끝나기가 무섭게

"ㅇㅇ새끼. 어디서 술 처묵고 택시비 없다고, 기사아저씨요. 내묵고 죽으라캐도 돈 없으니께 그 새끼 아저씨 맘대로 하소, 경찰에 처넣어 삐소."

택시 운전기사도 그냥 보통 사람입니다. 화가 나면 상식 이하의 짓 할 수도 있습니다. 술 취한 남편 택시비 없다는데 집에 있었던 여자도 혼자 술하고 놀았는지 표정, 모션, 술 냄새가 보통이 아니었습니다. 이 부부 전생에 스컹크였나 라는 생각이 들 정도였습니다. 겨우 사정, 사정해서 5,000원짜리 하나 받아들고 차에 와 보니 5,000원 미만일 것이라고 생각했던 요금이 5,700원이 되어 있더군요. 내가 뭘 잘못했는지 기분이 참 묘하더군요, 완전히 콩가루 집구석이구나, 돈 몇 푼 벌기 위해 쓸개 빠

진 놈처럼 헛소리하는 택시기사 네 놈 맘도 콩가루구나. 이 택시기사 콩국수는 좋아해도 맘이 콩가루 되는 건 정말 싫은데….

2010. 10. 12.

누가 뭐래도 저는 택시 운전기사입니다. 손님들께서

"요즘 경기가 어떻습니까?"

"이번 선거 여론이 어떻습니까?"

이 택시기사의 답변 "글쎄요?"

저의 생각, 얘기 있습니다. 얘길 하다보면 저의 생각 저의 얘기가 아니고 남의 생각 여론 등을 재방송하는 듯한 착각이 싫어 말을 줄입니다. 때로는 황당한 오해 때문에 어이없어 할 때도 있지만….

개인택시 ○○지부 총회, 지부장선거 출마한 두 분 다 좋은데 어떻게 해야 됩니까? 두 분 다 찍어 무효표를 만들 수도 없고 그렇다고 오른손은 기호 1, 왼손은 기호 2 가위 바위 보를 할 수도 없고, '모나지 않게 살고 싶다. 좋은 면만 보고 살자' 는 평소 생각을 얘기하려다가 말도 안되는 소릴 지껄였네요.

양심 갖고 소신껏 잘해도 욕 들어 먹겠고 24시간 대기상태로 귀가 열려 있어야겠고, 좋은 소리 듣긴 힘들겠고 바보같이(당선된 지부장님 죄송합니다.) '히히' 웃어야겠고 비틀거리는 기분 입으로 토하지 못하고 뒤로(방귀) 내보내야겠고, 자리에서 물러나면 기분 좋게 샤워하고 속옷이 없어 겉옷만 걸친 기분이겠고. 지부장님 위치를 얘기라고 한건데 엉터리라고 하셔도 달게 받겠습니다.

우리를 위해서 수고하시는 지부장님을 조금은 더 이해하고 웃자고 한 얘깁니다. 주변의 좋은 면을 보려고 노력하면 다른 사람 아닌 자신의 발전을 가져옵니다.

2010. 10. 28.

상가喪家에 다녀오는지 검은색 정장 차림의 남자 세 분 여자 한 분이 차를 잡더군요. 조금씩 취해 보이는 손님들 네 분 다 타실 것으로 생각했는데 그중 제일 젊어 보이는 남자 한 분만 뒷좌석에 타더군요. 여자분이 앞좌석 문을 열고 작은 목소리로

"목적지 얘기하던가요?"

처음에는 요금 선불하시려나라고 생각했는데 그냥 가버리더군요. 의아한 기분으로 출발했습니다.

"손님, 어디로 가십니까?"

"○○에 갑시다."

잠깐 후 차문과 앞좌석 등받이 등을 샌드백 두들기듯 하더군요.

"어! 뭐하는 거요? 어! 무슨 짓을 하는 거요?"

"대리기사는 운전만 하면 되는기라, 뭔 말이 많노?"

순간 뒤통수르 한방 얻어 맞은 듯 정신이 멍해지는 느낌이 정말 어처구니가 없었습니다. "목적지 얘기하던가요?"라고 얘기하던 그 여자의 목소리가 귓가에 앵하고 들리면서 그 말이 뭘 뜻하는지 감이 잡히더군요.

"보소!, 젊은 양반, 이 차는 당신 자가용이 아니고 택시요. 택시!"

큰소리로 말했습니다.

"그라마, 내 차는 어디 있노?"

입으로 먹어야 할 술을 똥구멍으로 쳐먹었는지 말이라고 내뱉는 것들이 변냄새가 지독해서 정말 힘들었습니다.

어이가 없어 그냥 말문이 막히더군요. 다행히 짧은 거리라 잠깐 후에 도착했는데 지갑, 주머니, 한참이나 뒤지더니

"와! 차비가 없노?"

사람마다 조금씩은 틀리겠지만 이 택시기사 너무 어이없고 황당한 꼴을 당하면 그냥 웃습니다. 그러다보면 생각보다 빨리 마음이 차분해집니다.

"손님, 내려서 천천히 찾아 보소."

없었습니다. 그 좋은 돈이…. 아무 일이 없었다면, 미안하다는 말 한마디 있었다면 기본요금 포기했을 것입니다. 비틀거리며 서 있는 폼이 내가 뭘 잘못했냐고 얘기하는 것 같았습니다. 택시기사 입에서 욕이 튀어 나왔습니다. 이 새끼 차비도 없는 놈이 택시기사를 대리기사로 착각하고, 개소리나 하고 똥개보다 못한 새끼라고…. 순간 주먹이 들어오더군요. 피한다고 피했는데 얻어맞아 버렸어요.

짧은 순간 저의 생각이 상대를 때려서는 안된다. 몸싸움이 벌어졌습니다. 얻어맞기도 싫고 때리기는 더더욱 싫고 솔직히 돈이고 뭐고 누가 말려줬으면 했는데 마침 행인 한 분이 지나가길래 부탁을 했습니다. 저 택시기사인데요, 이 사람이 차비도 없으면서 못 가게 합니다. 이 사람 잠깐 좀 잡고 계시면 고맙겠다고….

"아! 알았소. 봐라, 젊은 사람이 어르신한테 무슨 행패고? 차비도 없다면서…."

"니는 뭐꼬?"

그 행인한테 달려드는 걸 보고 그 자리를 빨리 빠져나왔습니다. 그분한테 고맙다는 인사도 못하고… 영업 마칠 시간 한 시간 정도 남았는데 포기해 버렸습니다. 갑자기 서글프다는 생각이 들었습니다. 스스로한테 연민의 정 같은 걸 느낄 일은 아예 없을 것이라고 다짐 비슷한 걸 했던 옛날이 있었는데 오늘 그 다짐했던 일이 떠오르면서 술생각이 나더군요. 취하면 잠이 잘 올 것 같은 생각이 들어서요.

구멍가게에서 소주한 병을 사들고 차에 차려는 순간 뒷좌석에 뭐가 있길래 봤더니 두툼한 지갑 그리고 최신 휴대폰이 있더군요. 어떻게 해야 됩니까? 하수구에 처박아 버려야 합니까?

이 택시기사가 바보같이 좀 모자라는 놈으로 보일 때가 있습니다. 신분증, 각종 카드, 휴대폰, 버릴 수가 없었습니다.

바보 같은 놈 좀 모자라는 놈이라고 남들이 뭐라고 해도 웃을 수 있을 것 같았습니다. 휴대폰 1번을 눌렀습니다.

"여보세요."

여자 목소리였습니다.

"이 휴대폰 주인하고 어떤 관계요?"

"집사람인데요."

"택시기사입니다. 지갑하고 휴대폰 돌려 들릴테니 ○○에 나오시오."

"예! 예! 알겠습니다. 고맙습니다."

10여 분 전에 도망치듯 빠져나온 그 자리에 다시 갔습니다.

경찰 두 분이 와 있었습니다. 저의 차를 탔던 ○○놈 하고 지나가던 행인(제가 싸움 말려달라고 부탁했던 분) 두 사람이 몸싸움이 아니고 진짜 싸우는 바람에 또 다른 행인 한 분이 신고를 한 모양이더군요. 조금 후에 안 사실이지만 택시 운전기사가 싸움 말려달라고 부탁했던 그 행인도 술에 취해서 그래서 '소주' 하고 '탁주' 하고 아니 '양주' 하고 '맥주' 하고 싸웠답니다.

도대체 술이 뭐꼬?

택시 운전기사가 얼굴 없는 '피디' 도 아니고 돌대가리 택시기사가 연출한 단막극 정말 멋진 그림 아닙니까? 만나자고 약속했던 아줌마, 새댁이었습니다.

"내는 늙었으니까 괜찮다는 생각이오, 귀 한 번 만져보소,"

"열이 많이 나네요"

"당신 남편한테 얻어맞아 그런거요"

"어르신 죄송합니다. 계좌번호 좀 알려 주세요. 얼마라도 송금해 드리겠습니다."

"그만두시오. 내 그쪽하고 더 엮이기 싫소. 꼭 그런 맘이라면 이웃에 빌릴 수 있다면 그렇게 하시던지."

잠깐 어딜 갔다 오더니 정말 죄송하다며 얼마간을 돈을 쥐어 주더군요. 별 좋은 기분 아니었습니다. "이해해줘서 고맙다"는 말 한마디 하고 헤어졌습니다.

한적한 곳에 주차시켜놓고 부어라 마셔라 다음 날 주차시켜 놓은 장소를 몰라 택시를 이용해서 이 골목 저 골목, 기사 아저씨 죄송합니다. 저 쪽 길로…. 택시기사들이 흔히 겪는 일입니다.

택시 운전기사가 건방지게 한마디 하고 싶네요. 문제가 있다고 술을 만나면 술은 문제 해결은커녕 문제를 더 꼬이게 만든다는 사실 기억하셔야 합니다.

2010. 12.

조금은 고지식한 놈, 욕심이 많은 놈, 많이 있어 남한테 베풀어야 어깨 힘주며 살아갈 수 있다고 과대망상 속에서 허우적거리는 놈, 남을 이해하려는 마음 많이 부족한 놈, 필요 이상으로 남을 의식하면서도 않는 척 표정관리까지 신경 쓰는 놈! 저 자신을 보고 적은 글입니다. 모자라고 한심한 부분 더 많은데 더 적다간 진짜 더 미워질 것 같아서 조금은 스스로를 이해하고 용서해야 부정적인 생각이란 놈 멀리 보낼 수 있을 것 같습니다.

택시운전을 하다보면 손님들의 분실물을 습득할 경우가 있습니다. 합승이란 것을 할 때도 있습니다. 도깨비(엉터리) 운전할 때도 있습니다.

분실물 돌려드리려고 합승, 도깨비운전 안 하려고 노력하는 것은 제 마음 편하자고 하는 짓이지 누굴 위해서가 아닙니다. 마음이 편해야 만사형통이라고 생각합니다. 합승 등을 하다가 다른 택시기사한테 들켰을 경우 이 택시기사 전부를 단돈 몇천 원에 팔아버리는 듯한 모양새가 남이 뭐라고 하기 전에 저 자신이 이해할 수 없기 때문이라고도 하겠습니다.

70년대 초 사회생활 출발시점에 월급의 액수가 너무 아니라는 시건방진 심보 때문에 "직장생활 않는게 발전하는 길이다." 얼마나 한심하고 대책 없는 생각입니까? 이루어야 할 재산 액수에 말도 안되는 정신나간 '억' 이라는 놈을 붙여 놨으니 결과 뻔한 것 아니겠습니까?

택시운행 중 양심이라는 놈이 찾아오면 그 옛날의 '억' 이라는 놈을 떠올려 착하게 살려고 노력합니다. 양심이라는 놈이 행복을 만드는데 많은 도움 주는 것을 잘 알기 때문이기도 합니다.

쓰레기봉투(20L) 한 장, 담배 네 개비, 소주 반 병, 세 종류의 값이 비슷하더군요. 쓰레기봉투 정량에 20~30% 더 넣기 위해 비닐끈으로 묶어 넣다가 쓰레기봉투 입이 찢어져 아프다고 울어도 내 알게 뭐냐라며 꼴사나운 짓거리해서 얼마가 절약됩니까? 백몇십 원하는 담배 한 개비, 술 한 잔, 빠끔 홀짝 하시면서 쓰레기봉투입 예사로 찢는 분들 가족회의 하십시오. 쓰레기봉투 입 찢지 말자고…. 모범을 보이십시오, 나라 사랑하는 일입니다.

쓰레기봉투 얘기 하나 더 하겠습니다. 차 뒷좌석에 검은 비닐봉투가 있는 것을 보고 어떤 분이 부식을 사가시다가 빠뜨렸나 싶어 열어봤더니 쓰레기가 가득 들어 있었습니다. 이럴 땐 어떻게 해야 호흡 제대로 할 수 있습니까? 어이가 없어 말이 나오질 않더군요.

“잘 먹고 잘살아라!” 택시 안에 쓰레기 버려 절약한 돈 저승 갈 때 꼭 가져가거라. 저승에서도 돈하고 ‘백’ 힘으로 천당 가는 경우와 아무 준비 없이 그냥 간 사람, 천당 가야 하는 착한 사람 지옥 갈 수도 있다 하니 꼭 가져가거라.

알뜰하게 절약하여 성실하게 사는 분들 얼마나 좋은 모습입니까? 그런데 정말 아껴야 될 것과 아껴서는 안 되는 지출이 있습니다. 500여 원 되는 쓰레기봉투 볼썽사납게 묶어 절약해 봤자 100~200원입니다. 스스로의 인품을 100원 200원짜리로 만들지 마십시오,

어떤 여자분이 남의 집 앞에 쓰레기(비닐봉투)를 버리다가 들켜버렸습니다. 그 여자분의 변명이 다른 년이 자기 집 앞에 버리는 바람에 자기도 화가 나서 남의 집 앞에 버렸다는 것입니다. 이웃끼리 입에 담지 못할 욕설들이 오가면서 잡아먹을 듯이 싸우더군요. 500원 아끼려다가

5,000원 아니 50,000원어치 몸과 맘이 상하는게 아닐지….

사회생활을 하다보면 여러 모임이 있습니다. 정기적으로 모여서 웃음도 삶의 윤활유도 만듭니다. 좋은 분위기 속에서 입을 즐겁게 할 푸짐한 음식들도 함께합니다. 웃고 떠들면서 사회생활의 모범도 애국도 있습니다. 자기들 외에는 전부 나쁜 놈들입니다. 조금 지나 모임이 끝난 후의 좌석을 보면 정말 가관입니다.

남아 있는 음식들을 보면 정말 이래도 되는 것인지, 음식 남기면 죄받는다는 말이 왜 있는지 60~70대 노년층은 잘 알고 계실 것입니다. 한 해 음식물 쓰레기 모두 너무도 좋아하는 돈으로 따지면 '조' 단위라는데 그것도 홑단위가 아니고 두 자리 숫자라고 하더군요. 음식 예사로 버리는 사람 중에 쓰레기봉투 입 찢는 분들 많이 있을 것입니다. 우리 다 함께 쓰레기봉투 입 찢는 쩨쩨하고 치사한 짓 제발 좀 하지 맙시다. 큰 그릇이 됩시다.

그래야 큰 부자 되고 마음의 여유도 생깁니다.

2010. 12. 31.

"아침 먹고 화장실에 갔다 오니 한 해가 훌쩍 지나갔네요"라고 표현하면 너무 아닌가요. 2010년 1월 1일이 바로 엊그제 같은데…. 하루나 일년이나 지나간 시점에 서면 비교가 그저 그렇다고 중얼거리는 멍청이들이 많습니다.

이 택시기사의 헛소리겠지만 사람이 살기 위해서 행하는 모든 과정들을 아무렇지 않게 무시해버리고 결과만 가지고 헤헤거리는 조급한 삶이 잘못되어도 뭐가 한참 잘못된 것이 아닌가 라는 생각이 무게 없는 저의 뇌를 때립니다.

한 해가 다 가는데, 아무것도 한 것이 없는 것 같은데 가슴 한구석이 뻥 뚫린 것 같고 할 일을 제대로 못 해 된통 혼이 나야 될 것 같은 스스로가 그냥 밉습니다. 이 택시기사 넓지 않은 집안의 종손입니다. 설, 추석, 기제사 , 묘사 등 연 8회의 행사, 제 자신이 지고 가야 할 업業이고 삶의 모습으로 생각하면서 마음 가볍게 지내왔는데, 차례나 묘사는 아닌데 기제사 때 딱 혼자일 경우가 있습니다.

그럴 땐 조금 묘한 기분이 되기도 합니다. 따지고 보면 마음의 문제지 주변이나 형식 따위의 문제는 아닙니다.

다행히 가만히 있어도 낮과 밤이 바뀌니 가슴의 갈등도 방황도 시간이란 놈이 씻어줄 것이고, 성실한 날들을 쌓다보면 오늘보다 조금 나은 내일이 올 것이고, 서 있는 자리에서 사람답게 살려고 노력하고 주제 넓고 건방진 생각만 버리면 주어진 삶이 알차게 영글 것이라는 확신 속에서 하루하루를 열심히 성실하게 살아가겠습니다.

택시가사 아저씨, 2011년 12월 31일에 가서 같은 헛소리는 제발 좀….

2011년 1월 1일 꼭두새벽에.

2011. 1. 16.

"이상 기후가 뭐꼬?"

"나는 모른다."

"뭐 좀 아는 척 하디마는 말짱 도루묵이고, 아무것도 모르는 거 아이가?"

"문디자슥, 뭔 헛소리고? 내가 언제 아는 척하더노?"

"말끝마다 끼이 드는 거 그거 전부 아는 척이고 잘난 척인기라."

"내가 잘난 기 있어야 잘난 척하지. 고마해라이. 근데 니는 이상기후 뭐라카는 소리는 어데서 들었노?"

"신문에 있더라, 지구촌이 뭐 우짜고, 이상기후가 이렇고 저렇고… 근데 우리나라는 구제역, 조루인푸인가 뭔가 때문에 온나라가 야단이라 카는데 정치하는 사람들은 맨날 싸움질이나 하고 심심하마 이마에 이상한 걸 매가지고, 마무나 걸리마 잡아 묵을 듯한 표정으로 허공에다 주먹질 푹푹하는거, 그거는 또 뭐꼬? 그 사람들 법 맨드는 사람들 아이가? 법 맨드는 사람들이 문제가 생기마 법대로 하마 될낀데 방구만 끼마 인상 꽉 찌푸려 가지고 허공에 어퍼컷 쑥쑥 날리는거 그거 뭐하는기고? 법보다 주먹이 가깝다 카는기가 뭐꼬? 법을 맨들고 지켜야 될 사람들이 법은 안맨들고 법보다 주먹이 훨씬 효과가 있다고 가르키는기가?"

"봐라, 봐라 일마야, 열올리마 니만 손해데이, 이마에 주름살만 느는기라. 내가 아는 척하는기 아이고 솔직히 한마디 해주께. 니학교 오데 나왔노?"

"새삼 시럽게 그거는 와, 묻노? 내사마 ABC 겨우 비았다 아이가."

"그라마 ACB 겨우 아는 정도로마 살마 되는기라, 또도 모르는기 지구촌이고 이상기후고 구제역 인푸 뭐라고 그런 헛소리 하지 마라, 니가 뭔데 똑똑하고 높으신 분들이 계시는 정치마당 얘기하노? 내 요즘 텔레비 신분 같은 거 아무리 듣고 봐도 모르겠능기라. 무슨 소린공 이해가 안된께 그냥 생각 안하는기라. 니나 내나 택시운전 해묵고 살면서 씰때없는 신경 쓰마 사고 나는 수가 있는 기라."

"문디자슥, 택시 운전수라고 운전만 생각하라고. 그래서 동네 걱정은 하지 마라꼬. 그래 생각하마 동네, 아니 나라 생각하지 마라카마 니는 마 자식 대대로 택시운전만 해무라."

"일마 이기요, 무슨 소리 하노, 니 좀 맞을래?"

"뭐! 맞을래? 그래, 때리봐라, 택시운전해 봤자 묵고 살기 힘든데 누부갖고 돈 좀 벌어보자,"

"에라이 ○○새끼 니가 내 친구가?"

"그라마 니는?"

"말끝마다 친구 위하는 척하면서 돌아서마 딴소리하는 새끼 니거튼 새끼하고는 끝이다."

"끝했뿌라, 어떤 놈이 떨 줄 알고, 나도 니거튼 새끼하고는 아예 상종을 안 할란다."

다음 순간 후다닥 치고 박았는데 누가 이겼는지?

2011. 3. 11.

오후 2시 46분경, 이웃 나라 어느 지방에서 큰 지진이 일어났다고 '매스컴' 이 입이 부르트도록 야단이었습니다. TV에서 도저히 믿을 수 없는 장면들을 몇 번이나 보면서 똑똑하다고 내! 여기 있다고 큰 소리쳐대는 인간들이 얼마나 한심한 미물같이 생각되는지….

너무나 끔찍스런 장면 때문에 오랫동안 '삶이 뭐꼬?' 라는 말을 떠울려 봤습니다. '우리 나라 , 남의 나라, 애국, 애족, 지구촌, 택시 운전기사와는 아무 관련 없는 단어들이 왜! 떠오르는지….

사람으로 태어나서 사적인 욕망보다 가정, 그리고 나라를 위해서 애쓰시다가 돌아가시면 유택을 마련해서 형식과 일정을 정해 추모하게 됩니다. 우리 가정을 위해, 우리 나라를 위해…. 그런데 자기들을 위해서가 아니고 남의 나라를 침략했다고 자신들의 우월성을 광내기 위해 태평양 한가운데에 현수막 하나 내걸었다고. 다른 나라는 맛보지 못한 '원거시기폭탄 맛보게 해줬다고, 나라에서 유택을 마련해 놓고 참배한다? 이런 나라 지구상에 있습니까? 돌대가리 택시기사가 황당하게 그린 그림입니까?

정말 잘 모르겠습니다. 더 웃기는 건 그 성스러운 유택에 지구상에서 제일 한심하고 만만하고 갖고 놀다가 기분 내키는데로 패대기쳐도 괜찮고 아예 없애 버리려고도 했던 흰옷나라 사람들도 꽤 모셔져 있다는데, 이건 또 뭡니까? 소시민들 속풀리게 시원한 설명이라도….

이 택시기사 심보도 틀려먹었고 걸핏 하면 밸이 꼴려 소화불량으로 고생하는 한심한 얼간이가 뭘안다고 남의 말을 함부로…그런데 저 자신한테 물어 봤습니다. '세계가 화들짝 놀랄 지진하고 남의 나라 야스거시기 유택하고 무슨 상관이 있느냐고? 택시기사의 답변 "내가 그런 것 알면 택시기사 안한다."

한마디 더! 야스거시기 유택에 참배하는 섬나라 사람들. 지구라는 행성 위에 그쪽처럼 그런 참배하는 나라 또 있는지 꼭 찾아보시길….

2011. 11. 11.

11년 11월 11일 1이 여섯 번 겹친 날이 1000년에 한 번 온다고 라디오에서 나불나불 헛소리인지, 참소리인지…. 아무튼 계산한다고 수고했수다. 천년의 세월, 실감이 나질 않네요. 한 세대를 30년으로 계산하면 33.3세대가 되나요?

지구상에 수십 만종의 동식물 중 제일 나쁜 생명체는 무엇일까요? 다른 동식물들은 만들어진 그대로 살아가는데, 인간은 어떻게 합니까? 죄라는 죄는 다 짓고 나쁜 짓은 죄다 하면서 지구상의 생명체와 상황들을 멋대로 갖고 놉니다. 자연 훼손합니다. 입에 맞게 개조합니다. 죄의식 전연 없습니다. 당연한 것으로 '누가 뭐라 그래?' 입니다.

지구라는 행성이 언제까지 웃고 있을지 반성하며 씹어 보자는 사람 없습니다. 지구상에 똑똑한 사람 차고 넘치는데 사람의 마음을 끄집어 내 씻어 넣을 수만 있다면, 그렇게 하면 인간이 인간을 또 지구를 사랑하게 될 것 같다는 생각이 듭니다. 밤하늘 별만큼이나 많은 인간들이 왔다가 갔는데 사람의 마음을 끄집어낼 수 있는 방법을 얘기한 사람이 없는 걸 보면 아예 방법이 없는 걸까요? 사람 마음을 세탁할 방법만 찾을 수 있다면 지구를 웃게 만들 수 있을 것도 같은데….

상대(개인이나 국가)를 이기기 위해 힘을 기르는 게 결국 다 같이 지구상에서 사라지는 게 아닌지 걱정됩니다.

2013. 1. 1.

"해맞이! 해맞이가 뭡니까?"

"또 해넘이는?"

"해넘이, 해맞이의 해는 다른 날하고 틀립니까?"

뭘 하겠다는 계획 없었는데 ,잠이 일찍 깨이길래 잠자리에서 일어나자마자 집을 나서 평소의 습관대로 무작정 걸었습니다.

05:00, 20여 분 거리에 있는 사거리 교차로에서 평소에 잘 알고 지내던 모범 운전기사 한 분을 만났습니다.

"이렇게 일찍 어쩐 일이요?" 그분 웃으면서 하는 말이 "내가 여기 나온 이유 몰라서 묻는거요?"라면서 한마디 더 "세상 참 편하게 사시네요."

그리고선 헤어졌다. 다리운동 하느라고 바닷가를 한참이나 걸었는데 05:30~06:30 사람과 차, 차와 사람 2km는 족히 되는 해안가 산책로에 새까맣게 늘어서는 사람들, 그때서야 멍청한 이 택시기사, 아하! 해맞이가 이런 것이구나. "편리한 대로 사시네요"라면서 씩 웃던 모범택시기사님의 얼굴도 떠올랐습니다.

해는 가만히 있고 지구가 돈다고 배운 것 같은데…. 그래서 사람들의 생각은 편리한 모양입니다.

어제(2012. 12. 31)의 해, 오늘(2013. 1. 1)의 해가 꼭 같고 정월 보름달, 섣달 보름달도 꼭 같습디다. 1월 1일의 해와 정월 대보름달에게만 소원 빌겠다는 생각 마시고 해가 보이면 소원 빌고(시간 관계 없이) 달이 보이면 소원 빌고(초승달 그믐달 관계 없이) 항시 빌면 훨씬 더 많은 걸 얻을 텐데….

꼭 특정일에만 소원 빈다고 신경 쓰고 잠 못 자고 그러십니까? 해님, 달님, 하느님, 부처님, 일년에 한두 번 복 달라고 비는 표리부동한 기회주의자한테 복 주시렵니까? 시선만 마주치면 '복' 주십사라고 비는 일편단심 민들레 같은 흥부 같은 사람에게 복 주시렵니까?

'답' 은 여러분들의 마음에서 찾으십시오. 매일매일을 기도하는 마음으로 사시면 틀림없이 소원 성취됩니다.

Chapter
4

술이 뭐꼬?
여자는

＼

M선생님, 영전에 드립니다

M선생님! 선생님이 돌아가신 지 10년이 두 번하고도 한참 더 지났군요. 세월이 덧없다는 말 어떤 분이 하셨는지 씹을수록 맛이 있는 '명언'이라는 생각이 듭니다. 선생님과 같이했던 시간들이 정말 오래전인데 엊그제 일같이 눈에 선하군요, 삶 자체의 목적을 술, 여자, 그리고 ○○연주, 술이 있어서 좋고 여자가 있어서 행복하고 ○○연주는 소일거리라고 말씀하시던 선생님, 소일거리라는 선생님의 ○○연주 솜씨는 여태껏 길게 살아오면서 들어본 ○○연주 중 정말 최고였습니다. 그런 실력을 가지고도 왜 지방에만 머물렀는지 지금 생각해도 이해가 안 됩니다.

처음부터 부모님 덕에 경제적 어려움이라고는 아예 모르고 살아온 선생님 입장에선 우선 주어진 현실에 안주하고 싶었지 발전을 위한 도전적인 노력은 처음부터 싫었는지요? 생각하면 정말 아쉬운 짧은 생애였는데 얼마 못 사실 줄 알면서도 웃으려고 노력하셨고 조금이라도 남에게 피해를 주지 않고 삶을 마감하고 싶어했던 선생님의 모습이 어떤 면에선 존경스러운 점도 있었습니다.

그렇게 많은 여자들과의 잠자리를 즐기면서도 임자 있는 여자와의 관계는 큰 죄를 짓게 된다며 몸가짐을 바로 해야 된다는 선생님의 모습 앞에선 웃어야 할지 울어야 할지 묘한 기분이 되는 것도 사실이었습니다.

그 많은 부모님 유산, 곁에서 생글생글 웃던 술과 여자들을 모두 던져버리고 떠나버린 선생님의 짧은 인생이 왜! 잘 잊히지 않는지 잘 모르겠지만 선생님을 알게 된 인연으로 여자를 조금은 더 냉정하게 대할 수 있게 이성적인 거리감과 자제력을 몸에 배게 할 수 있었던 선생님의 얘기들이 새삼스럽게 떠오르는군요. 하수구, 청국장 얘기를 같은 수컷인 주변분들께 할 때가 많습니다.

빨리 망하고 싶고 길게 살고 싶지 않으면 여자를 밝혀라, 파멸에 이르는 지름길이다. 임자 있는 여자를 함부로 대하면 언젠가는 화가 돌아온다. 최소한의 도리를 지켜 사람답게 살아야 하지 않겠느냐. 주변 수컷들 왈 "그 짓거리도 능력이 있어야 한다고!"

"몸에서 하수도 냄새 나는 여자를 만나본 적이 있습니까?"

"에이! 말도 안되는 소리 마소, 사람 몸에서 하수구 냄새가 난다는 게 말이 되요?"

"있는 기라요! 어떤 사람이 하수구 냄새가 나는가 하면 가정주부가 남편이 두눈 시퍼렇게 뜨고 살아있는데 다른 남자를 좋아하고 처음엔 하수구 냄새가 조금 나다가 횟수가 잦아지고 상대가 많이 바뀌면 바뀔수록 진짜 진한 하수구 냄새가 난단 말입니더."

"에이! 그거 선생님이 지어낸 얘기 아인교?"

"말 나온 김에 얘기 하나 더 하겠습니더. 하수구 냄새보다 더 얄궂은 순재래식 청국장 냄새 나는 여자도 있다 캅디더."

"그건 또 무슨 얘긴교?"

"이거는예, 어떤 선배님한테 들은 얘긴데 옛날에는 처녀 총각이 결혼해 갖고 신부가 바로 시집가는 기 아이고, 한 해(1년) 더 있다가 시집가는 풍습이 었었다카데예, 그런데 그 1년 동안 결혼한 새신랑 몰래 이웃집 총각놈과 눈이 맞아 서방질을 하면 청국장 냄새가 딱 난다 카데요. 그것도 순재래식 청국장 냄새요."

"에이! 씰대없는 소리 그만하소, 우째 사람 몸에서 하수구, 청국장 냄새가 난단 말이요?"

"그냥 보통사람은 모르는 깁니더. 남녀관계에 있어 입신의 경지에 들어서마 확실하게 알게 되는 기라요."

"M선생님, 입신이란 말은 바둑에서 들어본 얘기 같은데 남녀문제에 입신이라는 말은 말도 안되는 소리요."

"아하! 참! 제가 하는 얘기 이해 못 하는 거 보마 사장님이 그만큼 순진하다는 얘깁니더."

지금 생각해도 선생님의 술, 여자 얘기는 황당하기도 하고 재미있기도 했습니다. 꽤 오래된 옛날 얘기들을 기억하고 이 글을 쓰는 이 택시기사도 좋은 놈은 못 되는가 보오, 선생님과의 좋지 않은 기억은 죄다버리고 좋은 기억만 갖고 있다가 선생님 계신 곳으로 갈꺼요. 그때 만나 술 한잔 합시다. 그곳에 술과 여자가 있는지 모르지만 지금 현재로선 그냥 있다고 믿는 게 기분이 좋을 것 같소. 만날 날이 자꾸 가까워집니다. 만나면 떨어져 있던 날들의 기억들을 나눕시다.

목불인견지처目不人見之處

조선시대 한양 운종가에 그냥 평범한 삼돌이라는 사람이 살고 있었답니다. 몸뚱이 하나로 벌어먹고 살면서도 성실하고 착한 마음가짐 때문에 주변사람들한테 착한 이웃으로 인정받아 품팔이거리도 많이 들어와 사는 데는 별 지장이 없었습니다. 가난하게 살면서도 자신보다 더 어려운 사람을 보게 되면 그냥 지나치지 못하고 도와주려다가 가끔씩 조금 모자라는 푼수 대접을 받을 때도 있었습니다.

'바보는 즐겁다' 던가요. 항시 웃으며 사는 삼돌이한테 조금은 어울리지 않는 예쁜 여편네가 있었습니다. 꼬라지 값 한다고 정승댁 하인놈이랑 바람을 피우다가 삼돌이한테 꼬리가 잡혀 버렸습니다. '화' 를 잘 낼 줄 모르는 사람이 화가 나면 더 무섭다던가요, 정승집 개를 차다가 들켜도 안 죽을 만큼 봉변을 당하는 세태인지라 어디에도 화풀이할 곳도 없고 여편네를 잡아다가 죽여버린다며 발광을 하니 여편네가 제발 목숨만은 살려달라고 애걸복걸하더랍니다.

말이 쉽지 사람 죽이는 게 어디 쉬운 일입니까? 천성이 착한 삼돌이 여편네를 정말 죽일 수도 없고 분을 참지 못해 씩씩거리다가 "그래, 네 같은 년 죽이고, 살인범 되기는 싫다"면서 대신 다시는 "거시기 못하게 한다면서 여편네 가운데 부분을 축구선수들이 '캐넌슛' 하듯 슛해버렸는데 정말 죽을 줄 몰랐는데… 꼴깍 하더니만 숨을 쉬지 않더랍니다.

포도청에서 삼돌이를 체포해 조서를 꾸미는데 담당나리께서 여자의 그 부분을 어떻게 표현할 방법이 없더랍니다. 고심, 고심하던 '나으리'께서 어릴 때 서당에서 어깨너머 배운 한문 실력으로 지어낸 말이 '목불인견지처目不人見之處(사람이 차마 눈뜨고 볼 수 없는 곳)' 라고 했다더군요. 옛날이나 지금이나 그놈의 '목불인견지처' 인가 뭔가 때문에 많은 사람을 '견공 자제분' 으로 만드는 건 왜 꼭 같은지….

목불인견지처 때문에 패가망신한 사람, 이상한 곳에서 생○ 싸는 사람, 아예 삶 전체를 던져 버린 사람 많습니다. 잠깐의 쾌락과 인생 전체를 그냥 바꿔 먹어요?

사람이 살아가면서 여러 가지를 배우고 경험합니다. 그런데 배우지 않았는데 정말 어느 누구한테도 아무런 도움 없이 자연스럽게 알게 되는 중요한 일이 있습니다. 남녀가 어울려서 자신들과 비슷한 새로운 생명체를 생산하는 기술 말입니다.

기가 막히는 기술입니다.

이 택시기사 이상한 '단어' 하나를 떠올릴 때가 있습니다.

'괴물!'

저의 머리로는 도저히 전혀 이해가 되지 않는 전자제품들을 보고 괴물 같다고 생각할 때가 있습니다. 어떻게 이런 희한한 것들을 만들 생각을 했을까? 누가 만들었을까? 괴물들의 부모는 누구일까? 얼마나 더 괴물일까? 인간이 인간답게 살면 인간이지만 괴물같이 살면 괴물, 그리고 요물 소리까지 듣는다고, 사람답게 살지 않고 괴물, 요물같이 사는 인간답지 않는 인간 넘쳐난다고….

초보택시 운전기사 시절 얘깁니다.

속된 표현으로 먹고는 살아야겠는데 택시운전이 하기 싫어지면 저 자신을 어미제비로 젊어진 식솔들은 제비새끼로 만듭니다. 산으로 들로 돌아다니며 먹이를 물어다가 새끼를 돌보는 어미제비의 심정으로 스스로를 달래면서 핸들 잡은 손에 힘주던 기억이 어제 일같이 새롭습니다. 그 시절의 산 그리고 들, 계곡들은 자연 그대로 아늑하고 푸근하고 싱싱했습니다. 그런데 요즘은 이상한 것들이 많이 생겨 음산한 기분이 들 정도입니다.

○○가든 ○○모텔

원래 인간이 육식동물이었습니까? 집 없는 사람이 그렇게도 많습니까? 성냥갑을 차곡차곡 쌓아 놓은 듯한 '아파트' 라는 집이 참 많이도 있던데…. 집이 없어 잠을 자려면 밤에 이용하셔야지 왜! 낮에 이용합니까? 낮에 잠자러 모텔에 오는 분들 밤엔 뭘 하시는지?

지구상의 모든 동물 중 암수 관계에서 제일 치사하고 역겨운 동물은? 먹고 힘이 남아돌고 괴물들은 부채질하고 전국 방방곡곡 구석구석에 먹고 마시고 누울 곳이 지천으로 널려 있으니… 자제할 줄도 아셔야 합니다. 과식하시면 일찍 갑니다. 땅밑으로….

'기사 변강쇠'

같은 남자인 제가 봐도 정말 잘생겼습니다. 적당한 키, 알맞은 체격, 요즘 젊은 세대들이 얼짱, 몸짱이라는 얘기하는데 딱 그대로입니다. 외모를 쳐다보면 왜 저런 놈이 택시운전을 하는지?(택시 운전기사 여러분 죄송합니다. 저도 택시기사입니다.)

처음에는 어느 유명한 영화배우를 닮아 그분의 이름을 별명으로 생각했었는데 인기인의 실명을 별명으로 하자니 그분한테 실례가 될 것 같은 생각이 들어 그냥 '변강쇠' 로 했습니다.

변강쇠 기사, 정말 안타까운 면이 있습니다. 잘생긴 외모와 달리 입은 극과 극입니다. 가만히 있으면 후한 점수가 그대로 주변에 떨어지는데 찢어진 입이라고 함부로 나불대는 바람에 처음서부터 잘생긴 외모가 벌어들이는 인생 점수를 그냥 까먹습니다. 자신과 상관이 없는 남의 얘기들, 남의 험담만 골라서 합니다.

고약한 심보가 만들어낸 유치한 덤까지 함께 버무려서 쉬임없이 나불나불…. 그것도 할 말 못할 말 거침이 없습니다. 삶에 지친 입들이 '세상에 공짜는 없다' 는 얘기를 하는데 그래서 잘생긴 외모가 버는 보너스를 예사로이 버리면서 자신의 발전은 관심 밖이고 남의 험담에만 열 올리는 주둥이님 때문에 일상에서 얼마나 손해를 보고 있는지 전혀 모릅니다. 외모나, 사고방식이나, 살아가는 모양새나 주어진 그대로 쉽게 살아가는 그런 사람입니다.

평범한 삶의 여정 속에서도 조금은 절제와 인내가 보통사람들에게도 필요한 것인데 변 기사님 '왈' "쉽게 간단하게 살아라!"가 좌우명이랍니다. 조금은 맞는 얘기인지? 정말 아닌 궤변이지? 아니면 중간쯤 걸쳐져 있는 말(言)들의 나부랭이인지?

변 기사님 주변 여자분들이 정말 많습니다. 잘생긴 외모에 속된 표현으로 '도화살'이라도 끼었는지 변 기사님의 복잡한 여자 관계를 잘 알면서도 다가온답니다. 그래서 변기사님은 젊음도, 여자들과의 잠자리 능력도 영원할 것이라고 생각하고 산답니다. 이 여자, 저 여자 배 위를 헤엄치듯 다닌답니다. 여자 배 위에서 헤엄칠 때는 접영이 최고랍니다. 배영은 ㅇ침을 맞고 자유형은 ㅇ꼭지 물린답니다.

도대체 삶 전체가 전부 여자입니다.

'변기사님!' 자신도 아끼고 여자도 아끼십시오, 불행히도 '영원'이라는 표현은 착각이지 실존하는 공간은 정말 아닙니다요. 후일 돌아가실 때가 되면 (삶을 놓아 버릴 때가 되면) 주변 지인들한테 부탁하십시오, 꼭 화장해 달라고요.

여자를 무지 좋아하다가 돌아가신 분을 그대로 매장하면 들쥐가 귀신같이 알고 가운데 그 부분을 똑 떼서 냠냠하신답니다. 종족 번식에 최고 보약이라고 한다더군요, 변 기사님만큼이나 지구상의 암수 관계에 대해 해박한 어느 기사님께 들은 얘깁니다.

조금씩 또 조금씩 아끼십시오, 지나침은 조금 모자람보다 못하다고 했던가요…. 지나침은 맛 갑니다. 건강하십시오, 아껴가며 사십시오. 그리고 남의 말 쉽게 하지 마십시오. 장난삼아 던진 돌멩이에 연못가 개구리 별세하십니다. 이유 없이 남의 허물을 과대 포장하여 나불거리는 그 입의 독소가 몸속에 많이 쌓여 당신이 좋아하는 여자들을 즐겁게 해주는 '거시기'를 못 쓰게 할 수도 있습니다.

"자기야! 일어나 봐."

살아오는 길에 어디쯤에선가부터 돈을 많이 벌어야겠다. 법망에 걸리지만 않고 벌면 된다. 그래서 큰소리치면서 살아야겠다. 아무것도 모르는 주제에 스스로를 옭아맬 수도 있는 용기 하나만 가지고 넘쳐나는 술, 발광하는 생음악, 흥얼거리는 조명 밑에서 해서는 안 되는 장사를 한 적이 있었습니다.

지금 생각, 또 생각해봐도 정말 해서는 안 되는 장사였습니다. 기가 그 바람에 몽땅 말아먹었지만…. 그래 놓고 그런 장사 해봤으면서도 술, 담배랑 어울리는 젊은 여자 이해하기가 힘듭니다. 요즘도 생활 주변에서 만나면 그냥 고개를 돌립니다.

꽤 무더운 날씨에 어떤 젊은 커플이 차를 잡더군요. 서 있는 폼이 아가씨가 남자분의 어깨에 빨래처럼 걸려 있어 보인다는 생각이 들었습니다. 에어컨을 켜고 운전 중이었기 때문에 차를 세우고선 창문을 열었습니다.

"기사 아저씨! 죄송하지만 좀 거들어 주십시오."

쉽게 얘길 하자면 남자 손님이 뒷좌석 우측 차문을 열고 여자 손님을 누워들이는 모양새로 밀고 택시기사는 좌측 뒷문을 열고 어깨 쪽을 잡고 당기는 그림, 이건 무슨 시신을 옮기는 것도 아니고… 그런데 남자 손님도 많이 취했는데 여자랑 길바닥에 나뒹굴지 않기 위해 겨우 버티고 있지 않았나라는 생각에는 그냥 대갈통이….

초저녁인데 젊은 남녀가 몸을 제대로 못 가눌 정도로 취한 몰골들. 목적지를 확인 후 출발하면서 변사체처럼 누워 있는 아가씨를 힐끗 쳐다본 순간 순간적으로 이 택시기사의 머리에 엉큼한 그림이 그려집디다.

어깨쪽을 만져본 느낌이 가슴, 배꼽 아래 가리개 그리고 마대처럼 생긴 아래 위 붙은 옷 하나 세 개만 입었겠구나.

저 자신을 엉큼한 놈이라고 표현하고 싶진 않습니다. 솔직히 애길하자면 젊은 여자, 아니 아가씨로 보이는 분이 옷차림이 너무 '아니다' 였습니다.

"자기야! 일어나봐, 정신차려 봐. 집에 다 왔어."

생리 애기가 나오고 애기 가졌을지도 모른다며 술을 그렇게 마시면 어쩌냐고. 결혼하면 담배 꼭 끊겠다고 해놓고 계속 담배 피운다고 투덜거리듯 옹알옹알하는 남자의 목소리에 아무 관계 없는 이 택시기사 왜 눈물이 나려고 하는지?

내릴 때도 도와줬습니다. 업는거 도와주다가 남의 아가 밥통 만질 뻔했습니다. 아가씨야! 아니 새댁아! 젊음과 건강, 얼마나 귀중한 삶의 자산인지 실감하기에는 당신의 현재가 너무 싱싱하지. 낭비하지 말고 아껴가며 살려무나. 술 조금 멀리하고 담배는 아예 끊고….

팔푼이, 그리고 칠푼이

같은 시절에 같은 동네에서 태어나 같이 웃으면서 자랐습니다.

핏줄이 섞인 사이도 아닌데 닮은 점이 많았습니다. 생긴 꼴, 사고방식, 그리고 식성, 히죽거리는 술버릇까지….

칠푼이, 팔푼이 같은 수컷으로 오랫동안 같이한 날들이 많아서인지 서로의 표정만 봐도 쉽게 서로의 생각을 알아차립니다. 팔푼이가 제일 좋아하는 것은 술입니다. 용돈이란 말조차 없었던 시절인지라 쌀, 보리쌀 등이 술값으로 물물교환하듯 계산될 때도 많았습니다. 팔푼이 술값 때문에 칠푼이 꽤 고생을 하면서도 칠푼이 왈, 내 주머닛돈으로 술 사줘도 그냥 기분이 좋은 친구 하나 있다는 걸 감사하게 생각한다는 칠푼이. 오히려 안주 따윈 아예 생각도 없이 깡술을 홀짝거리는 팔푼이 건강염려 때문에 마음 아파합니다. 칠푼이가 안주 좀 챙겨 술 마시라고 하면

모르는 소리 하지말라는 팔푼이

"칠푼아! 니는 술 뭣땜에 마시노?"

"취하는 맛에 마시지."

"그라마 안주하고 마시는 게 빨리 취하나? 깡술 마시는 게 빨리 취하나?"

"말 같잖은 소리 길게 하고 있네."

"말 같잖은 소리는 니가 하는 기라. 안주란 놈 딱 무시하고 홀짝거리다 보면 그냥 '뽕' 하고 효과가 오는데. 안주하고 같이 넣으면 한참 걸려. 그게 싫은 기라. 안주하고 같이 먹으면 그냥 마시는 것보다 배는 마셔야 될 때가 많은데 그 짓을 우째 하노?"

"팔푼이 니 그런 식으로 계속 마시면 술한테 잡혀 먹힌데이."

"술한테 잡혀 먹힌다고…? 그거 얼매나 행복한 소리고? 이래 가나 저래 가나 한번은 다 가는데 다른 더러운 병보다 술하고 같이 가마 얼마나 좋노. 내가 원래 지구에 없었는데 어쩌다가 니 생각하고는 아무 관계없이 갑자기 지구에 떨어진기라. 내가 원래 없었던 지구에 이상하게 떨어져 머뭇거리다가 날들이 조금 쌓여 내가 없어져 버리면 본전 아이가? 본전인데 억울할 것도 없고 아쉬울 것도 없는 기라. 그라고 이 팔푼이는 항시 인간이 신에게 받은 선물 중에서 인간이 지구상에서 없어져 버리는 조화를 제일 좋은 선물로 생각하는기라. 니! 한번 생각해 봐라. 영원히 죽지 않고 산다고 상상해 봐라. 얼매나 끔찍한 일이고? 그라마 사는기 아이고 죽는기 훨씬 낫는기라."

술은 안주 없이 마셔야 한다는 팔푼이 성대가 좋았으면 '나훈아' 처럼 가수 했을끼고 얼굴이 잘생겼으면 '신성일' 처럼 배우가 됐을낀데 똥창만 튼튼해서 술만 먹는다는 팔푼이, 사람의 죽음은 본전이라는 팔푼이, 술하고 함께 갈 수 있는 저승길이 정말 기대된다는 팔푼이.

30대 중반의 어느 날 칠푼이한테 전화가 왔더랍니다.

"칠푼아! 내 사는 기 조금 남았는갑다. 그랑께 조의금 갖고 술 좀 사온나."

"뭐라고? 죽지도 않은 놈이 조의금 내놓으라고? 그 돈으로 술 사오라꼬? 택도 아닌 소리 하고 있네."

"칠푼아, 내 죽고 나서 후회하지 말고 빨리 술 사온나."

칠푼이 정말 괘씸스런 생각에 사탕 한 봉지 없이 소주 한 상자를 사들고 갔더랍니다.

"팔푼아, 니가 내보다 한 계급 높아서 여태껏 형 대접 해줬는데 내가 지금 조의금으로 술 사온 거 언제 갚을끼고?"

"내가 술을 너무 좋아하다보니 이승에서는 장가도 한 번 못 가보고 가게 됐지만 저승에 먼저 가서 니 살 집 마련해서 니 몸만 와서 살 수 있도록 해 줄게."

"팔푼아! 니 내한테 아무것도 안 갚아도 된다. 내 부탁인데 조금 더 살다가 같이 가자."

"칠푼아! 인간이 지구상에 태어나는 것도 지구를 떠나는 것도 인간 맘대로 되는거는 아무것도 없는기라. 여태껏 살면서 칠푼이 니하고 같이 한 날들이 너무 행복했다. 고맙다, 칠푼아."

"병신 같은 팔푼아, 니 그라지 말고 조금 더 살다가거라. 니가 참말로 죽으면 나는 술 안 먹을끼다."

"헛소리하고 있네. 여태껏 먹다가 반이나 살았는데 술 안 먹는다고.

그 좋은 술을 …. 지구상에 조금 더 있는 거 덜 있는 거 그 차이인데 그 차이 잡을라고 술을 안 먹어. 니 그라마 내 없고 술 없는 지구에서 무슨 재미로 살래?"

"교회나 절에 다녀 볼란다. 니를 잊기 위해서라도…."

"뭐! 절에, 교회에. 종교 그거 전부 거짓말인기라 예수님, 부처님 말씀은 참 좋은 말씀들이고 두고두고 종자로 쌓아 놓을 진리들이지. 문제는 때 묻지 않은 진리들을 그 고귀한 말씀들을 인간들의 욕심이 자기들 멋대로 맛있다는 반찬 죄다 넣고 인공 조미료까지 넣어 비벼서 사람들을 현혹시키는 기라. 인공조미료 맛에 한번 빠지면 헤어나기 힘든기라. 씰대 없는 소리 하지 말고 여태껏 살던 대로 술 먹고 살다가 내 뒤따라온나."

"팔푼아! 돈보다 여자보다 술이 제일 좋다는 놈 니 말고 또 어디 가서 찾아보겠노?"

결국 그렇게 갔습니다. 팔푼이는… 조의금까지 가불해서 사놓았던 술 다먹지도 못한 채…. 칠푼이 울지 않았답니다. 함께한 세월이 울지 말라고 하더랍니다. 그런데 한참 세월이 흐른 후 팔푼이가 왜 그렇게 술을 영원히 곁에 두고 싶어 했는지를 우연히 알게 된 후 칠푼이는 오래도록 울음을 토했답니다.

팔푼이 사춘기 시절, 조금 높은 공직에 계신 어른들이 세컨드를 두면 출세에 문제가 되는 시절이었는데 그 조금 높은 공직에 계신 어른 중에 팔푼이 아버지도 계셨답니다. 팔푼이 아버지께서 뭘 어떻게 하셨는지는 자세히 적을 수는 없습니다.

호적이 잘못되어 문제가 되는 바람에 팔푼이 인생이 어떻게 추스를 수가 없을 만큼 엉뚱한 방향으로 달아나 버렸답니다. 한번 빠진 술의 늪에서 빠져나오지 못한 것은 술이 정말 좋아서가 아니라 바른 정신으로 남을 탓하기 싫어, 자책하고 살기에는 술이 최고였다고, 그래서 술하고 살았다고….

"팔푼아! 또 팔푼아, 그래도 한 번쯤은 칠푼이 내한테 얘기라도 해보지. 행여 서로에게 조금이라도 도움이 됐을는지? 팔푼아! 내가 지구를 떠나 너한테 가면 우리 더 친하게 지내자. 참! 저승에 내 몸만 가도 살 집 마련해 놓는다 캤제. 그런데 죽으마 내 몸도 없어지는데 살 집이 뭐 필요 있노? 팔푼이 니 끝까지 내 놀리묵었는가베. 그래 내를 놀리묵는 니가 더 이쁘게 생각된다. 여기 아무 미련 없다. 빨리 니한테 가꾸마."

Chapter 5

기억 속에서 뒤져낸 이야기들

옛날 옛적에

할아버지 한 분과 할머니 한 분이 살고 있었습니다. 40여 년을 같이 살았는데 서로 좋아한다, 사랑한다는 소리 해본 적 없답니다. 그런데 애는 셋을 키웠습니다. 희한한 일이죠.

싸우기도 많이 했답니다. 재미없이 살았답니다. 40여 년을 살았으니 내일모레가 70인데 요즘도 재미없게 산답니다.

'사랑' 같은 말뜻도 모르고 살면서도 서로를 위해 준답니다. 서로를 위하는 일이 결국 자신을 위하는 일인 줄 알기 때문이랍니다.

할머니는 할아버지를 '머슴' 이라고 생각하고 할아버지는 할머니를 '식모' 라고 생각한답니다. 할머니는 먹고살 수 있도록 돈을 벌어다 주는 머슴이 필요하고 할아버지는 돈 조금 벌어다 주면 밥하고 빨래해 주는 식모를 아주 싸게 고용했다며 뒤로 웃을 때가 많답니다.

서로를 위해서 노력해줘야 상대가 자신보다 건강해야 더 나이가 들면 자신이 편할 것이라는 아주 얄팍한 계산 속에 살면서도 서로를 위하다 보면 조금은 미운 정이라도 생길 수 있으련만 '타인' 이라는 선을 둔답니다.

태어난 것도 삶을 다할 때도 따로따로랍니다. 그래서 서로를 잃어버리는 연습도 자연스럽게 한답니다. 서로에게 너무 의지하다 보면 한 사람이 가 버렸을 때 혼자 서기가 어려울 수 있다고 미리 계산하면서 산답니다. 가족과 이웃 곁에 있지만 삶은 다 따로따로이지 함께하는 삶은 없답니다. 70억 인구가 뒤엉켜 사는 지구촌이라지만 그중 자신은 딱 하나라는 사실을 분명히 알고 살아간답니다.

할아버지가 말씀하셨습니다. 스스로가 딱 하나지만 어울려 살아야 편한 걸 알기 때문에 같이 사는 할머니도 위해주고 이웃도 주변도 이해하는 푸근한 가슴이 있답니다. 그래서 자신도 주변도 행복해진답니다.

한 가지 직업에 종사하면서 돈을 벌면 옷도 운동화도 식료품도, 난방유도 살 수 있답니다. 그래서 사람은 서로 도우며 산답니다. 서로의 중요함을 알면 삶이 간단해지고 쉽게 행복감을 맛볼 수 있답니다.

할아버지는 형제가 없답니다. 가끔씩은 외로울 때도 있었는데 좋은 친구분의 말씀 때문에 '외로움' 도 멀리 보냈답니다. 할아버지는 외동이었지만 친구분은 7남매의 맏이였답니다. 어느 날 할아버지께서 넓지 않은 집안의 종손인데 외동이래서 외로운 기분일 때가 있다고 푸념을 늘어놓았답니다. 할아버지 친구분이 하시는 말씀,

"외동이래서 외롭다고? 외동 아니면 뭘하는데… 남이 보면 7남매인데 내가 보면 나도 외동과 같다."

할아버지 친구분. 동생들 조금은 먼 거리에 둔답니다. 그래야 맘이 편하답니다. 가깝다고 생각하면 할수록 자신의 마음만 다친답니다.

베풀었으면 베풂의 '여유' 만 생각해야지 '바람' 은 스스로를 초라하게 만든답니다. 생활 속에서 만나게 되는 모든 사람들에게 조금 손해보는 기분으로 살아야 한답니다. 주변이 미워지면 자신을 주변으로 보내고 그 주변을 자신으로 만들면 만사형통이라는 말이 가슴으로 온답니다. 주변을 탓하는 시간에 자신이 주변을 대신하면 된답니다.

친구분의 말씀에 감동먹은 할아버지는 삶도 혼자, 집안일, 조상 모시는 일, 전부 몽땅 혼자라는 기분으로 가볍게 산답니다.

어느 날 할아버지께서 그 친구랑 술 한잔 하게 되었습니다. 처음부터 술값은 할아버지가 부담하겠다고 했답니다. 그런데 할아버지는 몇 푼의 돈도 아까워 본전 생각부터 했습니다. 그 본전은 눈에 보이는 돈 몇 푼이 아니라 친구분의 현명한 사고방식, 지식을 훔치려고 생각했답니다.

술이 조금 취하자 할아버지께서 한마디 했습니다.

"친구 봐라, 핏줄한테 맏이가 베풀 생각만 하고 동생들 잘잘못 맘에 두지 않는 그 여유 어디에서 챙겼노?"

그 친구분 말씀

"이 영감쟁이 또 본전 생각하는구마, 오늘은 영감쟁이 본전 생각 싹 없애줄게."

본전 같은 소리는 그만하고 얘기나 속시원히 해보라는 할아버지 성화에 친구끼리 본전이라는 말은 하지 않는 게 좋지 않겠냐?며 나이가 들수록 노숙하게 살아야 한다면서 엉뚱한 얘기를 한참 하던 할아버지 친구분, 앞에 놓인 술 홀짝 하더니,

"내 고향이 ○○인데 진짜 촌놈인 기라."

오형제에 누이동생 둘 7남매의 맏이였는데 부유하지는 않았지만 끼니 걱정은 없는 환경에 그냥 평범하게 자라 각자 가정을 이루어 조금씩 멀리 떨어져 살고 있는데 고향에는 아무도 없고 맏이인 자기가 고향이라는 푸근함과 조상묘 관리 때문에 자주 들른다고 했습니다.

5대 조부모님 슬하에 형제분이 계셨는데 형제 중 동생분이 자신(할아버지 친구분)의 고조부모님이셔서 고조부모님, 증조부모님, 조부모님, 부모님 여덟 분의 묘지를 돌본다고 했습니다.

할아버지 친구분의 기억으로 그 시절에는 생긴 대로 살다보니 동기, 사촌, 재종, 형제들만 20여 명이었답니다. 그런데 집안 핏줄끼리 모이면 오순도순은 없고 티격태격만 있었답니다.

모여서 얘기를 나누다보면 이 사람도 그 사람이고, 그 사람도 이 사람인데 그렇고 그런 사람 평범한데 사소한 일 때문에 어떤 땐 싸울 거리를 만들어 싸우는 듯한 분위기가 될 때가 많았답니다. 주 공격대상은 자신의 아버지였답니다. 뚜렷한 잘못도 이유도 없는 것 같은데 왜 일방적으로 공격을 당해야 했는지? 고조부모님 직계 종손이라는게 무슨 잘못이라도 되는건지? 핏줄이라는 게 도대체 뭔지?

요즘은 차가 많습니다. 부부가 싸웠습니다. 아무 일이 없을 때 부부가 차를 타고 갈 경우 남편은 운전석 아내는 조수석 오순도순인데 싸운 후에는 남편은 그냥 운전석인데 여자는 뒷좌석입니다. 사람 일에 책임자는 어떤 어려움이 닥쳐도 그 자리에서 감내합니다. 기분 조금 나쁘다고 앞좌석에서 뒷좌석으로 옮겨 탈 수 있는 인간들, 남의 말 쉽게 합니다. 할아버지 친구분 이유 없이 공격당하는 아버지를 보고 사람과 사람 사이 핏줄과 핏줄 사이의 거리를 생각하게 되었답니다. 세월이 쌓이다 보니 그 거리를 생각하는 마음가짐이 자신의 맘을 보호해주는 보약이 되었답니다.

7남매 중 세 번째 그러니까 자신의 둘째 동생이 정말 미남이었고 똑똑했답니다. 부모님의 기대도 남달라 결과적으로 부모님 유산도 제일 많이 받은 셈이 되었답니다. 같은 부모님에게서 태어났는데 왜 이 동생만 부모님의 좋은 면만 물려받았는지? 그때는 정말 동생을 자랑스럽게 생각했답니다.

그런데 그 똑똑한 동생은 집안 식구 동기, 그리고 주변 사람 모두 기준 미달인 '한심이' 로 생각하더랍니다. 그래서 안쓰러운 맘이었던지 무슨 일이든지 앞서서 도맡아 처리해주는 오지랖이 좀 넓은 동생이었답니다.

그 동생은 주변 어느 누구보다 7남매의 맏이인 큰형님을 제일 무시하더랍니다. 한심해 하더랍니다. 직접적인 표현은 하지 않았지만 형의 미래를 걱정하더랍니다. 그래서 할아버지는 사람과 사람 사이의 거리를 더 생각하고 계산해보는 버릇이 생겼답니다. 그로부터 반세기 가까운 세월이 흐른 후 똑똑하고 미남이었고 오지랖 넓던 그 동생 7남매 중 제일 가난하게 산답니다. 매사 자신도 의욕도 넘치니 세상만사 자기 뜻대로 될 줄 알고 많이 벌어 큰소리치며 살겠다고 덤벙거리다가 제풀에 꺼꾸러졌답니다.

보통사람들의 삶을 '한마디로 표현해서…' 라면서 결론이라는 말 꺼내는 사람 조금 모자라는 사람들의 짓이니 바보 짓 골라가며 할 필요 없다는 할아버지 친구분의 말씀이다. 외동이라고 외롭다는 말 정말 바보

같은 말이니 다시는 하지 말라는 그 친구. 세월이 더 흐르면 외동이라는 말 자체도 없어진다는 그 친구의 얘기에 할아버지와 할아버지 친구 서로 마주 쳐다보며 그냥 피식 웃음을 나눴답니다. 담배, 끊어야 한다고 그렇게도 잔소리도 하고 면박도 줬건만 요즘도 피우시는 할아버지 친구분 담배 한 개비 입에 물고선 한마디 더 하셨습니다.

앞으로는 삼촌, 고모, 이모, 사촌이라는 말도 없어질 것이랍니다.

'성' 도 '이름' 도 쉽게 바뀔수 있는 세상에 혼자 구닥다리 가치관 갖고 있어봤자 외계인 취급받기 십상이니 머리통과 가슴속에 있는 옛날 것들 과감히 정리해 버려야 쉽고 간단한 삶의 길 보인답니다.

인생의 종점이 보일 듯한 황혼기에 만난 할아버지 친구는 정말 좋은 분이었습니다. 보통사람들의 평범한 삶 속에는 좋은 일 나쁜 일 항시 같이 있답니다.

행복하게 살고 싶다면 좋은 일만 생각하면서 살면 되고 불행은 아예 생각지 않으면 된다는 할아버지 친구분. 다시 한번 '피식' 웃음을 내 뱉더니 짜증내며 투덜거리며 살기에는 여생이 정말 조금 남았답니다. 그러니 웃으면서 아껴가며 살아야 한답니다. 자꾸 웃다보면 '행복' 이란 놈이 불행이라는 놈을 밀쳐버린답니다.

고장 없는 팔다리, 좋은 생각만 골라내는 대갈통, 쉽게 웃는 마음가짐, 칠순의 나이에도 먹는 약이 없다며 그래서 더 행복하다는 할아버지와 할아버지 친구 여태까지 살아온 자리 청소하며 조금 남은 여생 아껴가면서 행복하게 살 것입니다.

엿장수 아저씨

엿장수 아저씨는 요술쟁이 아저씨, 골목 골목 다니며 노는 아이 울리고 우는 아이 달래네….

초등학교 육 학년 때였습니다. 예쁜 여학생이 전학을 왔는데 이름이 '임맥주' 그 여학생의 '동시' 〈엿장수 아저씨〉의 일부분입니다. 여학생 이름이 선주, 민주도 아니고 '맥주' 라니 요즘이었다면 학교생활 '왕따' 하고 같이했을 것입니다. 그때는 '맥주' 라는 술이 없었습니다. 보통사람들의 생활에는…. 반세기 하고도 더 전의 일입니다. 소주, 탁주, 맥주 얘기도 아니고 엿장수 얘기는 더더욱 아닙니다.

요즘 청소년들에게 사람이 살아가는데 뭐가 제일 중요하겠냐?라고 질문했다면 배부른 헛소리들 많이도 할 겁니다. 1950년대 청소년들에게 같은 질문을 했다면 그냥 바보 얼간이라는 소리 들었을 것입니다. 말도 안되는 질문한다고….

용돈, 간식이라는 말 없었습니다. 굶지 않고 배부르게 먹는 것이 사람이 살아가는데 제일 필요한 것이라는 생각 외에는 그냥 다른 얘기들은 사치였습니다. 그 시절에도 부자들 있었습니다. 소수였습니다. 절대 다수의 빈곤층들은 하루 세 끼 굶지 않고 먹는 것, 생존방법이기 이전에 '본능에 의한 갈구' 라고 하면 지나친 표현입니까? 사람이 살아가는데 먹을 것이 최우선이다. 그땐 그렇게 살았습니다. 얼마나 먹을 것이 귀했으면 먼지가 덕지덕지 모여서 파티하는 골방에서 제대로 씻지도 않은 손으로 주물럭거려 만든 엿, 지게나 리어카(그 시절 최신 운반수단)로 골목골목 다니면서 길거리의 먼지까지 자리틀고 앉은 엿 한 토막이 우는 아이 달래고 노는 아이 울리는 그런 모습들이 있었겠습니까?

삼국시대, 조선시대 얘기 아닙니다.

50~60년 전 일입니다. 주변에 계시는 노인분들 가슴 시리도록 체험한 사실들입니다. 1950~60년대, 제가 어릴 때 농촌에 '머슴' 이라는 직업이 있었습니다. 일 년 임금(요즘말로 연봉)이 큰머슴 벼, 보리 반반으로 해서 7~8섬, 작은 머슴 3~4섬 두 사람의 일 년치 임금을 합해도 요즘 그럴듯한 기업체에 근무하는 분의 한 달치 월급에도 미치지 못했습니다. 요즘 젊은 세대들한테 이런 얘기하면 곧이듣는 사람 얼마나 되겠습니까만 기본적인 먹거리가 정말 귀해서 배고픔을 무슨 숙명처럼 인고의 세월을 보내던 많은 사람 있었습니다. 가을에 추수한 곡식이 다음해 봄 보리 수확 전에 떨어져 풀뿌리, 나무껍질〔草根木皮〕로 연명하다 '보릿고개가 태산보다 높다' 는 말이 어린 귀에도 쉽게 이해가 되었습니다.

나라를 위하는 높은 분들을 뽑는 선거라는 것을 하게 되면 문맹자가 많아서 작대기 한 개(기호 1번) 작대기 두 개(기호 2번) 기호표시를 아라비아숫자보다 더 크게 입후보자 이름 앞에 마치 태극기 네 괘 중 건괘 모양처럼 작대기로 표시해서 작대기 두 개 홍길동을 꼭 찍어주세요. 고무신 한 켤레, 탁주 한 뚝배기 드릴 테니 작대기 두 개 홍길동 꼭 부탁합니다.

이 글을 쓰는 저 자신도 꼭 수 세기 전 옛날 얘기를 쓰는 거짓말을 떠벌리고 있지 않나, 라고 착각할 정도의 얘기인데 옛날 얘기 아닙니다. 우리나라 역사를 반만년이라고 놓고 보면 바로 엊그제 일입니다. 피부가 하얗고 코가 유달리 큰, 그리고 피부가 까만 군인들이 우리나라를 지켜준다고 와 있어 쉽게 볼 수 있었던 사실 때문에 지구가 넓구나, 그리고 지구상에는 피부가 검은 사람 흰 사람도 있구나, 학교에서 지구가 둥글다고 배웠는데 죽었다가 깨어나도 이해가 안 될 것 같았는데… 지구가 둥글고 많은 사람들이 산다는 사실 세월이 한참 흐른 후에야 조금 이해가 되었습니다.

요즘 뚱뚱한 사람을 보면 시선이 좋지 않습니다. 자기 몸 하나 관리 못하는 사람으로 봅니다. 먹을 것이 부족했던 그 시절에는 배가 불룩 나온 분들을 부러워했습니다. 먹을 것이 많은 분 그래서 돈이 많은 분, 배가 불룩하면 사장님이라는 호칭 함께 따라다녔습니다. 시골의 한 마을에서 자전거나 라디오 하나 있으면 부자 소리 들었습니다.

요즘 아이들은 기저귀 차고서도 휴대전화 잘도 하더군요. 그 시절 초등학생들은 전화기 구경조차도 힘든 세월이었습니다. 호랑이 담배 피던 시절 얘기 같지만 아닙니다. 겨우 반세기 전 일입니다.

그땐 그렇게들 살았습니다. 지구상 모든 나라의 삶의 질, 부의 정도를 등수로 매길 경우 반세기 전 우리나라는 꼴찌에 가까웠고 지금은 10위권이라고 하더군요. 긴 세월이 아닌 반세기 만에….

정말 있을 수 있는 일인지 잘 모르겠습니다. 아는 척하는 것보다 모른다는 '솔직'이 낫지 않겠습니까?

요즘 젊은 사람들은 옛날 얘기에 그냥 시큰둥합니다. 지난 세월, 현재, 미래 같이 갑니다. 지난 세월의 바탕 위에 오늘의 풍요로움이 이뤄진 것을 아셔야 합니다.

사람들은 서 있는 자리가 어제보다 오늘, 오늘보다 내일이 더 편해지길 원합니다. 편한 내일을 조급히 갈망하다 보면 어제를 버립니다. 오늘보다 좋은 내일만 그려볼 게 아니라 오늘보다 어려웠던 어제를 생각해 볼 때 때로는 휴식과 여유가 옵니다. 휴식과 여유 찾는다고 인간의 발전이 멈추는 것 절대 아닙니다. 인간의 사고력은 잠자는 시간 외에 돌아다닙니다. 그러다보면 여유와 휴식이 발전의 또 다른 활력소가 됩니다.

'옛것은 익히고 새것을 안다.'라는 말이 있더군요. 오늘보다 나은 내일 그려보는 것보다 오늘보다 못했던 어제 생각할 때가 더 쉽게 행복해질 때도 있습니다.

행복하게 살고 싶다면 어제와 내일을 조화롭게 다스릴 수 있는 지혜 터득하셔야 합니다. 넘쳐나는 풍요로움 속에서 지난날 쉽게 무시하고, 일고의 가치도 없다는 듯이 자만심으로 똘똘 뭉친 요즘 젊은 세대들에게 꼭 한마디 하고 싶습니다.

먹을 것이 부족해서 영양섭취가 제대로 안되면 젊음과 함께 춤추는 스포츠, 얼짱, 몸짱 없습니다. 각종 스포츠 키가 작고 힘이 달리면 국제대회 참석도 못합니다. 지난날 무시하지 마십시오.

앞날만 너무 생각지 마십시오. 지난 세월 완전 배제는 스스로를 무시하고 부정하는 어리석은 일입니다.

하나의 가정하에 한마디 더 하겠습니다. 천 원이면 충분히 먹고 남는데 이천 원어치를 먹습니다. 그러다가 날들이 쌓이면 필요 이상으로 먹은 천 원들이 무거워집니다. 일상이 불편해지면 몸속에서 필요 없는 천 원을 청소하기 위해 다시 천 원을 낭비합니다.

천 원이면 충분한 일상에 이천 원을 허공에 날리고도 아예 모릅니다. 살아가는데 꼭 필요한 일과 필요없는 짓거리를 얼마나 잘못하고 있는지 계산해 보십시오, 머리로 계산이 어려우면 손에 들고 다니는 괴물이 용하면 쉽게 된다고들 합니다.

요즘은 길거리의 엿장수 어디로 가버렸습니다.

우째 이런 일이!

인상이 좋아 보이는 젊은 사람이(30여 세쯤) 앞좌석에 타더군요. 시선이 마주치자 알아듣지 못할 소릴 중얼거리면서 손으로 방향을 가리켰습니다.

"말을 못하는 사람이구나!" 라고 생각하면서 손가락 끝을 보고 가고 있는데 왠지 어색해 보이고 뭔가 앞뒤가 맞질 않고 이상하다는 생각이 들었습니다. 넓고 편한 길이 있는데 좁고 복잡한 골목을 가리키는 왼손 검지 손가락 끝을 보고 가자니 대낮에 무슨 도깨비한테 홀린 것도 아니고 한마디 '툭' 하고 싶은데 상대는 '말을 못하는 분인데, 싶어 참고 갔습니다. 목적지에 도착 후 요금계산을 끝내고 내리더니 "아저씨! 수고했습니다." 절을 꾸벅하고선 뒤도 돌아보지 않고 가더군요. 잠깐 그냥 멍한 기분에 젊은 놈 뒤를 쳐다보다가 악담을 했습니다.

평소 악담은 좀처럼 하질 않는데…“야이 ○새끼야, 니 내하고 전생에 무슨 원수 진 일이 있냐?” 늙은 놈 장난감처럼 갖고 노니까 재미있었냐? 진짜로 빙시(병신) 됐뻬라. 아무리 생각해도 처음 만난 인간 같은데 늙은 택시기사한테 벙어리 흉내 내면서 정신 나간 짓 하는 놈. 이 기사는 잠깐이면 쭈그러진 기분 원위치되겠지만 병신 짓거리하는 네 놈은 마음이 불구일 것 같은데 제발 정신 차리고 오늘 같은 일은 정말 하지 말고 똑바로 먹고 살아라.

10월 하고도 하순. 가을비가 추적추적, 빗길 운전 정말 싫은데 그래도 어쩝니까? 빗길 운전 싫다고 그만둔다는 것 말이 안되죠. 그래서 조심조심 다닙니다.

수병 3명, 한 잔씩 걸치셨는지 제법 취해 보이더군요. 두 명이 양쪽에서 한 명을 부축해 서있는 품이 왠지 어설프고 불안전해 보여 더구나 우산도 없이 서서 저의 차를 잡길래 빨리 태웠습니다. 태우고 보니 비틀거렸던 수병이나 부축했던 두 명도 꽤 많이 취한 상태였습니다. 그중 제일 많이 취한 수병이 저의 뒤에 앉은 게 불행이었습니다.

목적지까지 7~8분 거리인데 3~4분쯤 지났을 때쯤 갑자기 ‘우웩….’ 갑자기 목덜미가 따뜻하더군요. 순간적으로 정신을 차려야겠다고 생각했습니다. 안전해 보이는 공간에 차를 세우고 정말 아무 생각 없이 세 놈을 끌어 내렸습니다.

“야!이! ○새끼들아 처먹었으면 밑으로 싸지 왜? 위로 싸나?”

정말 어떻게 해야 될지를 모르고 악을 쓰고 있는데

“박형 아인교? 와이랍니까?”

옛날에 이웃에 살면서 친분을 가졌던 분이었는데 우연히 저를 봤던 모양이더군요. 펼쳐진 그림을 보고 그분도 어이가 없었던지.

"박형! 진정하이소. 자식 또래 애들 때린다고 뭐가 해결됩니까?"

자기 차에 있던 물과 수건으로 저의 목덜미 부분을 닦아주면서 무조건 참으라고 했습니다. 결국 스스로를 달랬습니다. 나도 자식을 키우는데….

세 놈이 울 듯한 표정으로 잘못했다고 빌더군요. 애들 때리지도 말고 현병대 얘긴 아예 꺼내지도 말라면서 어떻게 얘길 했는지 '세차비', '목욕비' 라면서 수병들한테 받은 돈을 쥐어 주길래 받을 수도, 안 받을 수도, 이러지도, 저리지도….

스스로의 몰골이 물에 빠진 생쥐 같았지만 물에 빠진 생쥐는 물만 마르면 간단하지만 씹어 넘겨 반쯤 소화된 음식도 아니고 똥도 아닌 것을 뒤집어 쓰고보니 어떤 기분일런지는 이 글을 읽는 분들의 상상에 맡기겠습니다.

수병들아! 이 늙은 택시기사 한마디 할게. 술을 마시고 위로 싸는 일이 잦다보면 건강을 해치기 전에 인생을 먼저 망치는 수가 있으니 기억들 하려무나.

집에서 목욕 후 차 청소를 하고 있는데 왠지 모르게 그냥 눈물이 나더군요. 살면서 생기는 문제들 생각하기 나름이라고 스스로를 쉽게 달래곤 했는데…. 오늘은 정말 스스로의 모습이 역겨웠습니다. 쪼다씨 인내하십시오. 하나 남은 방법입니다. 택시운전 얼마나 더 계속할런지는 모르지만 그만두는 그날까지 오늘 일을 잊지 않고 있다가 앞으로 택시 운행 중 생기는 문제 등에 소화제로 이용하십시오.

어쩌다 합승을 할 때가 있습니다. 외진 곳. 택시 통행이 뜸한 곳 먼저 탄 손님한테 양해를 구하고 같은 방향인지 확인 후 손님을 태웁니다.

택시 운전기사가 "손님 같은 방향이면 합승해도 되겠습니까?" 손님께서 하시는 말씀. "그러면 내가 내리지요…" 차라리 얻어 터지는 게 낫지. 스스로의 존재가 너무 미워진다는 생각이… 또 하나의 경우 합승손님을 태우면서 어쩌다 뒤따라 오는 빈 택시를 미처 못 보고 실수를 하게 되면 돈 몇 푼 때문에 돌아오는 '이미지' 손상은 몇 푼의 열 배, 백 배가 될 수도 있습니다. (정확한 금전적인 계산도 힘들지만) 합승은 않는 게 속편하다는 얘길 하려고 하다 보니 여러 가지 얘기를….

좁은 골목길을 빠져나오는데 아가씨 한 분이 손을 들길래 차를 세웠습니다. 앞좌석에 타더군요.

"아저씨 ○○동에 좀 가주세요."

좁은 골목이라 천천히 나오는데 헤어스타일로 봐서는 현역으로 보이는 젊은 청년이 손을 들더군요. 아가씨한테 합승해도 되겠냐고 얘길 했더니 웃으면서 이해를 하길래 젊은 청년을 태웠습니다. 출발하자마자 앞좌석 아가씨, 놀란 듯이

"아저씨! 이상한 냄새가 나요"

순간 저도 코를 찌르는 이상한 냄새 때문에 당황해서 차를 세웠습니다. 갑자기 뭔지 모를 둔기에 뒤통수를 심하게 얻어맞은 기분이 되는 것은 그 냄새가 무슨 냄새인지 직감적으로 알았기 때문일 것입니다. 뒷좌석 차문을 열고

"야! 이 새끼 내려 봐라."

온몸에 똥이 묻어 있었습니다. 무슨 연체동물처럼 흐물흐물 겨우 내

리는 놈을 입에 담지 못할 욕을 퍼붓다가 죽여 버리겠다며 때리려고 하니까 똥 위를 때려야 할 판이니 도대체 무슨 비극입니까? "빨리 꺼져 이 ○새끼야" 혼자 발악하다가 앞에 탄 여자 손님 생각이 나 사과하려고 했더니 가버렸는지 안 보이더군요. 시트 커버에 똥 묻혀 이 택시기사 반쯤 돌아버리게 한 놈도 달아나버리고… 그냥 웃음이 나오더군요.

합승손님 태우려다가 돈 한 푼 못 받고 차내에 똥칠만 하고… 누굴 탓해. 누굴 원망해. 스스로 초래한 당신 잘못인데. 촌놈이 도시 와서 택시 운전기사 되고 똥 묻은 놈이나 태우고 출세했다.

한참이나 똥창이 아프도록 웃다가 차에 똥칠한 놈이 탄 곳이 ○○여인숙 앞이라는 생각이 얼른 들더군요. 망설임 없이 가 봤습니다. ○○여인숙 들창코 아줌마, 자칭 온몸으로 세상을 살았다는 아줌마. 욕하는 데는 타의 추종을 불허하는 분. 도대체가 듣도 보도 못한 욕을 하는데 노래도 아닌데 낱말의 장단도 있고 고저도 리듬도 있더군요. 제일 마지막 구절이 압권이었습니다.

"똥×보! 외상○에 튀어나온 새끼 벼락 맞아 뒈지삐라."

"여! 박기사 아까 그 ○할새끼 어데 태우다 줬노?"

택시기사 되는 대로 얘길 했더니

"세상에! 여태껏 살면서 이런 꼬라지는 처음 본데이, 아이고 이거 어데 가서 분을 푸노, 방에 이불이고 뭐고 전부 똥이데이. 아이고 분해라. 아이고 미치뿌겠네…."

오늘따라 여인숙 주인 아줌마의 들창코가 더 벌름벌름하더군요.

이 택시기사는 택시 뒷좌석만 어떻게 청소하면 될 것 같은데 여인숙 아줌마는 방, 이불, 기타 등등을 세탁하게 생겼으니 그 황당함과 울분을 어디에 토해야 잠깐이나마 마음의 안정을 찾는데 도움이 되겠습니까? 돌아섰습니다. 입으로는 분명히 웃음이 삐져나오는데 시야가 흐려지더군요. 눈이 미워 큰소리로 웃었습니다. 택시 운전기사 자격시험 패스했다고…, 정말 좋은 공부 많이 했다고….

초침이 째깍째깍 달려가고 있습니다. 시간이 흐르면 잊혀지겠죠. 오늘 일도…. 택시운전 언제까지 할런지 모르지만 오늘 같은 일 또 있겠습니까?

돈이 원수다!

"아저씨! 가좌동 좀 가입시더."

30대 초반으로 보이는 젊은 사람 기분 좋게 취해 보였습니다.

"아저씨요! 가좌동 가서 내 돈 좀 가지고 구산시 구월동에 좀 가입시더."

시간도 늦었고 장거리라 내키지 않았지만 어쩌겠습니까? 알았다면서 출발하는데 담배 한 대를 꼬나물더군요. 나이를 따지면 자식 뻘인데…. 세상 참, 택시 핸들 잡은 후 나이는 버렸는데 새삼스럽게….

"기사 아저씨요! 내 재산이 10억이 넘는데 요금 걱정은 마이소. 넉넉히 드릴테니 기분 좋게 가입시더."

순간 정신 나간 놈이라는 생각이 들었습니다. 10억은커녕 몇천만 원도 가질 만한 그릇이 안 되어 보이더군요.

"돈, 많으면 좋지요. 그런데 있을 때 아껴 쓰소."

"아껴 쓰요? 내요, 평생 술 먹고 놀러다녀도 마 못 쓰고 죽을 끼라요."

10억이 무슨 애들 이름인 줄 아는교?

때는 80년대 후반 한양시 북악산 기슭 청기와 집에 유달리 귀가 큰 어른이 계실 때의 얘깁니다. 가만히 있는 땅을 가지고 사람이 이름 짓고 가격을 매겨 사고팔고 팔고사고 하는 과정에서 무슨 놈의 땅 값에 '억'이라는 화폐단위가 그렇게도 쉽게 등장하는지? 똑똑한 분들은 참 많이도 벌었다는 얘기가 돌아다녔습니다. 그때 많이 버신 분들 지금도 잘 사시는지 모르겠습니다만 30여 년 가까운 세월이 흐른 지금 그때의 '억 원'과 요즘 '억 원'의 차이는 여러분들이 계산하십시오.

자기 재산이 10억이 넘는다고 자랑하는 저의 택시에 탄 손님의 목적지 구산시 구월동 얘길 먼저 해야겠네요.

우리나라 제일의 항구도시, 그 구월동은 누워서 돈버는 사람이 정말 많은 곳으로 유명한 곳입니다. 나중에 안 사실이지만 제가 사는 이곳 유흥가에서 술을 홀짝거리다 아가씨가 마음에 들지 않는다고 구산시 구월동에 날아간다는 손님. 아무것도 모르는 이 택시기사의 생각에도 참 한심하고 대책없는 철부지로 보였습니다. 당신이 자랑하는 그 재산, 문단속은커녕 사방문을 다 열어놓고 큰소리로 쾅쾅하는 당신이 미워서도 빨리 도망가겠다는 생각도 들었습니다.

혼자 중얼중얼 자랑, 또 자랑, 대꾸하기가 싫어 입을 다물고 있는데 목적지에 도착, 손님의 집 앞에 차를 대 놓고 같이 내렸습니다. 도망쳐 버리는 생쥐 같은 놈에게 당한 적도 있고 차 안에서 기다리기에는 기분이 영 아니었습니다.

시골집, 나무로 된 대문, 조심성 없이 집안으로 들어서는 그 손님. 그리고 대문 앞의 택시기사, 둘 다 이상한 놈들 같다는 생각이 갑자기 들었습니다. 자정이 가까운 시간, 잠시 후 집안에서 두 사람의 얘기가 들렸습니다. 싸우는 것 같기도 하고, 아닌 것 같기도 하고, 마루에서 내려서는 그 사람의 뒤쪽에 할머니로 보이는 한 분이 마루에 쓰러지듯 주저앉으며 "돈이 원수다!"라며 대성통곡을 하더군요.

영문을 모르는 저는 그냥 아예 안 본 척 차에 올라 기다렸습니다.

"아저씨! 빨리 가입시더."

한참을 달리다가 조심스레 물어봤습니다.

"사장님! 하나 물어봅시다."

"사장님요? 내 말입니꺼?"

"재산이 10억 원이 넘는다는데 사장님이지요."

"그, 그런가요?"

"손님, 아까 그 할머님 모친 같아 뵈던데 왜 그렇게 우십니까?"

"우리 엄마 맞는데요, 옛날 사람 돼 가지고 내 술먹고 논다고 안그라능교, 신경 안 씁니더. 평생 쓰고도 남을 돈 있는데 내 뭐 할라꼬 일합니꺼?"

"손님 1~2년 전에는 뭘 했습니까?"

"농사지었지요."

"논밭이 얼마나 되는데요?"

"논밭 합해서 ○○○평 정도 되는데 요새 부동산 값이 억수로 많이 올랐다 아닝교, 그냥 마 벼락 부자됐는 기라요. 내가 일 같은 거 와 하는

교?"

"식구는요?"

"엄마하고 내하고 둘인기라요."

주고 받은 얘기 더 들어봤자라는 생각에…. 별 배운 것도 없는 마음 하나 착한 갑돌이가 농사일 착실히 해서 갑순이 만나 알콩달콩 살아야 딱 맞는 그림인데 어느 날 갑자기 벼락부자가 되어버렸으니 돈 날아가고 사람까지 돈 따라 날아가버리겠다는 생각 쉽게 들더군요. '돈! 참 좋은데. 정말 좋은데….' 가질 만한 그릇이 안 되는 사람에게 갑자기 큰 돈이 생기면 돈한테 잡혀 먹힌다는 사실을 아는 사람 드뭅니다.

10억 원의 벼락부자 아저씨. 이 택시기사와는 아무런 관련없는 사람인데 왜 황당하고 씁쓸한 기분이 되는지…. 당신은 당신의 자리에 바로 서지 못하고 알콜이랑 여자에 찌들어 사라지겠네요. 그 좋은 돈 다 쓰기도 전에…. 가난해서 안타까운 사람보다 돈이 넘쳐나게 많은 당신이 더 불쌍하게 보이는 건 이 택시기사의 심보 때문이겠지요. 술, 여자 좋지요. 그런데 좋아하면 할수록 당신을 파멸의 나락으로 처박아 버린다는 사실을 당신은 아예 모르고 갈거요. 땅 밑으로.

술을 진짜 좋아하는 어떤 '한량' 나으리께서 이런 말씀을 하십디다. 술을 오래 즐기기 위해서 절주를 한다, 한꺼번에 너무 많이 마시면 술한테 잡혀 먹히는 경우가 있으니 적당히 마셔야 술을 갖고 놀 수가 있다고…. 여자도 적당히 거리가 있어야 오래 즐길 수 있다고, 돈, 술, 여자 당신이 갖고 노셔야지, 당신이 그 잡것들의 노리개가 되어 허우적거려서야 되겠소? 제발 당신 인생에 당신이 주인이 되어 살다가시오.

\

사랑이 뭐냐고요

사람이 살아가는데 경험이 중요하다는 말씀 쉽게 합니다. 정말 옳은 말씀입니다. 그런데 필요 없을 것 같은 경험. 겪지 않아도 될 것 같은 경험도 있습니다. 남녀가 만나 삶이 다하는 순간까지 함께하자는 약속 해 놓고 헤어지는 '이혼' 좋은 경험이라고, 살아가는데 필요한 것이라고 얘기할 수 있습니까? 이혼 경험 많다고 자랑할 수도 없고 또 자랑으로 착각하고 나불대다 보면 호흡곤란으로 삶 문제될 수 있습니다.

사람을 두고 등급을 매기고 값을 논할 수 있습니까? 체격, 외모, 지능지수 쌍둥이같이 거의 비슷한 동명이인, 한 사람은 속된 말로 참말로 잘 먹고 잘 살았고, 다른 한 사람은 전과 ㅇ범(그것도 잡범) 쓰레기 같은 인생을 엮어 나갔다는 얘기는 실화였는지? 싸구려 소설에선가 말초신경 화나게 하는 잡지 등에서 봤는지 모르겠습니다만 그런데 살기는 쓰레기 인생이 오래 살았답디다.

사람이 살아가는데 이런 사람 이렇게 살고 저런 사람 저렇게 살고 무슨 수학문제 푸는 공식처럼 사람살이에도 정해진 공식이 있다면 삶이 간단하고 갈등도 없을 텐데, 하지만 새로움에 대한 도전도 발전도 없는 무미건조함 속에서 살다보면 얼마 못 가 발악을 합니다. 왜 하루에도 열두 번씩 변하는 심보(思考)를 가진 인간이기에 평범에 지친 삶의 넋두리들이 헤프게 짜증을 냅니다.

인간의 삶 속에 수학공식 비슷한 것은 아예 필요없다. 치열한 갈등도 숨막힐 듯한 모순도 좋으니 예측치 못할 새로움과 변화가 있어야 살맛이 나고, 남다른 내 것을 챙길 기회가 있어야 사람답게 사는 길이 아니겠냐고….

택시기사와 승객으로 몇 번 만난 어떤 아주머니께서 이 택시기사에게 이런 말씀을 하셨습니다. "사랑해 봤느냐고?" 이 택시기사 왈 "사랑요, 사랑이 뭔데요?" 어디까지나 이 택시기사만의 생각입니다만 '사랑'이란 말만큼 맛없고 재미없고 실체도 없고, 있는 것도 같고 아닌 것도 같고 쉽게 변하는 사기꾼 같기도 하고 언제부터인가 사랑해놓고 뭘(?) 바라는 맘은 처음서부터 사랑 않는 게 맑은 정신 챙기는데 도움된다고 생각해 왔기 때문에 새삼스럽다, 또 생소하다였습니다.

사랑이 뭔지도 모르는 사람이 이해하긴 힘들겠지만 자신은 사랑을 해봤다고 하더군요. 사랑을 해봤는데 그 사랑이란게 사라지고 난 빈 공간에서 진짜 사랑을 찾았다는 그 아주머니의 말씀 알 것도 같고 귀신 씨나락 까먹는 소리 같기도 하고….

정말로 사랑하는 사람과 결혼했더랍니다. 죽을 때까지 사랑다운 사랑을 나누면서 살 줄 알았답니다. 알맞은 체격에 깔끔한 외모 무엇보다 넓은 가슴을 가진 멋진 남자였답니다. 소설이나 영화 속에서 만난 달콤한 사랑 얘기를 혼자 차지한 것 같아 미안해하며 겸손해하며 더더욱 그 남자를 자신만의 사랑이라고 황홀해하며 살았답니다. 그런데, 또 그런데….

결혼 5년여쯤 보통사람들에게 있어서는 안 되는 일이 아니고 있을 수도 있는, 생각에 따라서는 그냥 덮을 수도 문제를 확대시키면 조금은 가슴을 아프게 할 수도 있는 사건이 아주머니의 사랑하는 남편한테 있었답니다.

'남의 여자와 잠자리를 같이하는 짓거리' 사건은 사건이지만 그냥 인생을 뭉개버릴 사건은 아닌데… 신혼여행지에서 서로가 이성에 대한 경험이 조금은 아니라서 머리를 맞대고 끵끵거리며 '허니문 베이비' 를 만들었었고 그래서 서로를 더욱 신뢰하고 사랑했답니다.

너무 좋은 사람하고 행복하게 사는 바람에 불행이란 단어마저 기억 속에서 새하얗게 사라져 버릴 만큼 행복했는데… 그렇게도 사랑했던 그 남편이 딱 한번 다른 여자와 잠자리를 같이한 후 이상하게 아니 아예 다른 사람으로 변하더랍니다. 괜찮아지겠지, 이해하고 잊으려고 많은 노력도 했는데… 여자를 보는 눈빛이 달라진 것 같고 잠자리에서는 지난날의 남편이 하지 않던 별 해괴망칙한 짓거리를 하면서 또 요구하는데, 사람이 짐승으로 변하는 수도 있구나, 그것도 아주 짧은 기간에…. 내가 사람인데 사랑하는 남편도 사람이었는데… 남편이 밉다는 생각보다 스스로도 남편이랑 같이 이상하게 변해 가는 모습이 슬퍼지더랍니다. 사랑했던 모습이 더 추한 몰골로 변하기 전에 아름다운 모습을 조금이라도 남겨 간직하고파 이혼했다더군요.

정말 해서는 안 되는 남의 나라 얘기로만 생각했던 이혼, 이혼이 헝클어진 지난날의 정리가 아니라 또다른 시련의 시작이라는 것을 미처 생각지 못했답니다. 이상하게 변해버린 남편한테 아무것도 요구하지 않고 그냥 딸아이만 데리고 나왔답니다.

복 없는 년이 너무 과분한 사랑을 받아 '에로스' 란 괴물이 질투하셔서 이혼이라는 언도를 내린 것으로 생각하고 그냥 담담히 받아들였답니다. 남편을 탓하고 원망하기에는 영원히 간직하고 싶었던 아름다운 지난날들 생채기만 남길 것 같아 자책만 했었답니다. 남편의 반쪽인 예쁜 딸이 곁에 있어 스스로를 추스를 수 있는 힘을 줄 것 같아서 쉽게 보통 사람들의 삶을 가질 줄 알았는데 딸이, 예쁜 딸이 자꾸만 엇나가더랍니다. 말을 듣지 않는 것이 아니라 엄마가 화날 일만 골라 하는 듯한 모습을 보고선 스스로의 인생이 미워지고 원망스러워져 던져 버리고픈 날들이 쌓여만 갔는데 조금은 정상이 아닌 환경이 딸의 앞날을 헝클어지게 할 수도 있겠구나라는 생각에 정말 가슴이 죄어들어 눈물로 타일러도 보고 애원을 해봐도 문제는 더욱 꼬이는 것 같아 안타깝기만 했답니다.

그러던 어느 날 초등학교 4학년인 딸이 엄마한테 할 얘기가 있다면서 소원이 하나 있는데 엄마가 들어주면 엄마 말을 잘 듣겠다고 하더랍니다. 며칠 전 우연히 옛날 친할머니를 만났는데 초라하고 야윈 모습에 많이 울었다며 같이 모시고 살든지 그렇게 못하면 가끔씩 만나 돌봐드리자고 하더랍니다. 싸구려 소설이나 영화 같은 얘기 속에서 '운명의 장난' 이라는 말을 들었을 때 참 '한심한 말' 이라고 생각을 했는데….

이혼한 지 7년여. 우유부단했던 시어머니. 좋은 기억도 나쁜 기억도 별로 없었던 시어머니, 좋게 말하면 좋은 분이고 나쁘게 말하면 바보스럽다는 표현이 어울리는 시어머니. 30대 초반에 혼자(사별)된 후로 자신의 인생은 있으나마나한 하찮은 소지품쯤으로 생각하고 남편이 남겨 준 아들 하나만을 위해 자신의 전부를 바치신 시어머니, 착하고 공부 잘하고 미쁘게 자라는 아들 때문에 정말 행복에 겨워했다던 시어머니, 아들과 부부의 연을 맺은 며느리, 아들만큼이나 사랑했던 며느리, 그 사랑했던 아들과 며느리가 이혼을 했을 때 하늘과 땅을 보고 며칠을 우셨다던 시어머니….

조금 생각할 여유를 달라면서 어린이들이 이해하기 힘든 어른들의 세계가 있으니 조금은 서로를 이해하기 위해 노력해보자면서 엄마가 너의 소원을 들어 주면 어떤 딸이 되겠느냐고 물었더니 머뭇거림 없이 엄마, 아빠 이혼한 걸 다 같이 미워했는데 앞으로 엄마는 원망 않고 친구 같은 딸이 되고 싶다고 하더랍니다.

며칠 후 딸과 함께 옛날 시어머님을 만났는데 그냥 소리 없이 눈물만 짓는 모습을 보고 답답하고 짜증스런 맘으로 헤어졌는데 눈물에 젖은 시어머니의 눈망울이 어디에서 많이 본 듯한 생각이 들어 한참이나 지난 세월의 기억을 뒤적이다가 여고 2학년때 단짝 친구가 전학을 가면서 선물로 주고 간 애완견 '미미' 의 눈망울이 생각나더랍니다.

몇 달 후 자신을 그렇게 따르던 '미미' 를 잃어버리고 며칠을 전혀 경험해보지 못했던 상실의 늪 속에서 맘고생을 한 후 다시는 자신의 마음을 송두리째 뺏기는 바보 짓은 하지 않겠다고 맹세도 하고 또 다짐도 했는데, 미미의 기억 위에 자신의 인생을 통째로 말아먹은 남편과의 이혼, 그 많은 아픈 기억들이 같이 뭉쳐서 약을 올려도 차라리 웃으며 '운명의 장난' 이란 말도 씹어 봤는데….

전혀 생각지도 못했던 시어머니와의 해후, 다들 쉽게 간단히 웃으며 사는 것 같은데 혼자만 무슨 비운의 여주인공처럼… 그래, 피할 수 없는 숙명이라면 그냥 웃자 이 길이 예쁜 딸을 위할 수 있는 길이라면 또 웃자. 딸과 함께 시어머님을 돌봐드렸답니다. 딸이 정말 착한 아이가 되더랍니다. 엄마 말이 있기도 전에 모든 일을 어른처럼 대견스럽게 하는 것을 보고 시어머님과도 또 다른 정이 들어 사람이 사람을 사랑하는 건 다른 사람을 위하는 게 아니라 스스로를 위하는 것이라는 걸 확실히 깨닫게 해준 시어머님께 감사드리며 산답니다.

"기사 아저씨요! 사랑이 뭔지 모른다고요, 사랑해 줄 거리가 주변에 널려 있는데 사랑이 뭔지 모른다면 인생 헛살았어요."

택시기사가 한마디 했습니다.

"보통으로 평범하게 살 수 있는 여건 충분했었는데 많이 벌려고 까불다가 다 까먹고는 주변과 생활 전체를 미워하고 살아왔으니 사랑해 줄 거리는커녕 미워할 거리만 눈에 보이더군요."

아주머니 다시 한 말씀.

"많이 벌려고 까부는 것도 능력이 있어야 해볼 수 있는 실수요, 실수를 만회할 수 있는 길은 주변과 스스로를 사랑해야 조금의 본전이라도 찾을 수 있는 길이 보이는 거요."

'실패도 능력이 있어야 한다.' 많이 웃었습니다. 아주머니 말씀에….

"아줌마! 어떤 노랫말에 '아픈 만큼 성숙해진다'는 말이 있던데 정말 좋은 말씀 감사하오. 기억하리다. 내 인생에 양념으로 쓰겠소. 여생! 계산 아예 버리고 하루하루 못난 자신부터 사랑하면서 아껴가면서 살겠소. 진심으로 사랑하는 방법 배워서 주변도 사랑하겠소. 정말 고맙소."

호랑이와 쥐 새끼

사춘기, 교복 입고 있을 때의 기억입니다. 높은 선배님인데 한양의 모 유명대학에 진학하셔서 '모교의 자랑'이라는 담임선생님의 소개에 기대를 잔뜩 걸고 그 선배님의 말씀에 귀를 기울였습니다.

'기억되는 말 한마디'

도화지를 놓고 호랑이를 그리다가 잘못되면 고양이라도 그릴 수 있지만 처음부터 고양이를 그리다가 잘못되면 쥐새끼도 못 그린다는 말씀 한마디.

듣는 순간 귀가 번쩍했는데 그 말 한마디가 저의 인생을 송두리째 날려먹을 줄 어떻게 상상이나 했겠습니까? 그래! 어차피 인생종말이 있는데 도화지를 놓고 큰 호랑이를 그려야지 고양이 그림 따윈 내 인생에는 절대 없어야 해. 그냥 먹고살면서 차근차근 노력하다 보면 좋은 기회가 생길 텐데 큰 호랑이 그림만 그리겠다는 허황된 꿈속에 빠진 후로는 사소한 것이지만 중요한 일상을 무시해 버리고 쉽게 포기해버리고 살아가는데 필요하다고 가지셔야 한다고 애원하는 조그마한 보람 행복의 외침들은 척도 않고 그렇게 살아온 결과는?

삶 전체를 도박판에서 올인하듯 바보짓만 골라서 하고 또 연구하면서도 '홀랑' 이라는 놈이 웃으면서 찾아오더군요.

그래서 웃었습니다. 많이도 웃었습니다. 한참이나 지나 눈알이 튀어나올 정도로 고생한 후에야 알게 된 사실이지만 호랑이 그림 그릴 생각만 했지 조급한 마음에 기초과정은 완전 무시했다는 사실. 기초 없는 건물에 깔려 꽥할 것을 면했다는 사실에 감사했습니다.

'꽥' 하고 압사할 일 또 있겠냐? 그러니 용기 내서 살자.

그래서 살고 있습니다. 그런데 바보 같았던 지난 세월 왜 새삼스럽게 얘기하느냐고요? 저 같은 얼간이 하나라도 줄어들었으면 하는 마음과 성급한 결과 생각지 말고 기초(준비과정)만 충분히 갖춰놓고 있으면 '성공' 반드시 찾아온다고 참소리 하고 싶어서입니다.

버리지 말아달라고 버리시면 다시 오지 않는다고 이 택시기사를 사랑했던 처음부터 있던 조그마한 '부' 작은 행복을 큰 호랑이 그림 때문에 다 버리고도 웃으며 삽니다. 삶을 마감하는 순간까지 지난날 어지럽혔던 저의 주변을 깨끗이 청소하기 위해서, 사후 세계를 믿진 않지만 믿는 것이 저 자신을 청소하는데 도움이 될 것 같아서….

자식은 자식 것입니다

사람이 태어나기 전 형상이 생기기도 전에 무슨 '영' 적으로 존재해서 아버지 어머니 언제쯤 잠자리를 같이하셔서 몇년, 몇월, 몇일, 몇시에 태어나게 해주십시오, 라고 계획적으로 태어난 분 있습니까? 생명체로 태어나서 자아自我를 느끼려면 십여 년은 흘러야 된다더군요. 하기야 요즘은 신체적이나 정신적으로 조숙해서 조금은 더 빨리 깨닫는다고들 하지만…. 스스로의 존재를 인식하는 과정에 여러 가지 심오한 표현들이 많습니다만 이 택시기사의 생각으로는 내가, 나도 모르는 내가 여기 있구나.

어릴 때는 본능에 가까운 모습으로 자라다가 조금 지나면 욕심을 쌓습니다. 허욕도 챙깁니다. 조금 더 지나면 위선과 교만, 허세, 삶의 때가 덕지덕지 묻은 말도 안 되는 부모의 욕심이 자녀의 가슴에 주인 노릇하러 들어옵니다. 부모, 자식 간이라지만 진짜 따로따로인데, 태어남도 정말 계획적인 것이 아니었는데….

자녀의 가슴에 부모의 욕심이 들어와 주인 노릇하게 되면 이때부터 그 자식은 부모 인생의 치장품으로 내동댕이쳐진 모양이 됩니다. 자식의 소질이나 능력보다 부모의 더러운 욕심이 자식을 하인 다루듯 합니다. 차라리 복권당첨 바라시는 게 자식골병 면케 하는 방법이지. 조금만 소질이 있어 보이면 쉽게 박○○(축구)이나 김○○(피겨) 등 연예인 얘기들이 나옵니다. 스포츠 스타, 인기 연예인, 정말 성공한 사람 몇이나 됩니까? 그냥 공짜로 되는 줄 아십니까? 스포츠 스타, 인기 연예인, 고급 공무원, 유명회사 사원 전부 남이 우러러볼 수 있는 좋은 직장에 다 가버리면 택시, 버스운전 누가 합니까?(버스 운전기사님 죄송합니다. 제가 운전기사여서 함부로 표현했습니다.)

'4년제 대학 졸업한 도련님께서 환경미화원 취직시키기 위해 모래주머니 메고 뛰다.'

매스컴을 통해 몇 번 들었습니다. 중학교 학력만 있어도 충분한 직종, 고등학교, 대학교 학비는? 물론 그 부모님께서는 그렇게 될 줄 알았냐? 불난 집에 부채질하냐?라는 말씀 하실 줄 쉽게 이해는 됩니다. 문제는 자식을 자신의 욕심과 섞어 과대평가해서 힘들게 하지 마시고 간단하게 사는 방법 부모와 자녀 그리고 주변 사람들과 같이 연구해 볼 필요 있다는 얘기를 하고 싶어서입니다.

지구상에 직종수가 다섯 자리 숫자에 달한다고 하더군요. 그런데 보통 사람들이 먹고사는 문제 앞에 놓고 직업 떠올리면 10여 개에도 못 미칩니다. 20~30개 쉽게 생각한다는 사람 천재 아니면 사기꾼입니다. 10

여 개의 직종 중 스스로가 평가한 자신의 능력, 기대치보다 한 단계만 내려서면 실업자 10%, 두 단계 내려서면 20%, 한 단계 더 내려서면 우리나라 실업자 정말 많이 줄어들 것입니다. 말이 쉬워 한 계단 두 계단 얘길 하지만 쉽게 내려서는 사람 찾으려면 아예 없다는 얘기가 정확하다고요.

용돈, 간식, 다이어트, 스트레스, 우주에서 날아온 말인가요? 1960~1970년대엔 없었던 말입니다. 정말 힘들게 살았습니다. 그렇게 힘들게 살다가 너무 빨리 발전해 버리니까 스스로가 자성한 삶 없습니다. 자신이 서야 할 자리 잃어버리고 남의 삶 흉내내기 급급해서 스스로를 뒤돌아볼 수 있는 마음의 거울 잃어 버렸습니다.

집도, 차도 커야 하고 곁에 있는 물품 전부 분에 넘치고 낭비적인 요소가 많은 것뿐입니다. 기름 한 방울 나지 않는 나라에서 길거리를 가득 메워 흘러다니는 차, 하루가 다르게 솟아오르는 빌딩, 저 개인적으로 생활주변을 보면서 이런 호사를 누려도 되는 것인지? 생활의 여유가 진짜가 아니고, 신기루처럼 사라져 버리는 것은 아닌지? 조금은, 정말 조금이라도 겸손해야 될 것 같은 마음 저만의 바보 같은 생각인지? 그래서 저는 택시운전밖에 못하는 건지….

밥맛이 없으면 몇 끼 굶고 나면 밥맛이 있다는 쉬운 사실 요즘 사람 잘 모릅니다. 남보다 잘나고 뛰어나야 되고 많이 가져야 되고 항시 쫓기는 삶 살다가 스스로가 설정한 기준치와 현실 사이에 생각보다 먼 거리가 생기면 정말 힘들다, 어렵다, 자신이 선택한 길인 줄 아예 모르고 살아가면서 생각보다 쉬운 길이 있다는 사실은 더더욱 모릅니다.

너무 힘들어 스스로가 초라해 보이면 어느 누구도 자신을 이해하고 아픔을 같이할 사람이 없다는 무인도 속에 갇힌 기분이 되면, 젊은 피의 사고방식으로는 '던져 버리자, 지고 있는 삶이 너무 무겁다'

처음부터 끝까지 주변과 자신이 함께 만든 자신의 삶인데 주변만 탓합니다. 우리나라 자살률 OECD국가 중 최고라는 사실 우리 전부의 잘못입니다.

조금 잘살게 되었다고 촐랑거리는 졸부님들, 당신들이 모범을 보이셔야 합니다. 사랑하는 당신의 자식들이 바르게 살아갈 수 있도록.

자식교육 저 자신도 내세울 게 하나도 없습니다. 1남 2녀 그냥 평범하게 삽니다. 둘째가 '남아' 인데 '수능' 볼 때 얘깁니다. 1990년대 초 시험 당일 아침에 '차분히 최선을 다해라, 시험결과를 두고 너보고 뭐라고 할 사람 지구상에는 없다.'

대학 진학을 코앞에 두고 자식과 마주앉아 "앞으로 뭐해 묵고 살끼고?" 애비의 말에 '프리랜서freelancer' 라는 말이 툭 튀어나오더군요. 순간 속으로 네 놈이나 이 애비나 꼭 같구나. 사람 먹고 살게 돼있는 기라, 아니면 지구상에 사람이 살아 있겠나? 니! 직업 문제에 대해 딱 한마디만 하고 싶네.

선생님이라는 직업 보람 있을 것이라는 생각 항시 했다, 사범대학 가는기 어떻겠노? 결국 애비 얘기는 흐지부지 돼버리고 제 생각대로 가고 싶은 대학(학과) 졸업 후 평범한 직장인으로 살아가고 있습니다. 어쩌다가 한 번 '후회' 라는 말을 떠올린다길래 "그냥 그런대로 살려무나, 인간이 갖고 있는 사고思考라는 놈은 미련한 곰 같을 때도 있고, 얄미운 여우 같을 때도 있고 '찬스' 가 왔다 싶으면 제비같이 날렵하게 대응할 능력이 있는 놈이니 하루하루 열심히 살다보면 좋은 날도 있을 것이다." 애비가 자식한테 한 말입니다. 자식놈이 마음에 들지 않는 부분들이 있어도 자식 놈은 '애비'를 어떻게 생각할까?

몸도 마음도 숨어 버립니다. 애비로서 한 일이 너무 없는 것 같아서요. 아들놈아! 애비가 생각하는 애비의 점수, 정말 채점할 건더기도 없지만 50점 정도는 안되겠냐? 안 된다고! 야! 우리 일촌 사이 아니냐? 좀 봐주라, 웃으려고 하는 얘기 아닙니다. 그런 맘으로 삽니다. 요즘 젊은이들 학교생활 그리고 사회생활 어려운 점이 많겠지만. 그 사이에 끼인 군대생활에 여러 가지 얘기가 있어 이 택시기사가 경험한 군대생활 얘기 간단히 한마디 하고 싶어지네요. 육군병으로 35개월 근무했습니다. 처음 1여 년 제일 어려운 점 배고픔이었습니다. '구타' 당연한 것으로 받아들이면서 '설마 죽도록이야 때리겠냐? 제발 배부르게 먹여 놓고 때리든지, 어쩌든지?' 1년 정도 지나니까 요령도 생기고 '위'도 알아서 기더군요, 저의 군대 생활 얘기 다했습니다.(1970년대 초 육군병장으로 제대) 대학교 재학 중 군대 갔다 오라고 자식 놈한테 얘길 했더니 병력 특례가 어쩌고 라면서 방위산업체 얘길 하더군요. 현역으로 갔다 와야 한다고. 네 자신을 통제 속에 가둬 놓고 인내심, 체력 테스트할 기회를 그냥 버리겠냐고.

군 입대(해군)했습니다. 요즘은 잘 모르겠습니다만 그땐 입대 7주 후 면회가 됐습니다. 정말 내키지 않았는데 가족들의 성화에 못 이겨 면회를 갔었습니다.

7주 만에 만나는 부모자식간의 모습들이 참 재미있더군요. 모자지간 서로 안고 우는 건 이해가 조금 되는데 애비와 자식이 부둥켜안고 우는 건 그냥 어리둥절하더군요. 그건 그들만의 얘기이니 못 본 척해야 하는데 왜 역겨움 같은 게 가슴에 차오르는지.

요즘도 '청문회' 라는 이상한 자리에 쉽게 등장하는 '병역비리' 저와 같은 평범한 삶 가진 서민들, 아예 없습니다. '병력특혜' 전부 국방임무 내팽개치면 나라 누가 지킵니까? 사회를 보는 눈 크게 떠지게 하고 국방임무 완수해서 매사에 떳떳함과 자신감을 심어주는 군대생활, 웃으면서 할 수 있는 사회적인 분위기 같이 만듭시다. 무엇보다도 중요한 것은 군대 생활을 부모의 보호 아래 아무것도 모르고 덩치만 크게 자란 아이를 성인으로 만드는 교육과정이라고 생각하시면 틀림없습니다. 사람이 일생을 통해 부딪칠 수 있는 여러 가지 문제들을 해결할 수 있는 유형무형의 정신적인 자산을 만들어 주는 곳으로 생각하셔도 또한 틀림없습니다.

조금이라도 일찍 자식의 소질을 발견해서 하고 싶은 일 즐겁게 하면서 살 수 있도록 도와주는 것이 최고의 교육이라고 이 택시기사 감히 말씀드리고 싶습니다.

자식은 부모의 소유물이 아니고 자식 것입니다.

자식들아, 도둑질을 해라!

차내에서 승객들의 중요한 소지품을 습득할 경우가 있습니다. 지갑, 휴대폰, 핸드백, 옷, 우산, 기타 저 자신이 다른 여느 기사님들보다 착하고 양심적인 사람이라고 떠벌린다면 얘기가 됩니까?

능력도 없는 제가 1남 2녀를 키웠습니다. 자식들의 생각이나 기분은 아랑곳없이 꼴에 애비랍시고 똥폼을 잡고 왜! 공부를 해야 되는지? 인생이 뭐(?)다 라는 둥 지금 생각하면 옳은 소리보다 헛소리 꽤 많이 했습니다.

'자식들아! 도둑질을 해라' 라고 한 적이 있었습니다. 단, 두 가지 조건이 있었습니다.

첫째, 한번 도둑질을 해서 팔자가 확 바뀔 수 있는 액수일 것.

둘째, 두 번, 세 번 따져 봐도 100% 완전 범죄라는 확신이 들 경우일 것.

역설적인 애기로 눈에 보이는 몇 푼에 양심을 버리지 말라는 애기입니다.

소탐대실小貪大失이라는 말이 있던가요? 사소한 것에 마음을 두다보면 정말 중요한 과정을 소홀히 해서 눈앞의 득실보다 미래의 자산을 제대로 관리 못하는 '우'는 범하지 말아야 한다는 생각입니다.

택시운전 중 습득한 물건 처음부터 제 것이 아니니 주인한테 돌려줘야 맘이 편하다, 속된 표현으로 '맘이 편해야 복이 온다' 그런 생각으로 양심 있는 척, 착한 척 돌려 주려고 노력합니다.

도저히 돌려 줄 방법이 없는 적은 액수의 현금 등을 취득했을 경우 혼자 롤러코스터를 타는 양심이란 놈을 쳐다보면 자신이 밉고 한심합니다. 택시운전이 정말 싫어질 때도 있습니다. 따로 챙겨 두었다가 조금이라도 빨리 주변 사람한테 넉넉한 큰 그릇으로 위장합니다. 몇 푼 안되는 돈 내가 쏜다면서….

정말 맘이 통하는 동료한테는 이실직고하고선 같이 소주 한 잔 홀짝거릴 때도 있습니다. 사실 죄다 저 자신의 맘을 위하는 이기심이 하는 연극인데.

15:00시경 화장실에서 볼 일을 보고선 차내 먼지를 털다가 지갑을 주웠습니다. 현금 40만 원 정도의 달러, 엔화, 부적, 카드 등이 들어 있더군요. 분실한 분의 신분을 알 수 있는 것은 아무것도 없었습니다. 명함 10여 장이 있길래 몇 군데 전화를 했습니다.

"택시기사입니다. 핑크색 지갑을 주웠는데 내용물이 이렇습니다. 혹시 지인들 중에서 지갑 분실한 분을 알 수 있을까 싶어 전화를 드렸습니다."

17:00시 저녁 식사 겸 집에 들러 전화를 했었는데 한 시간쯤 지나 전화가 왔더군요. 지갑 분실한 사람이라며. 여자 목소리더군요. 제가 전화 드린 분 중에 지갑 분실한 분의 결혼한 따님이 저의 전화를 받고 친정엄마한테 연락이 됐다고 하더군요. 만나서 지갑을 돌려 드렸더니 "아저씨! 잠깐만요" 하시더니 만 원짜리 몇 장을 꺼내 주시면서 두 번, 세 번 고맙습니다고 하시더군요. "아줌마! 이러시면 안됩니다. 이 돈 받을 수 없습니다." 그런데 그 분 말씀이 "나도 당신만큼 양심있는 사람이오. 이 돈 안 받으면 아예 못 가게 하겠다."며 차 앞을 가로막는 것이었습니다.

옥신각신하다가 결국 제가 감사하다며 받았습니다. ○만원이더군요.

솔직히 그냥 기분이 착잡하고 갈등이란 놈이 같이 오더군요. 보소! 택시 타는 승객 여러분, 제발 차내에 뭘 떨어뜨려 나쁜 기사 만들지 말아 달라고 부탁하고 싶은 심정입니다. 왜냐구요? 경상도 사투리로 '과자는 무마 달다' 라는 철언을 떠올리 보마 쉽게 이해가 될낍니더. 잃어버린 지갑 돌려받았다고 기어이 얼마간의 현금을 쥐어주는 아줌마의 맘이 훈훈하게 느껴지더군요. 그런데 몇 시간 후 영업을 마칠 때쯤 전화가 왔더군요. 지갑을 돌려 받은 사람이라며 꼭 만나서 할 얘기가 있다면서…. 다음에 시간 나면 기회가 있지 않겠느냐고 했더니 막무가내로 그냥 꼭 만나자는 얘기였습니다. 결국 만나 얘길 들어 봤더니 생각하면 할수록 고맙더랍니다. 그래서 술이라도 한 잔 대접하면서 얘기를 나누고 싶어 다시 연락하게 됐다는 얘기였습니다.

집으로 전화를 해서 휴대폰 번호를 물었더니 서슴없이 얘기해주는 바람에 또 한 번 조금은 다른 분들이라는 생각이 들었다면서 어떻게 하길래 낯선 여자가 남편의 전화번호를 묻는데도 그냥 쉽게 얘기해 줄 수 있느냐고 하더군요.

제가 한마디 했습니다. 능력이 안 되는 남자, 다른 여자 쳐다볼 주변머리 아예 없으니 보통사람 만들어서 하는 그런 걱정 아예 않고 사는 가정이라고요. 쉽게 잘 웃는 아줌마, 아담한 주점 업주더군요. 많이 웃었습니다. 그냥 가볍게 웃을 수 있다는 것 얼마나 좋은 일입니까?

아줌마는 사장님 같은 양심적인 택시기사님은 만나기 힘든 분이라는 얘기였고 이 기사의 대답은 초저녁 처음 만났을 때 ○만원씩이나 주셨으면 충분하지. 또 전화를 해서 이런 좌석을 생각하셨느냐고?

그래서 서로가 아직은 좋은 사람이 많아 살 만한 세상이라고 그래서 또 웃었습니다. 조금은 힘겹게 살아오셨는지 평범한 대화 속에서도 삶의 깊이와 철학이 묻어나오는 말솜씨, 정말 좋은 분이었습니다. 아줌마 건강하시고 복 많이 받으십시오. 아줌마의 그 양심이 아줌마의 생활을 든든히 지켜 줄 것입니다.

\

양심껏 살아야 한다고요?

양심이 사람 바보 만들기도 합니다.

택시 뒷좌석에 승차하신 손님께서 택시기사가 전연 눈치 채지 못할 위치에 있는 현금이 가득 든 지갑을 주워 기사 모르게 현금만 슬쩍한 후 빈 지갑은 차내에 살짝 두고 가버렸다고 가정합시다.(쉽게 있을 수 있는 일입니다.)

개인적으로 들은 얘깁니다만 신분증만 있는 지갑, 돌려주고 싶으면 길가에서 배고프다고 입 벌리고 서 있는 우체통에 넣어 버리는 게 제일 간단한 방법인데, 직접 돌려주겠다고 애써 연락을 해 만난 지갑 주인이 지갑 속에 현금이 많이 있었다고 하면 어떻게 할 수 없는 황당함에 사람이 미워지는 경우가 있으니 유념해야 된다는 애기였습니다.

택시 승강장에서 한 사람만 더 태우고 그만둬야지 제가 사는 ○○동쪽으로 가는 손님이었으면… 하나마나한 스스로의 생각에 피식 웃음이 나왔습니다.

"아저씨! ○○동으로 가주세요"

예쁜 아가씨가 뒷좌석에 오르면서 한 말입니다. 제가 사는 동네로 가자는 소리에 알았다며 출발했는데…. 잠시 후

"아저씨! 여기 먹다 남은 아이스크림이 바닥에 떨어져 있어예."

"그! 그래요? 어떤 손님이 처먹다가 입에 맞질 않았던 모양이군요."

"……."

"그냥 짜증나서 한 소리지, 아가씨한테 한 얘기는 아니니 이해하시오."

"아니예! 짜증날 만도 하고, 이해됩니다."

아가씨와 헤어진 후 뒷좌석을 청소하면서

"택시 이거 누가 만들었노?"

"택시 만든 사람 탓하지 말고 네놈이 안 하마 될 꺼 아이가."

일찍이 옛날부터 남 탓하지 말라고 했는데, 택시기사 혼자서 중얼중얼… 그런데 앞좌석 밑에 지갑이 하나 있더군요. 현금, 각종카드, 신분증(○군상사), 명함.

종일 손님들한테 시달린 생각 아이스크림 버린 한심한 ○생각. 이런 기분 속에서 나는 짜증을 스트레스라고 하는 건지…. 현금 슬쩍하고선 나머지 아무곳에나 던져 버리고 싶은 맘 정말 있었습니다. 구겨진 기분 정리하다가 지갑 잃어버린 놈 생각이 나더군요.

'그래! 원래 내 돈이 아니고, 또 착하게 살면 복 준다 카던데 복이 오고 아니고는 내 모르겠고 푼돈 몇 푼에 스스로를 팔지 말자.'

"여보세요! ○○○ 상사님 맞습니까?"

"야! 임마. 너 누구야 어떤 새끼가 밤늦게 전화하고 지랄이야, 너, 내일 만나면 나한테 죽을 줄 알아!

"……."

어이가 없어 멍하니 있다가 정말 어떤 놈인지 왜? 이런 상황이 된 건지?

"○○○ 상사, 옆에 다른 사람 있으면 전화 바꿔봐라."

그러자 알아듣지도 못할 소릴 중얼거리더니 이내 전화를 바꿔 주더군요. 여자였습니다.

"전화받는 분 ○○○ 상사하고 어떤 관계입니까?"

"처형 되는 사람인데예."

"아줌마요! 이쪽은 택시기산데요, ○○동인데 영업 마친 후 차내에 지갑이 있어 돌려줄려고 전화를 했는데 욕이나 들어먹고 어이가 없어서 참…."

"아 아저씨! 미안합니더. 이해해 주이소, 지금 ○서방 계모임에 갔다가 술이 많이 취해 이 전화를 친구가 하는 걸로 착각하고 그랍니더, 정말 죄송하게 됐네예."

사람이 하는 소리가 아니고 술이 하는 소리겠지, 처음부터 내 양심 다치지 않으려고 돌려주겠다는 생각했으니….

"아줌마! 그곳이 어디쯤 됩니까? 지금 바로 가겠습니다."

"여기 ○○입니더."

만난 후 두 번, 세 번 고맙다는 아줌마께 지갑을 드렸더니 다시 한번 고맙다면서 그냥 돌아서 가더군요.

"아줌마!"

돌아서는 아줌마께 한마디 했습니다.

"잠 못 자면서 욕들어 먹고 여기까지 차 끌고 왔는데 무슨 보답을 기대하고 온 건 아니지만 택시요금 정도는 줘야지 않겠느냐."고….

"아참! 깜빡했네예. 내가 그런 사람 아닌데. 저도 제부 헛소리 땜에 정신이 없어 잘못 됐네예. 얼마 드리면 됩니까?"

갑자기 말이 하기 싫어지더군요. 뭘 바라고 여기 온 건 정말 아닌데.

말을 않고 있는 저한테

"기분이 상했다면 이해하이소, 여태껏 살면서 이런 경우 처음인 것 같습니더…."

하면서 몇 푼을… 아줌마의 얘기가 진심인 것 같아서 계속 미안하다는 아줌마를 이해하기로 했습니다.

그런데 기분은 영 아니었습니다. 자존심이 콱 뭉개져 내팽개쳐진 기분, 화장실에서 뒤처리를 않고 나온 기분, 갑자기 누구하고 술 한잔 하고 싶은 기분이 들더군요. 너무 늦어 어디 전화할 수도 없고 어쩌다 가끔씩 들르는 구멍가게에서 한잔했습니다.

앞으로 내 차안에 떨어져 있는 건 전부 내꺼다. 그러니 절대 안 돌려준다. ○새끼들 '푼돈에 양심 팔지 말자고 했는데…'

평소 때 유식하다고 생각했던 구멍가게 사장님 한 말씀 하시더군요.

착한 일을 하려면 하는 그것으로 끝나야지 다른 미련 생각하려면 아예 않는 게 낫다고…. 구멍가게 사장님 말씀이 타당하시고 이해도 쉽게 되는데 이 택시기사를 나무라는 것같이 들리는 걸 보면 저의 마음이 순수하지 못해서가 아닌가 싶어 여러 가지로 맘이 불편한 날이었습니다.

당신도 늙어!

"응!, 언니야, 어제 잘 들어갔나? 그런데 와, 전화했노?"

"……."

"그래 말이다."

"……."

"응응, 중환자실에서 나왔다.

"……."

"그래 갈 줄 알았는데 살살 깨어나가 일반 병실로 옮겼다 아이가. 지금 가나 조금 더 살다 죽어나 한 번 가는 건 매일반인데 누구 속을 더 뒤집을 끼 남았다고 다시 깨어날 끼 뭐꼬."

"……."

"응응, 그래. 무슨 일 있으마 언니한테 먼저 연락할게. 응응, 끊어."

택시 내에서 본의 아니게 손님들의 전화 내용을 들을 때가 많습니다. 통화내용으로 봐서 시부모님 중 한 분이 병원 중환자실에서 일반 병실로 옮겼다는 얘기 같아서 그냥 지나가는 말로 한번 물어 봤습니다.

시아버지, 시어머님 누군지는 모르겠고,

"애들 할머님이 많이 편찮으신가 보지요?"

"죽을 줄 알았더니 다시 깨어나가 속을 썩이네요."

"연세가 얼마나 됐는데요?"

"칠십 둘…."

갑자기 말을 끊더니 "기사아저씨는 운전이나 하소마! 남의 일에 뭐 그리 신경을 쓰는교? 이래저래 오늘…."

자기 하고 살고 있는 남편의 어머님이 중환자실에서 저세상으로 직행할 줄 알았는데 경과가 좋아져서 일반 병실로 옮겼다고 투덜거리는 여자, 시어머님 연세, 칠십 둘이라는데….

이 택시기사 아무 할 말이 없었습니다. 남의 며느리 아주머니 세월이 흘러 당신 아들 결혼시켜 당신 며느리한테 꼭 같은 대접받아야 해, 그래야 조금, 아주 조금이라도 당신 잘못 깨닫고 저승에 가야 돼. 태어나고 성장하고 살다보면 늙고 그래서 딱 한 번 꼭 가게 되어 있는데.

요즘 젊은 사람들은 자신들의 젊음이 영원할 것이라고 착각할 것 같아서… 새삼스럽게 자기 기분대로 해석하고 내키는 대로 행동하는 젊은 세대들의 모습들이 정말 한심들 하네요. 당신들도 늙어요.

"늙으면 죽는다, 1+1=2, 지구는 돈다"

틀린 얘깁니까?

정말 아이를 위하는 길은?

세상 무섭게 변해가고 있습니다. 부부가 생기는 대로 애들을 낳던 시절 있었습니다. 먼 얘기 아니구요, 꼭 엊그제 있었던 모습이라는 생각입니다.

요즘은 하나 아니면 둘 낳습니다. 결혼을 생각지 않는 경우도 쉽게 통계에 잡힌다고 하더군요. 하나 아니면 둘 낳는 아이 얼마나 귀합니까? 얼마나 예쁩니까? 그런데 예쁘고 귀한 아이를 사람답게 사는 방법을 가르치는 것은 정말 아닌 것 같아 안타까울 때가 있습니다.

사고思考를 가진 인간으로 태어난 이상 해도 될 일, 해서는 안 될 일이 있습니다. YES, NO라는 두 단어 중 NO라는 단어 없습니다. 무조건 애들 요구대로 들어 주는 게 정말 옳은 일일까요. 대형마트나 재래시장 다녀오는 젊은 새댁 그리고 애들, 쉽게 보는 모습 있습니다. 요구하는 대로 사주지 않는다고 타기 전서부터 울던 울음 내릴 때까지 그치지 않습니다.

먹고 싶은 것 갖고 싶은 것 참을 줄 아는 아이로 키워야 하는데, "엄마, 이거!", "그래~", "엄마, 저거!", "그래~" 그렇게 키운 아이 인내심 없습니다. 남을 배려할 줄 모릅니다.

후일 커서 사회의 일원이 되어서도 남은 전혀 의식치 않고 자기 기분대로 편리한 대로 쉽게만 살려고 합니다. 남을 배려하고 헤아리지 못하면 스스로의 생활 모습도 합리적일 수가 없습니다. 바보 같은 인생 만들 확률 참 높습니다.

어린아이 키우는 젊은 부부 여러분, 무조건 예쁘다고 과잉보호하는 건 아이를 위하는 일 정말 아닙니다. 정말 아이를 위하는 옳은 길이 무엇인지는 이 늙은 택시기사보다 더 잘 아시리라 믿습니다. 냉정한 실천이 어려우면 더 연구하십시오, 젊은 부부 미래의 삶 가운데 제일 중요한 부분이니까요.

친구

그 사람에겐 정말 좋은 친구가 있었다고 했습니다. 어릴 때부터 같이 자랐답니다. 철부지 어릴 때 아무것도 모르면서 그냥 서로 좋아했답니다. 날들이 쌓여 아름다운 사춘기에 접어들면서부터는 서로의 사타구니를 쳐다보면서 이성에 대한 막연한 호기심 때문에 구린내 나는 그림 많이 그려도 봤답니다.

결혼 전에는 서로의 주머니 속이 개방되어 있을 정도로 스스럼없이 지내는 바람에 주변한테 호모Homo라는 소리까지 듣기도 했답니다. 후일 배우자를 만나 가정을 이뤄도 아름답게 쌓아온 우정 흠집 내는 일 꿈에도 없게 하자는 다짐도 했답니다.

그런데 두 사람이 거의 같은 무렵에 결혼하여 가정을 이룬 후부터 두 사람의 사이가 멀어지기 시작하더랍니다. 정말 좋은 친구인데 가정은 가정이고 친구는 친구로서 삶을 다하는 그날까지 함께할 우정이라고 믿었는데….

그 사람은 참 안타까워 했답니다. 그런데 우연히 좋아했던 그 친구가 의도적으로 자신을 멀리하려고 한다는 생각을 하게 되었답니다. 그로부터 얼마 후 정말 사랑했던 그 친구가 상식 이하의 험담을 하고 다닌다는 소식도 듣게 되었답니다.

세월이 조금 더 흐른 후 알게 된 사실이었지만 그 친구의 부인이 자기 남편과 남편 친구를 항시 비교하고 시샘했답니다. 그 소리를 들은 그 사람이 말했답니다.

친구야! 또 친구 마누라야. 어디 비교하고 시샘할 상대가 없어 나같이 못난 놈을 당신들의 생활 곁에 두었느냐고 너희보다 확실히 나은 놈을 곁에 두었어야지, 비슷? 아니 더 못난 놈을 곁에 두고 맘고생을 했느냐고. 주변을 보는 눈이 그렇게 편협해서야 무슨 발전이 있겠느냐고….

얼마 후 친구를 만났답니다. 그냥 멀리 해야 될 사이라면 마지막이라는 이름을 붙여 술 한 잔 하자면서….

친구가 말하더랍니다. 정말 미안하다고… 정말 좋은 친구 사이라도 두 번까지만 베풀어야 한다고 하더랍니다. 두 번까지는 정말 고맙다고 생각했는데 그 이후부터는 마냥 친구한테 신세만 질 것 같은 스스로의 궁색한 몰골이 미워 자신을 합리화시킬 궁리만 하게 되더랍니다. 자신을 조금은 괜찮은 놈으로 치장하려고 해보니 효과적이고 빠른 방법은 친구를 깔아뭉개는 방법밖에 눈에 안 보여 차라리 멀리 떠나고 싶더랍니다. 현재의 위치에서 더 머뭇거리다간 친구한테 더 초라하고 민망한 모습만 보일 것만 같아서 더더욱 떠나고 싶더랍니다.

그런데 그 친구 사사건건 남편 기죽이는 마누라 얘긴 한마디도 않는 걸 보고 그 사람은 그 친구를 끝까지 좋은 친구라고 생각하게 되었답니다.

살다가 오래도록 기억이 지워지지 않으면 다시 한 번 만나자고 했답니다. 우정도 사랑도 계산이 함께하면 그건 순수한 우정도 사랑도 아니라고…. 아니면 순수한 마음을 어디서 찾느냐고, 찾아도 없을 걸 뻔히 알면서 바보짓 그만하라고.

20대 초 중반 요즘 젊은이들 왈, '결혼도 사업이다!' 옛날에는 무슨 계산기를 이용했다는데 요즘은 손에 들고 다니는 괴물을 이용해서 손익계산 바로 할 수 있다는 어떤 젊은이의 말 속에서 사람이 사는 세상에 사람 맘은 없고 사람이 만든 이상한 종이쪽지들이 큰소리치는 황당한 상황에서 사람 맘을 찾는 건 정말 힘들겠구나라는 생각을 했답니다. 그때마다 순수했던 그 친구와의 우정을 아쉬워했답니다. 친구야! 우린 그래도 거의 반평생을 계산서 없는 우정을 나눠봤더니 얼마나 행운아들이니? 앞으로의 여생, '후회' 라는 놈 얼씬도 못하게 정신 챙기고 또 여유 챙겨가며 살자꾸나.

많이 가진 사람들, 더 많이 가질 맹목적인 궁리는 잘 하면서 가진 걸 이용해서 당장 코앞에 있는 인생과 행복을 나누는 일을 등한시하는 바보짓만 골라서 하는 마음이 가난한 졸부들.

친구야! 바보가 바보인 줄 모르는 착각이 더 웃기는 바보짓을 한다는 얘기가 있더구나. 똑똑한 우리들도 아니지만 내일 당장 인생이 끝날 수도 있다는 사실만은 기억하자. 주어진 오늘을 감사한 맘으로 받아 먹자, 친구야 정말 좋아했다. 고맙다. 그런데, 또 그런데… 강산이 두 번이나 바뀔 세월이 흐른 후 그 친구가 찾아왔더랍니다. 돈 냄새가 꽤 진하게 나는 고급 승용차를 타고 돈 많이 벌었고, 잘 먹고, 잘 살고 한참이나 게거품을 물더니만 앞에 놓인 음로수 한 모금 거들떠 보지도 않고 그냥 가더랍니다. 그 사람의 입에서 '독백' 이 하품을 했습니다. 내 친구는 소주하고 새우깡만 남았구나.

남의 말 쉽게 하지 맙시다

택시 승강장에서 손님을 기다릴 경우가 많습니다. 허리, 다리도 펼 겸 내려서 휴식도 취하고 동료들과 가벼운 화제로 얘기를 나누다 보면 피로도 풀립니다. 택시운전으로 먹고살면서 조금 더 벌겠다고 욕심내는 건 몇 푼 더 벌기는커녕 몸과 마음 건강만 해친다는 걸 너무나 잘 알기에 '무리하지 말자'는 말 되뇌면서 다닙니다. 부정적인 생각일랑 하지 말고 기분 좋은 기억만 가지고 다니려고 노력합니다. 미소 띠는 연습을 습관적으로 하게 되면 표정도 밝아지고 건전한 사고방식으로 일상에 발전도 함께 온다고 하더군요.

택시 핸들 잡고 짜증내 봤자 손해 보는 사람 누구입니까? 짜증 자주 내면 '돈' 도망갑니다. 작은 부자라도 되고 싶다면 웃으십시오. 미소 띤 밝은 얼굴 정신적인 자산입니다. 두 사람이 대화를 하고 있습니다. 두 사람의 대화 내용은 두 사람이 아닌 다른 사람의 얘기일 경우가 많습니다. 원인과 과정은 그냥 무시해버리고 결론부터 내려놓고 두 사람의 화제 가운데 등장한 제 3자한테 쉬운 말 함부로 합니다. 마음 내키는 대로 난도질합니다.

그런데 여기에서 냉정히 살펴보면 대화 중인 두 사람이 화제의 중심에서 말(言)들한테 시달리는 사람보다 조금 덜떨어진 어중이떠중이들입니다.

자기보다 못한 사람은 시선에서 지워버리고 자기보다 조금이라도 나은 사람은 악착같이 자신의 뒤쪽으로 끌어내리려고 하는 게 보통사람들의 본능에 가까운 '심보' 라고 하면 틀린 말입니까?

남의 말 쉽게 하고 거짓을 섞어서 남을 비평하는 사람 스스로의 모자람을 숨기고 싶어 안달하는 측은한 사람입니다. 스스로의 모자람을 조금 아는 것을 보면 그냥 바보는 아니고 제법 많이 아는 바보입니다. 바보들의 얘기는 그냥 무시하면 됩니다. 남의 얘기 쉽게 하면 바보 대접받는 줄도 모르는 바보들의 얘기를 억울해 하면서 그 부당함을 입으로만 만회해 보려고 하는 사람들…왜들 그러십니까?

'누구도 죽은 개는 걷어차지 않는다.' 는 얘기가 있던가요. 부당한 비평, 요즘말로 그냥 신경 끄시면 됩니다.

누구도 어쩌지 못하는 정말 아무것도 아닌 허상을 가지고 당신의 소중한 인생을 허송하실 겁니까? 현재의 모습대로 그냥 사시면 됩니다. 남에게 사소한 피해라도 주지 않고 같이 지키자고 만든 법 지키면서 사시면 됩니다.

입으로만 모든 일에 완벽한 척 좋은 말 혼자 다하면서 돌아서면 다른 사람으로 확 바뀌는 사람보다 정말 좋은 이웃입니다. 보통 삶에는 평범이 제일 편합니다. 남의 말 쉽게들 마십시오. 바보 대접받는다는 사실, 꼭 기억하셔야 합니다.

자기 인생의 주인공은 자신인데 한눈팔지 말고 자신의 인생을 가꾸는데 모든 것을 쏟아 붓다보면 남을 비평하는 나쁜 습관 달아나게 됩니다. 사람과 사람과의 대화는 좋은 인생을 만들 수도 있고 평범한 일상들을 피곤하게 할 수도 있습니다.

주변의 사람과 쉽게 웃으려고 노력해 보십시오, 평소 보이지 않던 행복 쉽게 보일 것입니다. 마음이 자연스럽게 편안해지면 바로 행복하다고 생각하시면 됩니다. '행복' 아주 간단한 것입니다.

아무런 이유 없이 택시운전이 싫어지고 짜증이 나면 '그냥 웃자' 고 스스로한테 얘기합니다. 내가 근무하는 사무실(거리)에서 그리고 동료(동료기사) 앞에서 이유 없이 짜증내는 것은 스스로가 바보 아니라고 강변해왔던 자신을 부정하는 짓이다, 그러니 그냥 웃어라. 부정적인 짜증은 웃고 난 다음에 다시 생각해라. 제대로 되지 않으면 될 때까지….

횡단보도 정지선

횡단보도를 건너는 많은 사람들 생긴 모습, 표정, 걸음걸이 어쩜 생긴 모습들이 저렇게도 다를까? 어디에서 오셔서 그렇게들 가십니까?

비가 오는 지역과 햇빛이 난 지역, 그 경계선에서 하늘을 본 적이 있습니까? 자연이 살아 숨 쉬도록 공짜로 제공되는 우주의 조화를 씹어

본 적이 있습니까? 우주를 지구 크기로 줄이고 같은 비율로 지구를 줄이면 지구 어디 가버렸습니다. 아니 없어졌습니다. 사람은?

인간으로서는 어찌 할 수 없는 자연의 위대한 섭리 앞에 이 택시기사 어리광을 부리고 싶은 심정이 될 때가 있습니다. '간단하게 살 수 있는 방법 가르쳐 주십사' 하고 억지를 부리고 싶을 때도 있습니다. 어리광을 떨고 앙탈을 부리고 싶은 맘이 가슴에서 빠져나가면 어떻게 표현 못할 마음의 평화가 찾아오는 걸 많이 경험했습니다. 그 이후로 이 택시기사 마음이 불편하면 자연한테 시비를 겁니다. 그래서 맞짱을 뜹니다.

실컷 두들겨 맞고 나면 새로 태어난 기분, 덤으로 얻은 기대되는 내일을 위해 헝클어진 오늘을 정리합니다.

일상 속에 자리한 미웠던 얼굴들이 듬직한 이웃으로 변하는 경험도 했습니다. 그냥 만나는 동료들, 쉬운 대화, 우연히 동료들의 전직에 관심을 갖게 되었습니다. 제가 사는 이곳 군항시의 택시운전자 숫자, 책상머리의 계산은 몇백 명이지만 택시 핸들 반경 속에서는 몇십 명입니다. 개개인의 차이는 있겠지만 차량 번호, 얼굴, 이름까지 정확히 기억하는 동료, 친밀도를 따지면 숫자 더 줄어듭니다. '택시운전하기 전에 뭘 하셨습니까?' 입이 심심해서 한 질문이라고 하겠습니다. 처음에는 순수기사님이 많을 줄 알았는데 전직이 아주 다양하다는 걸 알게 되었습니다.

영 · 위관장교, 경찰, 사무관, 부사관, 중소기업 임원, 사장님. 부담없는 사사로운 대화 속에서 아주 재미있는 점을 발견했습니다. 정말 여러 분야 해박함에 놀랐고 자신이 몸담았던 전직에 대해 자존심, 긍지가 대단하다는 것이었습니다.

속된 표현으로 '잘나갔다' 전직에 대해 부정적인 생각보다 얼마나 좋은 생각들입니까? 문제는 여기서부터입니다. 자신의 전직이 좋았고 자신은 깨끗하고 떳떳하다. 그래서 남의 말 할 수 있다 '남의 말 할 수 있다' 가 아니라 보통사람들의 자연스러운 마음가짐 아니겠습니까?

젊음의 화제는 그런대로 싱싱합니다. 연예인, 벤처기업, 먹거리, 취미생활. 그런데 중 · 장년의 화제는 여의도 어느 지점을 어슬렁거리는 사람들의 얘기가 대부분입니다. 선거철이 되면 전문가 뺨칩니다. 직접 정치를 해 본 것같이…. 결론은 전부 '개○○들', '도○○들' 입니다. 저는 이런 생각을 해봅니다. 당신들도 그 자리에 올라가면…. 글쎄요?

다 우리 모두의 잘못입니다. 다같이 반성해야 합니다. 여러 사람이 어울려 사는 사회 한가정 식구들의 의견 일치도 어려운데 많은 똑똑한 사람들 속에서 정치하시는 분들 정말 '용하시다' 는 생각을 합니다.

다수를 위한, 미래를 위한, 정말 한 점 사심 없이 국민과 나라를 위해서 일을 해도 말 많습니다. 직접해보라고 하면 엄두도 못 내실 분들 남이 하는 과정이나 결과, 잘잘못에 대한 결론도 정말 쉽게 내립니다. 자기만 최고라는 분 많습니다.

사람하고 사람 사이는 '다름' 이 있는데 그것마저 인정치 않고 자신의 생각만 최선이라면서 타인의 사고思考 자체를 부정해 버리고 싶어하는 사람. 자신의 발전보다 남의 일에 자신의 모든 것을 소진시켜 자신의 인생 잃어버리고 엉뚱한 곳에서 방황하는 사람 꽤 봤습니다.

남의 일에 쉽게 참견하고 끼어드는 일이 자신의 발전에 얼마나 장애가 되는지 모릅니다.

'남의 말 쉽게 하지 말자' 고 강조하고 싶습니다. 누굴 위해서가 아니라 남의 말 쉽게 하는 당신 자신을 위해서입니다.

택시 핸들 잡기 전의 전직이 괜찮았던 분들, 여유 있어 보이고 대인관계도 무난한 것 같아서 보기 좋을 때가 많습니다. 자신의 삶을 아름답게 가꾸고자 하는 분은 자신의 인생만 쳐다보시면 됩니다.

주변의 분들은 그들만의 인생이 있음을 그냥 인정하면 됩니다.

당신만이 최고라는 생각 멀리 던져 버리면 다른 사람의 인생도 보이고 자신의 인생을 아름답게 가꾸는 여러 가지 방법도 찾아옵니다. 모든 문제는 과분한 욕심에서 출발하는 것도 꼭 아셔야 합니다. 맹목적으로 바라는 부와 권력, 실체가 없는 것이라고 얘길 하면 허황된 표현입니까? 눈에 보이는 부와 권력 오래일 것으로 생각되지만 사람의 일생과 함께 끝납니다.

권력, 돈, 보통사람들 갖고 싶은 것 다 가질 수 있다고 가정해도 유한有限한 삶을 무한無限으로 바꿀 수 있습니까? 유한한 삶이라고 실감하며 사시면 필요 이상의 바보짓은 덜하게 됩니다. 많은 것을 가진 사람이 덜 가진 사람에게 꼭 감사해야 할 이유 있습니다.

덜 가진 사람이 가진 사람의 소유물을 더욱 빛나게 들러리를 서주기 때문입니다. 어울려 있어야 스스로의 존재이유와 가치가 있는 게 아닐까요. 저의 생각이 틀렸다고 부정하고 싶은 분 아무도 없는 무인도에서 한 달만 살아 보십시오. 그래도 모르겠다면 일년쯤 살아보시던지….

'노블레스 오블리주' 가진 사람 보고 좀 베풀며 살아가자는 점잖은 충고 같은 말인 모양인데 사람이 베풀기는커녕 가진 것을 이용해서 시장을 유린하고, 사람을 회유하고 웬만한 문제들은 돈으로 뭉개버리고. 그래서 많이 번 돈 한 푼도 안 번 척, 혼자 고귀한 척, 사회를 위해서 헌신하는 척, 자꾸 '척,척' 하다가 나중에 척이라는 덫에 걸리는 사람 많이 봤습니다. 걸리고 나서 후회해 봤자 늦고, 빠져 나와도 생채기 많이 납니다. 베풀 수 있는 능력이 있으면서도 베풀지 못하고 수의壽衣 입고 후회해 봤자 늦습니다. 베풀 수 있는 위치에 있다가 삶을 마감하는 사람 축복받은 인생입니다.

쉽게 남에게 웃음을 만들어 주던 사람은 지구를 떠나도 여러 사람의 가슴에 오래도록 남아 있을 것입니다.

여러 형태의 삶 똑같은 삶입니다. 주변의 삶 무시하면 자신의 삶이 주변한테 내동댕이쳐질 수도 있다는 사실 기억하셔야 합니다. 남의 말 쉽게 하지 맙시다.

율도국栗島國에는?

'법이 있습니다. 상식도 있습니다.'

'양심이가 편안히 살 수 있는 나라입니다.'

'양심이가 활개를 치니 법 존재감 확 상실해 살맛 없다고 투덜거립니다.'

외진곳에서 만나기만 하면 본때를 보여 주겠다고 벼르고 있는데 양심이란 놈 항시 사람하고만 다니니 도대체가 외진곳에서 만날 수가 없습니다. 그도 그럴 것이 율도국 사람들은 법보다 양심이하고 어울리는 게 훨씬 살맛나는 세상이라는 걸 너무 잘 알기 때문입니다.

율도국 법은 이 글을 쓰는 택시기사가 잘 압니다. 이 택시기사가 율도국에서 태어났더라면 사법고시 합격 식은 죽 먹기였을 것입니다.

'율도국에는 사형제도 없습니다.'

살인, 방화, 강도, 강간 모든 흉악범들 살려놓고 약 올려 먹습니다. 죽음은 모든 게 끝나버리기 때문에 살려놓고 겨우 연명할 정도의 여건만 제공하면서 지은 죄에 따라 눈알이 튀어 나올 정도로 후회하도록 영상물을 보여주며 자기가 지은 죄를 이가 아프도록 씹게 만듭니다.

'사기꾼 없습니다.'

100원 사기치면 10,000원 손해 가게 제도적인 장치가 완벽하니 누가 사기를 치겠습니까?

'불량식품 없습니다.'

만들다가 발각되면 돼지보다 못한 불량식품 만든 놈에게 죄다 먹입니다. 배탈 상관없습니다. 과식으로 꼴깍하고 콧구멍이 막혀도 상관없다는 법 있습니다. 자기 콧구멍 스스로가 막았으니까 누굴 탓합니까? 그래서 불량식품 없습니다.

'쓰레기 불법투기 없습니다.'

전국 방방곡곡 구석구석에 쓰레기 몰래 버리는 인간들은 '고양이 자제분', '견공 자제분' 이라고 현수막 걸려 있습니다. 기암괴석이 많기로 유명한 석철골에는 바위에도 새겨놓았습니다. 사람으로 태어나서 고양이 후손, 개 후손으로 불리는 걸 좋아하는 사람 없을 것입니다. 서로서로가 감시와 솔선수범이 함께해 웃으면서 주변 정리하고 있습니다. 그래서 쓰레기 불법투기 없습니다.

'환경미화원 없습니다. 참! 있습니다.'

사람이 버린 쓰레기는 없고 자연이 놀다간 자리 정리하는 게 전부입니다. 환경미화원 생활 정도, 중산층입니다. 왜, 자연이 사람살이의 질을 좌우하기 때문입니다.

'사교육 없습니다.'

머리로 돈 버는 사람의 연봉이 몸으로 돈 버는 사람에게 못 미칩니다. 고액의 연봉 수혜자들은 노가다, 환경미화원, 사람과 화물을 싣고 다니는 운전사 기타 등등입니다.

남녀가 선보는 자리에서 아가씨의 첫 질문은 몸으로 돈 버냐, 머리로 돈 버냐입니다. 몸으로 돈 버는 게 최고 직종이다보니 근력 키우는 각종 운동기구의 제작 판매업이 좋은 직업입니다.

'대학 진학률 20%입니다.'

나라의 발전과 인류의 미래를 위하는 차원에서 머리가 좋은 인재들을 모아 나라님이 특별히 대우해 줍니다. 철밥통이 아닌 다이아몬드 밥통입니다. 특별대우를 받는 양반 중의 양반인데 율도국의 좋지 않은 점 하나입니다.

'군인, 경찰 따로 없습니다.'

전쟁이 나면 군인, 경찰 할 일이 따로 있습니까? 전방, 후방이 어디 있고 남녀노소 전부 군인, 경찰 같이해야 하니 평상시에는 배짱 좋은 얼간이들이 양심이를 괴롭히면 상당 부분 군인들이 경찰업무를 대행합니다. 그래서 '치안부재' 라는 말 사전에서 빼버렸습니다.

'교통사고 없습니다(?)'

차가 필요한지 아닌지를 꼼꼼히 따져 결론이 이것도 저것도 아니면 차 쳐다보지 않습니다. 어울려 사는 주변을 가족이라고 생각하고 사람에게 유익하고 편리한 자동차문화를 생각합니다. '남이 사니까 나도', '생활필수품이다.' 그딴 생각 아예 않습니다. 대중교통 있습니다. 차가 없던 시절을 생각하며 생활 속에 차를 빼고 먹고사는 연습을 합니다. 꼭 필요할 때는 몇 푼 주면 차가 옵니다. 차를 구입해서 운행에 필요한 지출에 비하면 차가 꼭 필요해서 하는 지출은 정말 푼돈입니다.

차가 필요하지만 차 없는 일상이 얼마나 여유롭고 절약되고 간단한 삶이 되는지를 실감합니다. 필요 이상의 차가 없고 사람들의 마음에 여유가 넘치니 교통사고 ZERO에 가깝다고 할 수 있겠습니다.

'율도국 사람들은 감투 싫어합니다.'

대통령 부재상황이 될까봐 염려한 적이 있었다는 율도국. 모두들 감투를 싫어합니다. 보수도 각종 대우도 그냥 보통인데 이웃을 위한 희생, 헌신만 요구하는 사회적인 분위기 때문에 이웃과 지역사회를 위하는 마음, 애국심이 없으면 감투가 무거워서 머리가 아프답니다.

이 택시기사 살아오면서 가장으로서 가족을 버리는 두 가지 유형을 봤습니다. 하나는 가족보다 나라를 위하는 마음이 차고 넘쳐 나라를 위하느라고…. 다른 하나는 꼴에 남자라고 가운데 거시기 때문에 남의 여자 거시기 찾느라고…. 나라를 위하는 분은 남자 중의 남자지만 여자 거시기 때문에 가족을 버리는 놈은 지구를 떠나야 합니다.

율도국 사람들은 이웃과 나라를 위하고자 하는 분들이 많아 다행히 각종 감투의 공석은 생기지 않는다고 합니다.

'청문회 없습니다.'

삶에 필요 이상의 허욕은 화를 자초한다는 생각이 어릴 때부터 몸에 배어 있어 나쁜 짓 않으니 청문회가 뭐꼬(?)입니다. 율도국이 아닌 이 나라에 사는 이 택시기사. 청문회라는 단어가 나오면 '딱 한 놈만이라도' 그런데 그 한 놈은 없었습니다. 여태껏. 앞으로도.

병역비리 없습니다. 전쟁이 일어나면 현역경험이 전쟁터에서는 구명

조끼 역할을 해준다고 현역생활 못 하게 되면 정말 억울해 합니다. 군필자가 아니면 어중이떠중이 취급받는 나라입니다.

'불법투기, 위장 전입' 무슨 말인지 모른다는 율도국 사람들. 대충 설명을 해 줬더니 "댁의 나라는 문맹자가 얼마나 되냐?" 거의 없다고 했더니 글을 알고 이것저것 인쇄물을 보면 사람의 수명도, 곁에서 웃는 재물도 잠깐 있다 가는데 그렇게 악착같이 모아서 뭘 하려는 건지 웃기는 동네라는 율도국 사람들의 핀잔에 택시가사 "……" 조금 더 높은 자리 올라 가겠다고 쉽게 상용하는 거짓말이나 권모술수도 전용도로가 말(言) 사태로 막혀 버렸는데 억지하고 궤변하고 서로 잘났다고 우기는 걸 보고 양심 가지고도 굶지는 않고 먹고살 수 있는 택시운전이 좋게 생각될 때도 있었다고 얘길 하면 이 택시기사 또한 한심하고 두심한 변덕쟁이입니까?

'도덕 학교 있습니다.'

'철학' 엉터리 철학 때문에 개밥에 도토리 신세 된 지 옛날입니다.

토종 도덕학교 발전합니다.

주된 교육내용. 1951년 1월 1일생인 제자한테 스승님께서 질문을 하셨습니다.

"개똥아, 1950년 1월 1일에 넌 어디 있었느냐?"

"……."

그럼 요즘 사람들 장수한다고 야단들인데 딱 100년을 산다고 가정하고 2052년 1월 1일에는 넌 어디 있을 것 같냐?

"……."

"개똥이 만점, 답이 아예 없느니라"

“사람의 백년은 긴 것 같지만 우주의 100년은 찰나이니 죄짓지 말고 이웃과 함께 웃으며 살다가거라”

고무신 도사 강의 끝.

이 택시기사가 사는 동네에 도덕학교 없습니다. 종교 조금 관심 있었습니다. 곁에 가고 싶어 했는데 죄가 너무 많아 엄두가 나질 않아 포기해 버렸습니다. 그런데 딱 한마디

“하늘은 하늘이고 지구는 지구다”라는 말씀 한마디 마음속에 와 닿았습니다.

“공기는 공기고 물은 물이다.”

“산은 산이고 나무는 나무다.”

얼마나 좋은 말씀입니까?

잠깐 살다가는 인간들이 삼라만상이 동서고금을 지나도 만고불변인 철칙들을 경시하고 하루살이보다 못한 사람이라는 동물들이 까불고 있다는게 이 글을 쓰는 택시기사의 생각입니다.

자연과 주변에 공손해야 합니다. 자세를 낮추면 편합니다. 너무 높이면 발목, 무릎 나중에는 고관절까지 아픕니다. 자세를 낮춰 몸도 마음도 편하게 살다 갑시다. ‘율도국’ 없습니다. 지구상에는…. 아주 옛날에 읽은 소설 속의 얘기들이 기억에 남아 생뚱맞은 소리 한 번 해봤습니다. 율도국, 유토피아, 무릉도원, 샹그릴라, 아르카디아, 엘도라도, 파라다이스, 상상 속에서나 있을 수 있는 이상향이랄까요? 만들지도 못할 동네 이름은 왜 이렇게 많이도 지어 놨는지? 사람의 욕심이 떼지어 몰려다니는 요즘 세태 속에서는 아예 생각 않는 게 좋을 것 같습니다.

사람이 같이 사는 사회 어느 정도의 질서는 있어야 된다고 생각하는

데 너무 많이 헝클어지는 것 같아 안타까운 맘이 들 때가 있습니다. 더 늦기 전에 조금의 변화가 있어야 하는데….

택시 운전기사 심심한 모양입니다.

댁의 맘속 금고의 용량은?

언제였는지 정확히는 잘 모르겠습니다만 몇푼 가진 것 홀랑 까먹고 가슴이 참 답답했던 시절이 있었습니다.

이웃에 계셨던 자칭 도사라는 분과 친분이 생겨 많은 시간을 같이했는데 그분의 말씀 가운데 사람이 살면서 주어진 복에 복을 보태는 삶이 있는가 하면 있는 복마저 들어 먹다 못해 주변까지 못살게 구는 '반푼이 삶' 을 공들여 만드는 '한심이' 가 있는 얘길 하면서 마음에 있는 금고의 용량을 정확히 아는 사람은 성공적인 삶을 만들지만 마음속의 금고 존재조차 모르는 '한심이' 들은 허욕 속에서 방황타가 스스로의 귀중한 삶을 정말 맛없게 만들어 쓰레기통에 처박아 버리는 불쌍한 인생이 있다는 얘길 듣고 그때는 예사롭게 생각했는데 고생을 한참이나 더한 후에 자칭 도사님의 얘길 떠올리며 저 자신의 맘속 금고 용량은 얼마나 될까? 많은 시간들을 택시 핸들 위에 올려놓고 내린 결론은?

1,000원짜리 인생, 굶지 않고 산다.

10,000원짜리 인생, 중산층

100,000원짜리 인생, 오리무중층

100,000,000원짜리 인생, 상위 0.01% 왕양반님층이라는 엉터리 기준 위에서 볼 때에 저의 인생은 1,000원짜리 인생이었습니다.

그런데 주제파악도 못하고 시건방지게 만 원짜리, 아니 십만 원짜리 인생을 꿈꿨으니….

한 단계 위를 보다가 실패하면 고생 속에 살면서도 조금은 발전하여 원 위치를 찾기도 하지만 두 단계 위를 쳐다보다가 굴러떨어지면 고생스런 삶은커녕 호흡이 꼴까닥. 여기서 꼴까닥은 다른 사람이 아닌 본인이 만듭니다. 황당하고 어이없는 얘기라고요. 사람이 살면서 듣기 좋은 합리적인 얘기보다 견공 하품보다 못한 궤변들을 껄끄럽게 맞을 때가 있습니다.

택시 운전기사 재미없는 얘기 계속하겠습니다. 어느 지역에 온천수가 솟았다고 하더라, 또 어떤 지역에는 공단이 들어서고 어쩌고 하는 바람에 많은 사람들이 하루아침에 벼락부자가 됐다고 하더라. 벼락부자들 갑자기 생긴 돈 얼마 못 가 날아가 버립디다. 고향하고 같이…. 많이 봤습니다. 저 자신도 다른 모양새지만 체험했습니다. 저의 경우에는 마음의 고향마저 날아가 버립디다.

적당한 욕심은 오늘보다 나은 내일과 발전된 모레를 가져오지만 허황된 욕심은 삶 전체를 망가뜨립니다.

맘속 금고 용량을 무시하고 자꾸 채우려고 억지로 부리다 보면 맘속

금고 아래위로 마구 샙니다. 나중에는 옆구리로도 새는 바람에 멀쩡한 몸에 병도 생깁니다.

엉망진창인 삶을 자기가 만들어 놓고 누가 내 인생을 이렇게 만들어 놨냐고 남만 탓하는 안타까운 삶 많습니다. 덜 먹고 아껴 가며 악착같이 모아 한입에 홀랑 털어넣는. '절' 모르고 시주하는 안타까운 삶의 모습. 댁의 이웃에도 있습니다.

사랑이라는 허울을 쓰고 사는 그날까지 당신만 바라보는 해바라기로 살겠다고 맹세, 또 한 번 더해 놓고 더 챙겨먹을 게 없다 싶으면 사랑, 해바라기가 뭐꼬? 빠이빠이 하는 꽃으로 만든 뱀도 많이 봤습니다. 밖에서 가져올 것 만 신경 쓰다가 가지고 있는 것 다 새어나가는 줄 모르는 바보 같은 삶 만들지 마십시오.

똑똑한 자칭 도사라는 분 덕택에 택시 운전기사가 한 마디 했습니다.

이웃사촌

사촌의 뜻은? 형제, 남매, 자매간의 2세를 친사촌, 외사촌, 고종사촌, 이종사촌이라 칭합니다. 그러면 이웃사촌은?

옛날엔 남녀가 가정을 이뤄 살게 되면 생기는 대로 낳았습니다. 형제, 자매가 많다보니 사촌이라는 사이가 많았었는데 요즘 가정은 어떻습니까? 애 한 명 많아야 두 명 낳습니다. 많아야 두 명인 형제, 남매, 자매가 자신들의 2세 생각 달나라 애기처럼 시큰둥하게 생각합니다.

혈육으로 엮어진 사촌 간은 사람이 몸으로 만듭니다. 만혼에 2세 생각 별로이니 사촌이라는 '낱말분' 건방진 인간들의 이기적인 푸대접에 토라져 아예 멀리 가셨습니다. 다시는 돌아 오지 않겠다고. '인간들의 반응', '갈테면 가라지 누가 뭐래냐?' 몸으로 만들던 사촌 관계가 없어지는 건 누구의 탓 아닙니다. 약아 빠진 똑똑한 인간들의 탓이니까요. 그런데 없어져서는 안되는 사촌관계가 있습니다. '이웃사촌' 입니다. 몸으로 만드는 게 아닌 마음으로 만드는 사람이 사람하고 어울려 살아야 사람살이 참맛이 나는데 이웃사촌 아예 없어지면 무슨 재미로 사시렵니까?

이웃사촌을 만드는 마음, 사람살이의 기본적인 행복 만드는 마음의 영양분입니다. 경상도 사투리로 '니 죽고 내 살자' 가 아니고 '같이 살자' 여야 합니다.

'요즘 세태 어떻습니까?'

'같이 살자' 해야 되는데 '니! 죽이고 내 살 끼다.' 사람 죽인 사람 잘 살게 놔두는 동네 있습니까?

공동주택 층간소음과 골목길에 이웃끼리 주차 문제 때문에 어떤 일이 일어나고 있습니까? 사람끼리 어울려 사는 동네에서 사소한 다툼으로 살인, 방화 어떻게 이런 일이 있습니까?

있어서는 안되는 이웃끼리의 불행한 일로 비명에 가신 분이나 '욱' 하는 순간을 놓치는 바람에 자신의 인생을 파멸의 구렁텅이에 처박아 버린 분이나 참으로 안타깝고 참담한 일입니다.

'이웃사촌' 사랑스레 뽀뽀해주라는 얘기 아닙니다. 귀한 돈으로 뭘 베풀라는 얘긴 더더욱 아닙니다.

항시 '이웃사촌' 이라는 말 가슴에 담아 두고 사람과 사람의 사이를 음미해 보면 됩니다. 내가 예사롭게 하는 언행이 상대를 필요 이상으로 불편하게 하지 않는지 라는 마음가짐 갖고 있으면 됩니다. '역지사지' 란 말. 맞는 말이 아닌가 생각됩니다.

층간소음문제, 적절한 방음기술, 재시공? 바닥전체 매트 깔기, 시간,

경비, 여러 가지 어려운 점 많을 것입니다.

다른 하나의 방법. 마음이 움직이면 조금은 효과적인 해결책이 될 것 같다는 생각. 저 혼자만의 착각인지?

실내화사용 그리고 이웃을 배려하는 마음이 합쳐지면 스스로의 존재와 이웃이 항시 함께한다는 유대감만 있어도 좋은 결과가 있을 것 같다든 어찌보면 참 단순한 생각. 허황되고 안이한 사고 방식입니까? 한마디 더 하겠습니다. 남에게 좋은 이웃이라는 소리 들으려고 노력해야 내 마음도 편하고 눈에 보이지 않는 복도 찾아온다. 그렇게 생각합시다. 또 한마디 TV란 놈이 이런 말을 하더군요. 실내화 사용 무릎관절에도 좋다고….

'골목길에 이웃끼리 주차문제'

골목길 땅임자 따로 없습니다. 같이 사용하는 공간입니다. 문제는 왜 내 집 앞에 주차를 해놨느냐입니다.

차를 운행해서 목적지에 도착하면 주차 후 한 걸음이라도 적게 걸으려고 하는 한심한 똥고집 때문에 주로 문제가 발생합니다. 우리나라 자동차문화 100여 년이라고들 하지만 주정차문제가 코앞에서 헛소리한지는 사반세기도 안 된 것 같다는 생각이 듭니다.

엉뚱한 얘기 하나 먼저하고 계속하겠습니다. 제가 이용하는 방에는 평소때 LED STAND(사용전력 5W) 하나 사용합니다. 반세기 전쯤 호롱불 사용할 때를 생각하면 밝기가 대낮입니다.

불편하다고 생각해 본 적 없습니다.

전기료 아끼려고 하는 짓 압니다. 필요없는 낭비 않기 위해서입니다. 비번일에는 거의 걸어 다닙니다. 한 시간 정도면 생활에 불편함이 없을 정도로 모든 볼일 다 볼 수 있습니다.

택시연료비, BUS요금 아끼려고 청승을 떠는 건 정말 아닙니다. 택시도 비번 일에는 좀 쉬게 해주고 싶고 걷는 자체가 좋은 운동이라고 똑똑이들이 심심하면 떠벌리대요. 몇 푼이라도 아껴서 나쁠 것 없고 운동해서 좋고 말 그대로 '일석이조' 아닙니까?

이웃끼리의 주차 시비문제, 5분 정도만 걷겠다고 생각하면 거의 해결된다고 생각합니다. 골목골목마다 차 없는 한산한 골목이 이상한 골목으로 보이는 거리풍경이고 보면 차를 조금 멀리 주차시켜놨다고 누가 뭐라고하고 차에 해코지하겠습니까? 남을 의식한 조심 섞인 주차 모양이라면 말입니다.

왜! 남의 집 앞에 주차시켜놨냐, 니땅이가?(네 땅이가?) 죽일X, 살리X 이웃끼리 잡아먹을듯이 시비하고 나면 한 집은 울화가 치밀고 한 집은 날아갈 듯한 기분이 됩니까? 미안하지만 두 집 다 꽤 오랫동안 개똥 밟은 기분으로 지내다가 마주치기라도 하면 시선 둘 곳이 없어 엉뚱한 곳 쳐다보다가 심보 고약한 보도블록한테 잘못 걸리면 발랑 넘어져 중상을 입을 수도 있습니다.

이웃끼리 잘 지냅시다. 마음건강 몸건강 함께하면 오래 삽니다.

도덕책 어디 없나요?

사람들의 생활이 편리해졌다고 살기 좋게 되었다고 쉽게 얘기합니다. 생활주변이 발달하면 할수록 함께 오는 쓰레기(아이러니) 처리는 왜 강 건너 불 보듯 하십니까?

배부르게 먹고 오래 살면 그냥 행복합니까? 지구상의 인구 70여 억의 반이 여자인데 그 많고 많은 여자들 중 한 여자 때문에 싱싱한 젊음과 희망이 가득찬 인생을 그냥 버리는 안타까운 얘기들. 사람이 물고기 취급을 받기도 한다는데. 도대체 무슨 얘기인지?

우리나라 연간 술값 2조 원 안주 값 8조 원(술로 인한 사회적인 직간접적인 비용) 아파트관리비 10조 원 교통사고로 인한 사회적인 손실 매년 13조 원(연간 35만 명의 교통사고 사상자 발생) 성폭행, 살인, 방화, 사기, 사기아버지, 또 사기 할아버지, 제일 높은 곳에 계시다가 내려오시기만 하면 포장마차 술안주로 내동댕이쳐지는 어르신들, 다치지는 않으셨는지…?

우측 제일 큰 주머니에 남을 속여 꿀꺽할 먹이 찾아 넣으려고 두 눈이 충혈되어 있는 우리, 우리들. 전시도 아닌데 주변에 먹을 것이 있는데 더 많이 먹지 못해 발광하는 너, 나, 우리들. 사람답게 사는 길 너, 나, 우리들 잘 알고 있는데 실천 못 하는 이유가 뭔지?

우리나라, 우리 주변에 도덕책이 많은데, 많다보니 하찮은 인쇄물이라고 읽을 생각은 더더욱 않습니다. '다다익선' 이라는 말 틀렸다고 하고 싶네요. 균형과 조화 깨뜨린다고…지도층들이 더 타락하고 있는 건 아닌지. 모범은 개가 물고 달나라로 가버렸고 지도층 인사가 사는 동네에 왜 썩은 냄새가 더 나는지…?

다시 한번 강조하고 싶습니다

1. 개손자(녀)보다 못한 짓거리 제발 그만합시다.

고속도로변 쓰레기 투기, 운전 중 차창 밖으로 담배꽁초, 오물 등을 버리는 행위.

하늘이 내려다보며 혀를 끌끌 찹니다. 개손자(녀)보다 못한 X놈들이라고….

2. 고양이 사촌행위 계속하시렵니까?

해수욕장, 계곡, 유원지, 쓰레기 몰래 버리는 분, 고양이는 묻는 척이나 합니다. 그렇다고 쓰레기 '묻어라' 는 얘기 절대 정말, 진짜 아닙니다.

제대로 처리하십시오. 양심에 반하는 일 않으면 오래 삽니다. 건강하게….

3. 쓰레기봉투 입 찢지 맙시다.

쓰레기통투 불쌍하지도 않습니까? 남의 집 앞이나 이상한 곳에 쓰레기 몰래 버리는 행위 반복하면 양심에 곰팡이가 피어 면역력 약해집니다.

쓰레기 몰래버리는 쓰레기 같은 인간들에게 택시기사 특권으로 일계급 특진. 쓰레기 같은 인간에서 '개자제분' 으로.

4. 층간소음 갈등해소 위해 실내화 신기 운동에 다같이 참여합시다.

발목근육 유연성과 무릎관절에 좋다고 합디다. 이웃을 배려하는 마음 항시 가슴에 있으면 언행에 조심성이 함께해 일상이 편안해 집니다.

5. 골목길 주차시비문제 5~10분 걷기 운동 떠올리며 조금 먼 곳 주차하시면 마음이 가벼워 질 것입니다. 새차 2대를 구입해서 한 대는 우리들의 일상과 같이 돌아다니고 한 대는 아예 운행치 않고 그냥 둔다면 어떻게 되겠습니까? 차도 사람도 적당히 움직여야 오래 삽니다.

6. 고장난 왼손 수리하여 방향지시등 제대로 켭시다. 서로의 안전을 위한 약속입니다. 비상경고등 켜놓고 불법 주정차 하는 행위 범칙금 왕창, 곱배기로 인상해야 합니다.

도심에서 사소한 사고나 불법 주정차 때문에 몇십 몇백 대가 피해를 봅니까? 차의 정체로 인한 연료낭비, 대기오염, 성질 급한 분들의 스트레스 그냥 웃을 일입니까?

7. 그쪽 외모 성형수술은 그쪽 맘대로(엿장수 맘대로) 해도 되지만 성형 원하지 않는 차 성형수술해서 남에게 피해 주는 행위 그만둘 때 되지 않았나요? 생긴 대로 살다가겠다는 자동차의 절규 들리지도 않습니까? 좋은 돈 낭비해서 자동차 열나게 하고 같이 달리는 다른 차 화나게 해서 얻어지는 게 뭡니까? 귀지가 날아갈 듯한 경음기 소리는 차라리 애교로 들립니다. 방귀 소리는 왜 그렇게 큽니까? 멀쩡한 눈알 확 빼버리고 HID램프인가 뭔가를 콱 박아가지고 마주오는 운전자 눈 뽕으로 등에 식은땀 나게 만듭니까? 아차 잘못되면 같이 갑니다. 염라대왕 어전에….

시력 회복시간 일반 전조등 3.23초, 개조(불법)전조등 4.72초. 비명횡사 하지 말고 '명' 대로 살다 갑시다. 'lucky seven' 이라는 말 코가 큰 사람들이 사는 나라에서 태어난 말이겠지요. 행운의 숫자라고 하던가요. 잘 모르겠습니다. 이 글을 쓰는 택시 운전기사 우리가 고쳐야 할 망나니 짓 중에 일곱 가지를 추려봐야 겠다는 생각에서 적어본 글입니다.

쓰레기 제대로 처리하자. 1, 2, 3
이웃과 잘 지내자. 4, 5
같이 '명' 대로 살자. 6, 7

핵심도 비켰고 얘기가 좀 아니더라도 넓은 헤아림 주십시오. 죄송합니다.

글을 마치며

그냥 죄송합니다

살면서 감투 써본 적 없습니다. 됨됨이가 아예 안 되는 걸 잘 알기 때문이기도 하지만 저 자신의 삶도 무거운데 남의 인생 무게를 거드는 일은 꿈에도 생각 못해봤습니다. 그러니 통 · 반장 선거에 나갈 일도 없고 자신을 미화할 필요 없으니 마음 가볍게 택시 운전기사 30여 년의 삶을 일기인지 낙서인지를 이용해서 교통사고 조금이라도 줄어들었으면… 택시승객, 택시 운전기사 서로를 이해하는데 조금이라도 도움이 됐으면… 그래서 적어 봤습니다. 글인지 아닌지? 얘기가 되는지 말도 안되는 소리인지?

택시 운전기사, 택시 운전기사의 나라 국민이 아닌 대한민국 국민입니다. 더우면 겨울 오겠지, 추우면 여름 오겠지. 그래서 오늘을 쉽게 보내려고 노력하는 바보 기사인데 올해는 좀 심하네요. 택시 운전기사 여러분, 평범한 일상에도 조금은 대범하셔야 합니다. 자꾸 짜증내고 투덜거리면 택시 핸들이 화냅니다. 택시 핸들이 화내면 손해는 몽땅 택시기사 몫입니다.

택시가 오라고 하지도 않았는데 찾아가서 택시 핸들 잡은 사람 누구입니까?

스스로 택한 직업(이유는 택시랑 이혼 후 얘기하시고) 어차피 해야 될 일이라면 마음 편히 할 수 있는 방법 연구, 노력하셔야 합니다. 자본 들지 않습니다.

마음가짐을 새롭게 하는 것도 연습하면 됩니다. 건강하십시오. 그리고 어차피 해야 될 운전이라면 웃으면서 하십시오. 손님 잘 보입니다.

2014년 비틀거리는 한 해를 보내면서

택시 운전기사 드림